COLLECTION
ROLF HEYNE

Havanna
Hommage an eine Zigarre

Titel der französischen Originalausgabe:
HAVANE. CIGARE DE LEGENDE

2. Auflage

Die Originalausgabe erschien im Verlag Éditions Assouline, Paris
Copyright © 1996 Éditions Assouline
Copyright © 1997 der deutschen Ausgabe
by Wilhelm Heyne Verlag GmbH & Co. KG, München
Umschlaggestaltung: Art & Design Norbert Härtl, München
Buchgestaltung: Rachida Zerroudi
Satz: L. Leingärtner
Druck und Bindung: Canale (Italien)
Printed in Italy

ISBN 3-453-12722-6

Charles del Todesco

Havanna
Hommage an eine Zigarre

Mit Bildern von Patrick Jantet

Aus dem Französischen von Kerstin Dietrich

WILHELM HEYNE VERLAG
MÜNCHEN

Inhalt

Kapitel 1
Es begann mit Kolumbus
Fünfhundert Jahre Havanna-Tabak 6

Kapitel 2
Fruchtbarer Boden, tropisches Klima
Die Anbaugebiete der Havanna 24

Kapitel 3
Stationen auf dem Weg zur Vollkommenheit
Im Tabakhaus 50

Kapitel 4
Ein unvergleichlicher Genuß wird geboren
Die Entstehung einer Havanna 82

Kapitel 5
Das Auge raucht mit
oder
Eine Zeremonie der Sinne
Auswahl und Verkostung 120

Der »Havanna-Guide«
Marken und Formate 133

Anhang 201

KAPITEL I

Es begann mit Kolumbus

Fünfhundert Jahre Havanna-Tabak

Der Erschaffer der Welt kratzte, nachdem er Amerika modelliert hatte, die Erdreste von seinen Fingern, die daraufhin in den Ozean plumpsten und einen Kranz bildeten. Auf diese Weise entstanden – dem Schriftsteller Fernando Ortiz zufolge – die Antillen. Sie bestehen aus Tausenden von Inseln, deren größte, Kuba, als Zusatz die Auszeichnung »Perle der Antillen« trägt.

Kuba liegt auf dem Wendekreis des Krebses, und sein Klima alterniert daher alle sechs Monate zwischen ständig aufkommenden Passatwinden und tropischer Stille. Zahlreiche kleine Flußläufe durchqueren die Karibikinsel – ein Umstand, der im Zusammenspiel mit dem moderaten Klima und dem fruchtbaren Boden jene »Perle der Antillen« zum »Königreich des Tabaks« macht.

Am 27. Oktober 1492 erhielt Colba, wie die Eingeborenen die größte der dortigen Inseln nannten, Besuch von Seefahrern, die unter spanischer Flagge auf Expeditionsfahrt hier mit ihren Schiffen vor Anker gegangen waren. Ihr Admiral, der Genuese Christoph Kolumbus, war der Überzeugung, auf Zipangu gelandet zu sein, jener sagenumwobenen Insel, die dem von Marco Polo erwähnten Reich des Großkhans vorgelagert war. Der in spanischen Diensten stehende Entdecker hatte jedoch – wie schon fünfzehn Tage zuvor, als er zwölf Wochen nach seinem Aufbruch in Palos, gelegen am Golf von Cádiz, auf die Insel Guanahani gestoßen war (die er San Salvador nannte) – nicht Japan, wie Zipangu damals genannt wurde, sondern eine jener karibischen Inseln entdeckt, die den beiden Amerika vorgelagert sind. Kolumbus hatte auf der Suche nach Gold Kuba entdeckt.

Der Genuese war nicht nur ein weitblickender, sondern auch ein vorsichtiger Mann, und so schickte er zwei Gesandte in das Innere der Insel, deren Mission darin bestand, Kontakt mit dem Herrscher dieses Gebietes aufzunehmen. Rodrigo de Jerez und Luis de Torres trafen aber lediglich auf einige kleine Siedlungsflecken, die aus primitiven Hütten bestanden und von Halbnackten bewohnt waren. Bei der Begegnung mit den Einheimischen fiel den beiden Seefahrern etwas auf, was sie zuvor noch nicht gesehen hatten: Die Einwohner stellten seltsame Stäbe aus getrockneten Blättern her, die sie an einer Seite anzündeten, um an der anderen Seite den entstehenden Rauch zu inhalieren.

Kolumbus, innerlich vorbereitet auf ein Zusammentreffen mit dem Gebieter dieses Territoriums zum Zwecke der Überreichung eines Handschreibens, ausgestellt von den katholischen Königen Ferdinand und Isabella von Aragonien und Kastilien-León, schenkte jedoch weder dem Tabak noch dessen außergewöhnlichem Aroma die geringste Aufmerksamkeit.

Zu jener Zeit muß der Tabak ein wichtiger Bestandteil des sozialen Lebens innerhalb der präkolumbischen Zivilisationen ge-

GEGENÜBERLIEGENDE SEITE
Preis ökonomischen Denkens. Die herrlichen Gärten von ehedem sind Bananenplantagen gewichen.

wesen sein, war er doch auch unentbehrliches Element zahlreicher religiöser Riten. Der *Behique*, nicht nur Priester, sondern auch Medizinmann und Wahrsager, gebrauchte den Tabak, um während der Zeremonie der *Cohoba* (auch *Cojoba*) mit den Göttern zu kommunizieren. Solange er noch nüchtern war, atmete er den Rauch durch die Nase ein, um dann, halb berauscht, aus einem Rohr in Ypsilonform, dessen Enden er in die Nasenlöcher einführte, den Tabak aufzusaugen, der als eine Art Puder auf einem glatten Holzteller verteilt war. Im Tabakrausch war es ihm nun möglich, den Dialog mit den übersinnlichen Geistern aufzunehmen, die dem Glauben nach auf alle Fragen Antwort wußten – so etwa nach dem Ausgang einer bevorstehenden Schlacht, dem Ausmaß der zu erwartenden Ernteerträge, den Ursachen einer Krankheit und den Überlebenschancen eines Erkrankten.

Zu dieser Zeit kultivierte nahezu jede Familie auf den Großen Antillen den Tabak neben ihrem Haus mit dem Ziel, eines ihrer größten Bedürfnisse zu befriedigen. Das war das Rauchen von *Tabaco*, jenem Pflanzenprodukt, das als Urahn der Havanna angesehen werden kann.

Die katholischen Priester in der Alten Welt hoben indes den anrüchigen und unnatürlichen Aspekt des Tabaks hervor, um ihn um so besser verteufeln zu können. Der Legende zufolge begann Rodrigo zu Hause den Tabak zu rauchen, den er aus Kuba mitgebracht hatte, und seine Frau glaubte bald, er sei vom Teufel besessen, denunzierte ihn, und so landete er in den Kerkern der heiligen Inquisition.

Als dann der ehemalige Entdecker nach jahrelanger Gefangenschaft wieder auf freien Fuß kam, war der Gebrauch des Tabaks längst zur Alltäglichkeit geworden. Obwohl von den Vertretern der Kirche in West wie Ost heftig bekämpft, breitete er sich sowohl in Europa (ab der Mitte des 16. Jahrhunderts) als auch im Orient (ab dem 17. Jahrhundert) unaufhörlich aus.

Im Jahre 1511 begann unter Diego Velásquez de Cuéllar die Eroberung und Kolonialisierung Kubas. Der spanische Offizier (und spätere erste Gouverneur Kubas) war seinerzeit in Santo Domingo aufgebrochen, jener ersten europäischen Siedlung in der Neuen Welt, die im Jahre 1496 vom damaligen Statthalter der Insel Hispaniola, Bartolomé Kolumbus, einem Bruder Christophs, gegründet worden war. Velásquez landete bald an der südlichen Küste Kubas, um hier 1514 die Siedlung Trinidad ins Leben zu rufen, worauf er bald die Gründungen von Sancti Spiritus, Bayamo und San Cristóbal de la Habana folgen ließ.

Die Geburt letzterer Stadt geschah 1515. Zunächst lag auch sie an der Südküste, ehe Velásquez sie im Jahre 1519 an die heutige Stelle verlegte. Dreiunddreißig Jahre später erfuhr Havanna dann eine weitere bedeutende Veränderung: 1552 kam das Aus für das im Südosten der Insel gelegene Gemeinwesen Santiago de Cuba als Kapitale, und der Sitz der Hauptstadt Kubas siedelte in die an der Bucht des Golfs von Mexiko gelegene Hafenstadt über. Zu dieser Zeit war Havanna ob seiner günstigen Lage schon längst der wichtigste Anlaufhafen für all jene Schiffe, die aus Spanien kamen oder auf dem Weg dorthin waren.

Schnell erlernten die Kolonialherren von den »Indianern« die Geheimnisse der Tabakkultivierung, so vor allem das Trocknen und die Fermentation. Inzwischen war der Tabak auch nach Spanien und Portugal gelangt, und es war schließlich der französische Gelehrte Jean Nicot, zu der Zeit Gesandter am Hof von Lissabon, der dem Tabak in der Alten Welt sozusagen zur »Blüte« verhalf. Nicot war unter anderem davon überzeugt, daß die Pflanze heilende Eigenschaften besitze. So ließ er beispielsweise 1560 Katharina von Medici, der Königin von Frankreich, Tabaksamen für die Gesundung eines ihrer erkrankten Pagen zukommen (was dem Tabak den Beinamen »Kraut der Königin« eintrug). Alsbald hatte die Pflanze den Ruf, heilende Wirkung zu haben.

Der Tabak gewann auch in anderen Ländern rasch an Popularität, so zum Beispiel in Belgien, wohin er erstmals 1554 eingeführt wurde, in Deutschland (1559), in Holland (1561) und in Eng-

Wissenswertes über den Tabak
Obwohl die Tabakpflanze nicht eßbar ist, wird sie in großem Stil angebaut (und ist deshalb nicht unumstritten). Der Tabak gehört zur Familie der Nachtschattengewächse, und sein wissenschaftlicher Name – *Nicotiana* – geht auf Jean Nicot zurück. Verwandte des Tabaks sind übrigens die Kartoffel, die Kichererbse, die Tomate und die Paprikaschote.
Zur Familie des *Nicotiana* gehören drei Gruppen: *rustica, petunoid, tabacum*, die wiederum in vierzehn Abteilungen mit insgesamt fünfundsechzig Arten unterteilt sind.
Zur Zeit der Entdeckung Amerikas wurde von den Indianern der »Bauerntabak« *Nicotiana rustica* kultiviert. Diese Art, die sich auch in Europa akklimatisiert hat, trägt gelbe Blüten.
Die Gruppe des *Nicotiana petunoid* umfaßt neben anderen Arten den *Nicotiana alata*, dessen persische Varietät (Abart, Spielart), der sogenannte »Tombak«, in der Türkei und im Iran angebaut und in der Wasserpfeife geraucht wird. Die anderen Abarten werden zu den Zierpflanzen gezählt.
Vom *Nicotiana tabacum* stammen viele Spielarten ab, unter denen sich auch die Lieferanten der meisten kommerziellen Tabaksorten befinden. Charakteristisch für diese Pflanzen ist ihre Pyramidenform, wobei sich die größten Blätter am unteren Teil der Pflanze befinden – je größer das Blatt, desto größer die Bodennähe. Die Farbe der Blüten variiert zwischen Weiß und Rot.
In seinem biologischen System wird der kubanische Tabak wie folgt eingeordnet: Abteilung: *Espermatofita*; Gattung: *Nicotiana*; Unterabteilung: *Angiosperma*; Untergattung: *Tabacum*; Klasse: *Dicotiledoneas*; Unterklasse: *Genuinae*; Ordnung: *Tubiflorales*; Art: *Nicotiniat*; Familie: *Solanaceae* (Nachtschattengewächse).

GEGENÜBERLIEGENDE SEITE
Hinter den Mauern dieser altehrwürdigen Manufaktur ist Ruhe eingekehrt. Nur der Name hat überlebt.
FOLGENDE DOPPELSEITE
Erinnerungen an eine einst prunkvolle Epoche. Weder Marke noch Automobil konnten gerettet werden.

Hinter den anonymen Ziffern erwecken Expertenhände die Havannas zum Leben.

land (1570); schließlich taucht er sogar in Japan (1605) und in China (1638) auf, wohin er von Matrosen gebracht worden war, die zuvor in Havanna mit dem Tabakrauchen Bekanntschaft gemacht hatten. In der Folgezeit bewirkte die steigende Nachfrage, daß sich der Anbau von und der Handel mit Tabak intensivierten, so vor allem in der Region um Santo Domingo (nach 1531), in Kuba (um 1580), in Brasilien (1600), in Virginia (1612) und in Maryland (nach 1631). Dieses »Wachstum« breitete sich (im wahrsten Sinne des Wortes) zunächst wegen des Fehlens eindeutiger gesetzlicher Vorschriften ungehemmt aus.

So tauschten zum Beispiel die vielen Pflanzer, die von den Kanarischen Inseln stammten und sich auf Kuba niedergelassen hatten, ihre aromatischen Blätter sowie primitive Erzeugnisse, die nur entfernt an die späteren Zigarren erinnerten, gegen Nahrungsmittel ein. Einige von ihnen trieben mitunter gar direkten Handel mit Schmugglern. Schließlich, im Jahre 1614, erließ der König von Spanien ein Dekret: Von nun an mußte sämtlicher Tabak, der nicht auf den Kanaren konsumiert wurde, in Sevilla registriert werden.

Zwei Jahre später, 1616, führte dann die Abgeordnetenkammer von Havanna eine Lizenz ein mit dem Ziel, den Anbau zu reglementieren. Vorausgegangen waren mehrere Beschwerden der Notabeln: Das Land, welches eigentlich für den Anbau von Obst und Gemüse dienen sollte, um den Nahrungsmittelbedarf für die jeweilige Region zu decken, wurde ihrer Ansicht nach für den Tabakanbau mißbraucht. Außerdem waren Wälder gerodet worden, um für neue Plantagen Platz zu schaffen. Das wiederum gefährdete den Holzhandel, der zur Instandsetzung der ständig steigenden Zahl von Schiffen unerläßlich war.

Die Probleme, die durch den raschen Anstieg des Tabakanbaus entstanden, verursachten außerdem eine heftige Rivalität zwischen den Viehzüchtern *(Hacendados)* und den Tabakpflanzern *(Vegueros)*, deren Felder an die Grenzen der Viehfarmen reichten. Etwa ein halbes Jahrhundert dauerte diese Rivalität, die durch erbitterte juristische Auseinandersetzungen und immer wieder auftretende Gewaltakte gekennzeichnet war.

Inzwischen warf die Vermarktung der aromatischen Blätter überall dort, wo mit ihnen Handel getrieben wurde, erkleckliche Profite ab. So nahm es dann nicht wunder, daß der spanische Hof, ob seiner chronisch schlechten Finanzlage ständig auf der Suche nach neuen Einnahmen, im Jahre 1717 für Spanien ein Tabakmonopol einführte. Dieses Monopol sorgte dafür, daß sich die Laderäume der Schiffe, die Kurs auf die »Welthauptstadt« des Tabaks, auf Sevilla, nahmen, mehr und mehr mit der begehrten Pflanze aus Übersee füllten.

Um diese Zeit, also zu Beginn des 18. Jahrhunderts, entstanden in Havanna die ersten Zigarrenmanufakturen, und so entwickelte sich auf der Karibikinsel langsam ein neuer Wirtschaftszweig, der allmählich erste Konturen bekam. Doch die Tabakpflanze hatte auch ihre »Schattenseiten«: Die strengen Regeln des Monopols, die Restriktionen der Beamten, die für die Einhaltung des

Monopols Sorge zu tragen hatten, sowie die Profitgier vieler Kaufleute führten zu Mißständen, die mehrere Aufstände der Pflanzer verursachten, sahen die sich doch nun um ihre Profite betrogen.

In der Folge eines Aufstands, der blutig unterdrückt worden war, flohen rebellierende *Vegueros* aus Angst vor möglicher Verfolgung in den östlichen Teil der Insel – und entdeckten so den Boden, der schließlich der Havanna ihr unvergleichliches Aroma verleihen sollte: das Gebiet des Vuelta Abajo, wo der beste Tabak der Welt wächst.

Diese Ereignisse beeinflußten nicht im geringsten die Exportraten des kubanischen Tabaks, dessen überragende Qualität inzwischen längst anerkannt war. Wurde er von den spanischen und portugiesischen Granden in der Form einer Zigarre geraucht, so waren die »duftenden Blätter« in Frankreich nicht minder geschätzt. Die Engländer hingegen stopften die Blätter in ihre Pfeifen und »pfiffen« dabei auf sämtliche europäischen Gewohnheiten. In der Folge der Napoleonischen Kriege kam dann zunächst die englische Soldateska, dann das ganze Volk von Großbritannien in den Genuß von Zigarren.

Im Jahre 1723 wurde das Monopol nach der letzten Revolte der *Vegueros* aufgegeben, 1761 jedoch wieder eingeführt, und zwar ein Jahr vor der Besetzung Havannas durch die Engländer. Ein weiteres Jahr nun wachten die Briten streng über die Lagerbestände an Tabak, von denen ein Teil für die Kolonien in Nordamerika bestimmt war. Nachdem die englische Krone 1763 Kuba gegen Florida an Spanien abgetreten hatte und die Insel von den Besatzern geräumt worden war, profitierte die Verwaltung von der allgemeinen Konfusion, welche die Engländer hinterlassen hatten, um Qualitätsnormen für den Tabak festzulegen, der nach Sevilla verschifft werden sollte.

In der Folgezeit legte die Verwaltung die ersten Kriterien für die Klassifikation der Blätter fest (Struktur, Farbe und eventuelle Fehler) und bestimmte fünf verschiedene Klassen. Jahr um Jahr entstanden nun verschiedene (handgeschriebene) Anweisungen, die schließlich 1789 zusammengefaßt wurden – das erste Handbuch für den Tabakpflanzer war geboren. Besagtes Handbuch beschrieb Schritt für Schritt die verschiedenen Arbeitsvorgänge des Tabakanbaus. Die Verbesserungen, denen das Handbuch Vorschub leistete, erlaubten nun die Perfektion der Fermentationsmethoden für die Blätter und die Kultivierung des Anbaus der Deckblätter unter Abdeckungen. So verfeinerte sich allmählich die »Aufmachung« der Zigarre, und so wurden die Einlageblätter, die in ein Umblatt gewickelt waren, bald in ein feines Blatt hellerer Färbung eingekleidet.

Die erste Zigarrenmanufaktur Havannas, die von der Stadt verwaltete ›Casa de Beneficiencia‹, öffnete ihre Werkstätten im Jahre 1799, und dieses Datum markiert den Zeitpunkt, an dem die Bezeichnung ›Havanna‹ offiziellen Charakter erhielt. Schon seit Jahrzehnten hatte es in der kubanischen Hauptstadt etliche kleine Werkstätten gegeben, die *Chinchales*, in denen – im geheimen – Zigarren hergestellt wurden. Jetzt, an der Schwelle zum 19. Jahrhundert, erlangte die ›Havanna‹ nun endgültig Weltruhm. Die Hafenstadt an einem der nördlichsten Punkte der kubanischen Küste übernahm jetzt die Position Sevillas im Tabak- bzw. Zigarrenhandel. Wahrlich – die Zeiten änderten sich: Die allgemeine Anerkennung der Havanna rechtfertigte 1817 die Aufhebung des Monopols, und Zigarrenfabriken schossen nun wie Pilze aus dem Boden – nach wenigen Jahren zählte die Verwaltung etwa vierhundert.

Auf diesen Aufschwung schien jedoch nicht nur die Sonne. Bald gab es großen Mangel an Arbeitskräften. In der Not griffen die Besitzer der Manufakturen auch auf Sträflinge zurück, da sie sich weigerten, diese Arbeit von Sklaven ausführen zu lassen. Etliche der begehrten Havannas wurden infolgedessen in den Kellern von Gefängnissen gefertigt, wobei diese Keller nicht selten an Schiffsbäuche erinnerten. Aus dieser Zeit stammt denn auch die Bezeichnung *Galera* für die Werkstätte des Zigarrenmachers.

Seit 1825 steht die Marke ›H. de Cabañas y Carbajol‹ im Handelsregister von Havanna. Im Jahre 1827 kam die ›Partagas‹ hinzu, 1834 die ›Por Larrañaga‹, 1840 die ›Punch‹, 1844 ›H. Upmann‹, 1845 ›La Corona‹, 1848 ›El Rey del Mundo‹ und 1850 ›Romeo y Julieta‹. Im Jahre 1861 existierten auf der Insel 1217 Zigarrenfabriken, von denen sich 516 in Havanna auf den Export spezialisiert hatten.

Binnen kurzer Zeit eroberten und »vernebelten« die edelsten Marken die europäischen Märkte. Bald kam in der Alten Welt »die Zigarre nach Tisch« in Mode; Rauchsalons entstanden in

Wachstum des Tabaks
Die Hauptwurzel des *Nicotiana tabacum* verzweigt sich sehr früh, um zehn oder fünfzehn Sekundärwurzeln zu bilden. Die meisten von ihnen befinden sich in einer Tiefe von 30 Zentimetern unter der Erdoberfläche, während einige immerhin bis in eine Tiefe von 1,5 bis 2 Metern gelangen. Jede dieser Wurzeln absorbiert die Nährstoffe mit ihren Enden.
Der Stamm der Pflanze ist zylindrisch und leicht zugespitzt. Er kann eine Höhe von 1,5 bis 1,8 Metern und einen Durchmesser von 1,5 bis 2,5 Zentimetern erreichen. Der Stamm ist auf seiner ganzen Länge mit Knospen bedeckt (aus denen die Tabakblätter sprießen werden). Charakterisiert ist die Pflanze durch eine Endknospe, aus der oben die Blüte entspringt.
Die Länge der Blätter ist je nach Spielart verschieden, wobei die Variationsbreite von fünf Zentimetern bis zu einem Meter reicht. Ebenfalls je nach Spielart sind die Blätter oval, rund, länglich oder schlank. Auf der Blattoberfläche befinden sich zwei Arten von Membranen; eine davon sondert eine ölige Flüssigkeit ab, die unter dem Namen *Meluza* bekannt ist; sie beeinflußt wesentlich die Qualität des Tabaks.
Die Pflanze bringt zwischen vierzehn und achtzehn Blätter hervor, die in Niveaus zu je zwei oder drei Blättern angeordnet sind. Ihrem Niveau entsprechend, werden die Blätter in folgende Gruppen eingeteilt (von unten nach oben): *Libre de pie, Uno y medio, Centro ligero, Centro, Centro fino, Centro gordo, Corona*. Ein ausgereiftes Blatt, das unter günstigen Bedingungen gewachsen ist, hat eine Oberfläche zwischen 0,096 und 0,144 Quadratmetern. So liefert eine Pflanze ungefähr 2,3 Quadratmeter brauchbaren Tabaks.
Die Tabakblüte bringt eine kapselförmige Frucht hervor, welche aus zwei Samenkapseln besteht, die zwei- bis viertausend winzige Samenkörner enthalten.

den erlesensten Clubs von London und Paris; Eisenbahngesellschaften richteten in ihren Waggons Raucherabteile ein. Und unter den Herren von Welt verbreitete sich die Angewohnheit, beim Rauchen seidene Westen zu tragen, damit ihre normale Kleidung keinen Tabakgeruch annahm. Seither trägt die Abendweste den Namen »Smoking«.

Die gesundheitsfördernden Eigenschaften des Tabaks waren mittlerweile in den Hintergrund, dagegen das edelste Produkt jener Pflanze in den Vordergrund getreten: Die Zigarre hatte sich in der feinen Gesellschaft zum Symbol des Erfolgs und der Erfolgreichen entwickelt.

Wenngleich geadelt durch die europäischen Honoratioren und Kosmopoliten, reiste die Havanna nach wie vor wie eine Nichtadelige. Gebündelt zu je fünfzig und hundert Stück, wurden fünf- bis zehntausend Zigarren in Kisten aus sehr trockenem Pinienholz gepackt. Eine Gravur mit dem jeweiligen Namen der Manufaktur und dem Herstellungsort »zierten« zwar die Kisten, doch waren die Gravuren eher von primitiver Art und luden geradezu zur Fälschung ein.

Um dem entgegenzuwirken, versuchten die Hersteller, die wahre Herkunft der Zigarren zu garantieren, indem sie zunächst die Kisten verkleinerten, die von nun an statt der Bündel Kistchen aus Zedernholz zu je hundert Einheiten enthielten. Darüber hinaus wurde das Innere der Kistchen mit einer Lithographie dekoriert. Im Jahre 1845 schuf dann Ramon Allones für seine Marke ›La Eminencia‹ ein besonders schönes Kistchen und läutete so das Zeitalter der Luxuskiste ein. Fünfunddreißig Jahre später waren die Kistchen schließlich völlig mit bunten Etiketten verschiedenster Form und Gestalt bedeckt. Seither ist diese prächtige Dekoration, *La habilitacion*, auf den hölzernen Behausungen der Zigarren ein gewohnter Anblick. Die »Königin der Zigarren« – wie die Havanna schon bald genannt wurde – brüstete sich geradezu mit lithographischen Reproduktionen, wahren Meisterwerken, ehe sie durch die Einführung der Bauchbinde eine weitere Krönung erfuhr.

Schon zu Beginn des 18. Jahrhunderts war unter den Aristokraten die Angewohnheit zur Gewohnheit geworden, am Kopf der Zigarre einen kleinen Papierstreifen anzubringen, damit die feinen Handschuhe beim Kontakt mit dem zu feuchten Deckblatt nicht befleckt wurden. Zwischen 1830 und 1835 kam dann der Holländer Gustave Anton Block auf die Idee, seine Zigarren der Marke ›Aguila de Oro‹ serienmäßig mit einer Bauchbinde zu versehen. Mit jener Maßnahme wollte er erreichen, daß sich seine Zigarren von allen anderen Marken auffällig abhoben und daß außerdem die Umgebung des Rauchers sehen konnte, welche Marke der rauchte – eben eine von Block. Die ersten Bauchbinden, betont noch durch ein Seidenband oder eine Perle, wurden dann gegen 1880, als die beklebten Zigarrenkisten allgemein in Mode gekommen waren, durch Papierbinden ersetzt.

Gegen Mitte des 19. Jahrhunderts waren die Zigarrenmanufakturen zum wichtigsten Faktor der kubanischen Wirtschaft geworden. Sie beschäftigten mehrere zehntausend Arbeiter und Angestellte und hatten daher keinen geringen Einfluß auf die Geschicke des Landes – und das in mehrerlei Hinsicht. So gab es beispielsweise seit 1865 in der Manufaktur ›El Figaro‹ einen Vorleser, ein Jahr später auch in der Manufaktur ›Partagas‹. Dieser Neuerung war eine Kampagne der Wochenzeitschrift für die Tabakindustrie, *L'Aurora*, vorausgegangen, welche die Vorteile des öffentlichen Lesens herausgestellt hatte. *Die Aufstände unseres Jahrhunderts* lautete der Titel des ersten Buches, das vorgelesen wurde. Zufall? Jedenfalls verwandelten sich die Pulte der Vorleser bald in Tribünen des freien Denkens, wurden doch neben den Werken anderer Schriftsteller die von Honoré de Balzac, Jules Verne, Herbert George Wells und Émile Zola zu Gehör gebracht. So erlangten die Arbeiter in den Zigarrenfabriken nach und nach den Status von »Intellektuellen des Proletariats«.

Als im Jahre 1868 auf Kuba die Kämpfe um die Abschaffung der Sklaverei begannen, wurden viele Tabakarbeiter wegen ihrer Ideale verfolgt, worauf sich nicht wenige gezwungen sahen, die Insel zu verlassen. Etliche von ihnen emigrierten nach Key West in Florida, und schon etablierte sich dort mit der Zeit eine ernst zu nehmende Tabakindustrie.

Einige Geschäftsleute zogen ihren Nutzen aus diesen unruhigen Zeiten, indem sie die ersten Tabaktrusts schufen. So wurde etwa die Firma ›Henry Clay and Block and Company Ltd‹ 1887 von Gustave Block mit Hilfe englischer Fonds gegründet und bot schließlich sechsundsechzig Marken an, darunter ›La Flor‹, ›El Aguila de Oro‹ und ›La Intimidad‹.

Die Exilkubaner, die in Key West arbeiteten, unterstützten mit ihrer Ankunft in der Fremde die Freiheitsbewegung auf ihrer Heimatinsel mit allen ihnen zur Verfügung stehenden Mitteln. So auch 1895, als der Schriftsteller und Freiheitskämpfer José Martí von hier aus zum Widerstand gegen die spanische Herrschaft aufrief. Seinen Aufruf hatte er – welch Symbol! – in ein Zigarrendeckblatt gerollt und so das glühende Feuer der kubanischen Hoffnungen erneut entfacht. Der Literat fand zwar schon zu Beginn des Freiheitskampfes den Tod, doch waren seine Landsleute nicht mehr aufzuhalten: Der Befreiungskrieg gegen die Spanier weitete sich aus. Als dann im Februar 1898 das Linienschiff *Maine*, nach Havanna entsandt zum Schutz amerikani-

---

GEGENÜBERLIEGENDE SEITE
Seit dem 19. Jahrhundert eine Institution in den Tabakfabriken.
Der Vorleser bringt den »Intellektuellen des Proletariats«
Tag für Tag Neues zu Gehör.
FOLGENDE DOPPELSEITE
Vor der Kunst stehen Jahre der Erfahrung. Sie sind notwendig,
bevor es der Torcedor *versteht, Zigarren so perfekt zu rollen,*
damit sie dem Ruf der Havanna gerecht werden.

Seit 1789 sind die Rezagadores *für die Klassifizierung der Deckblätter zuständig.*

scher Bürger, durch eine (nie aufgeklärte) Explosion vernichtet wurde und zweihundertsechzig Seeleute den Tod fanden, lasteten das einflußreiche Teile der US-Presse den Granden an – es kam zum Konflikt zwischen Spanien und den USA, der schließlich (Ende April 1898) zum Krieg zwischen beiden Ländern führte. Schon Ende Juli bat die spanische Regierung um Bekanntgabe der amerikanischen Friedensbedingungen, und im Dezember des Jahres 1898 verzichtete Spanien im »Friedensvertrag von Paris« unter anderem auf sämtliche Ansprüche, die Kuba betrafen. Es dauerte dann noch bis zum Jahre 1902, ehe auch die Vertreter der Siegermacht die Insel verließen. Die USA behielten sich zwar ein Interventionsrecht vor, doch Kuba war nun endgültig Republik.

Während der Besatzung hatten die Amerikaner einen neuen Tabaktrust gegründet: die ›Havana Comercial Company‹, allgemein ›American Trust‹ genannt. Im Jahre 1902 gehörten diesem Trust zweihunderteinundneunzig Marken an. Nur wenigen gelang es damals, sich gegen die Übernahme durch den Trust zur Wehr zu setzen – so etwa ›La Escepcion‹ von José Gener, ›Partagas‹ von José Antonio Bances, ›Romeo y Julieta‹, ›H. Upmann‹ und ›Por Larrañaga‹ (um die wichtigsten zu nennen).

Der Kampf um die Havanna-Marken hat seinen besonderen Grund in der ungebrochenen Leidenschaft der Größten – und der weniger Großen – dieser Welt für das außergewöhnliche Aroma dieser Zigarren. Abraham Lincoln, der 16. Präsident der Vereinigten Staaten, ließ von seiner Pfeife ab, nachdem er eine Havanna probiert hatte, und Ulysses S. Grant, erfolgreicher General und wenig erfolgreicher 18. Präsident, rauchte nicht weniger als zwanzig bis fünfundzwanzig Zigarren pro Tag. Die kubanische Zigarre eroberte auch Gaumen wie Herzen von Künstlern, so etwa geschehen bei Richard Wagner, der die Inspiration zur *Götterdämmerung* der Wirkung einer Havanna zuschrieb, so auch bei Jean Sibelius und Enrico Caruso, beide ein Leben lang dem aromatischen Duft der kubanischen Blätter verfallen.

Die Beliebtheit der Havanna stieg jedenfalls von Dezennium zu Dezennium – und somit auch die Rate der Verkaufszahlen. Das änderte sich gegen Ende der zwanziger Jahre unseres Säkulums. Hatte der Erste Weltkrieg noch keine schwerwiegenden Auswirkungen auf die – vor allem vom amerikanischen Markt getragenen – Verkaufszahlen gehabt, so trieb die Wirtschaftskrise von 1929, gefolgt von einigen Jahren der Mißernte, zahlreiche Fabriken an den Rand des Ruins. Auch der ›American Trust‹ blieb von den Erschütterungen nicht verschont. Zwar konzentrierte er zahlreiche Marken in der ›Casa de Hierro‹, mußte sie jedoch nach einiger Zeit vom Markt verschwinden lassen. Außerdem sah er sich wegen der Krise genötigt, die Gehälter der Arbeiter um zwanzig Prozent zu kürzen. Nach einem großangelegten Streik zog er sich schließlich ganz aus Kuba zurück und wurde durch die ›Tabacalera S.A.‹ ersetzt.

In stiller Konzentration und mit viel Geschick entfernen die Despalilladores *die Mittelrippe aus dem Blatt.*

Mit Beginn der dreißiger Jahre wurde eine der turbulentesten Perioden in der Geschichte Kubas eingeläutet. Von der Diktatur zum Staatsstreich, vom Staatsstreich über freie Wahlen zurück zur Diktatur – es war der General (und spätere Diktator) Fulgenico Batista y Zaldívar, der sowohl offen als auch im Hintergrund die Fäden zog und somit die Geschicke Kubas nachhaltig bestimmte. Vor allem gegen Ende der Prohibitionszeit in den USA prosperierte Havanna – und stieg zwischen den Weltkriegen zu *der* Metropole des Vergnügens und des Glücksspiels auf. Es entstanden Kasinos in den Hotels ›Deauville‹, ›Capri‹ und ›Riviera‹, das ›Cabaret Tropicana‹ und die Bars ›Floridita‹ und ›Bodeguita del Medio‹. An diesen Stätten des Vergnügens mit den wohlklingenden Namen trafen sich die Berühmtheiten der Zeit: Gary Cooper, Nat ›King‹ Cole, Marlene Dietrich, Errol Flynn, Ava Gardner, Ginger Rogers, Frank Sinatra, außerdem Lucky Luciano und Meyer Lansky frönten wie viele andere der *Folie havanaise*. Ihre Körper zuckten im Salsarhythmus, ihr Herz war trunken vom Rum und der Geist umnebelt von den Aromen der Havanna.

Aus den dreißiger Jahren stammt auch eine der berühmtesten Havanna-Marken: die ›Montecristo‹. Der Namensgeber der Marke, so wird erzählt, sei der Held aus Alexandre Dumas' des Älteren Roman gewesen, der damals viel in den Manufakturen vorgelesen wurde. Doña Dina Menéndez, Tochter des Erschaffers der Marke, weiß jedoch eine andere Version zu erzählen, die vielleicht weniger literarisch, aber dafür wahrscheinlicher ist: Eines Tages saß Menéndez mit seinen Freunden im Restaurant, um die Besteigung eines Berges vorzubereiten. Als der Kellner eine Flasche ›Lacrima Cristi‹ auf den Tisch stellte, beflügelte der Wohlklang dieser Worte Menéndez' Geist, und der Tabakfreund »komponierte« aus den magischen Wörtern den Namen ›Monte Cristi‹, den Alexandre Dumas bereits Jahre zuvor in ›Monte-Cristo‹ umgeformt hatte.

Popularisiert durch Winston Churchill, der sich mit der Bemerkung gefiel, er habe ständig »Kuba zwischen den Lippen«, wurde die Havanna schließlich der ständige Begleiter der Revolutionäre. Ebenso wie Fidel Castro war auch Ernesto ›Che‹ Guevara ein *Aficionado*, ein glühender Verehrer der Havanna, und sowohl der eine wie der andere schätzten eine gute Zigarre nach einem nervenaufreibenden Guerillatag in der Sierra Maestra. Dem großen ›Che‹ gefiel es immer wieder zu betonen, daß die Zigarre das einzige kubanische Originalerzeugnis sei.

Benutzte schon José Martí im vorigen Jahrhundert eine Zigarre als (symbolhafte) Verbindung mit Kuba, so trat das Tabakjuwel erneut in den Dienst der Politik: In den Zigarren, die der Gefangene Fidel Castro während der kubanischen Revolution von außen erhielt, waren Botschaften versteckt. Als der Guerillero schließlich siegte, machte der neue kubanische Führer allen Zugriffen auf kubanischen Tabak von seiten des Auslands ein Ende. Das traf auch den amerikanischen Präsidenten, und John

F. Kennedy hatte, so die Überlieferung, nichts Eiligeres zu tun, als vor seiner historischen Ansprache an die amerikanische Nation, in der er die Verhängung des Embargos gegen Kuba bekanntgab, etliche hundert Havannas in die Keller des Weißen Hauses schaffen zu lassen. Bisweilen kommt eben das Vergnügen vor die Staatsräson.

Die kubanischen Manufakturen wurden nun verstaatlicht. Dennoch blieben achtzig Prozent der Tabakplantagen im Besitz der *Vegueros*, die sie weiterhin kultivierten. Dieses Besitzrecht war jedoch sehr relativ, denn die Produktion hatte den Vorgaben der staatlichen Planwirtschaft zu folgen.

Eine der ersten Vorstellungen, die der *Massimo Leader* unbedingt durchsetzen wollte, war die, alle Marken zu einer einzigen zu verschmelzen… ein Vorhaben, das alsbald von Guevara aufs heftigste bekämpft wurde – mit Erfolg. Doch der gebürtige Argentinier konnte nicht verhindern, daß einige renommierte Namen bald vom Markt verschwanden, so zum Beispiel die ›Cabañas y Carbajol‹, die ›Murias‹, die ›Henry Clay‹, die ›Farach‹ und die ›Villar y Villar‹.

In den ersten Jahren nach der Machtergreifung häuften sich für Castro die Probleme, deren Lösung alles andere als einfach war. Lediglich der blaue Dunst einer Havanna verschaffte ihm einen der seltenen Momente der Entspannung. Eines Tages, so wird berichtet, nahm Castro den Duft einer langen Zigarre, die sein Leibwächter Chicho Perez rauchte, genüßlich auf, worauf er eindringlich darum bat, diese außergewöhnliche Zigarre – Eduardo Rivero, ein Freund Perez', hatte sie in den *Galeras* von ›La Corona‹ gefertigt – kosten zu dürfen. Einige Tage später wurde Rivero, zu diesem Zeitpunkt dreiundzwanzig Jahre alt, Castros geheimer Zigarrenlieferant – »geheim« deshalb, weil es ein leichtes gewesen wäre, mit Hilfe einer Zigarre den kommunistischen Führer zu eliminieren. Diese besondere Zigarre erhielt den Namen ›Lancero de Cohiba‹, war die Zigarre Fidel Castros – und war heißbegehrt unter Liebhabern, bevor sie 1983 offiziell in den Handel kam. Die ›Cohiba‹ wurde so zum Machtsymbol, unterstrich sie doch die breitgefächerten Fähigkeiten des sozialistischen Staates, der auch in der Lage war, eine Marke zu kreieren, deren Qualität die von all denjenigen Zigarren übertraf, die das kommunistische Regime vom kapitalistischen System geerbt hatte. Übrigens ist das von Castro gewählte Emblem nicht ohne Bedeutung. Es zeigt den verdienten Krieger Hatuey vom Stamm der Taino, Kubaner aus präkolumbischer Zeit, also ein Eingeborener, sozusagen ein Kubaner mit »Markenzeichen«. Und noch etwas ist erwähnenswert: ›Cohiba‹ ist ein Wort der Taino – und bedeutet ›Tabak‹.

Notiz am Rande: Die Revolution öffnete auch den Frauen die Tore zur Tabakindustrie. In manchen Fabriken besetzten sie bald siebzig Prozent der Arbeitsplätze. Die Herstellerfirma der ›Cohiba‹, ›El Laguito‹, erlaubte sogar die gesellschaftliche Reintegration ehemaliger Prostituierter.

Das amerikanische Embargo zwang die Kubaner, neue Märkte zu erschließen. Da die Sowjetunion, Kubas »großer Bruder«, keinerlei Potential darstellte, orientierte sich Kuba nach Europa, nach Spanien. Das Land auf der Iberischen Halbinsel, nicht nur aus historischen Gründen als privilegierter Handelspartner angesehen, orderte schon bald knapp die Hälfte der kubanischen Produktion und wurde so einer der größten Abnehmer für die Fabriken auf der Karibikinsel. Dennoch genügte dieser Absatzmarkt allein nicht, und es mußte ein Vermittler, ein »Botschafter« gefunden werden, möglichst ein berühmter Mann, der in der Lage sein würde, die Havanna zu repräsentieren und zu vermarkten. 1967 nahm man mit Zino Davidoff Kontakt auf, der daraufhin nach Havanna fuhr, um mit den Verantwortlichen auf Kuba, unter ihnen Eduardo Rivero, zu verhandeln. Zino Davidoff war sich der Gunst der Stunde durchaus bewußt, und er schlug vor, die Fabrik ›El Laguito‹ mitsamt ihrer Marke ›Cohiba‹ aufzukaufen. Nun waren die Kubaner zwar bereit, ihre Zigarren abzugeben, wünschten jedoch keinesfalls, die Fabrik zu verkaufen. Wie dem auch gewesen sein mag – bald hatten die ›Cohibas‹, zunächst unter dem Namen von Davidoff, die Raucherpaläste erobert. Ihr Erfolg hatte nicht lange auf sich warten lassen, da diese Zigarren ja wirklich außergewöhnlich sind.

Die Vernunftehe Davidoff–Kuba hielt bis 1983 an. Als seinerzeit ›Cubatabaco‹ – die staatliche Gesellschaft war der offizielle Partner von Davidoff – beschloß, die ›Cohiba‹ selbst in den Handel zu bringen, kam es zu erheblichen Differenzen zwischen Genf und Havanna, die schließlich 1988 kulminierten und zum endgültigen Bruch führten: Davidoffs Zigarren, so hieß es aus Genf, würden von nun an keine Havannas mehr sein. Trotz alledem: Zino hatte seine Rolle als Botschafter der Havanna virtuos gespielt.

Bleibt Fidel Castro. Die Havanna, Symbol des kapitalistischen Menschen, in der Mehrzahl gefertigt von Frauen, avancierte zur Visitenkarte des kommunistischen Regimes Castros. Sie wurde Staatsmännern offeriert, die dieses Jahrhundert geprägt haben, so zum Beispiel Chruschtschow und de Gaulle, Mao Tse-tung und Churchill, und heute ist die Havanna für seinen Raucher sichtbares Statussymbol, untrügliches Zeichen dafür, es geschafft zu haben.

VORHERGEHENDE SEITEN
Glück, aber auch Stolz drücken die Augen dieses alten Veguero aus. Freude über die Ernte eines perfekten Blattes.
Ein kurzer Blick genügt. Dann hat die Rezagadora *den jeweiligen Braunton, wonach die Deckblätter eingeteilt werden, richtig bestimmt.*

GEGENÜBERLIEGENDE SEITE
Der Veguero *bei seiner Arbeit in der Plantage. Während er jede Pflanze einzeln kontrolliert, bemerkt er nicht, wie die Zeit vergeht.*

KAPITEL II

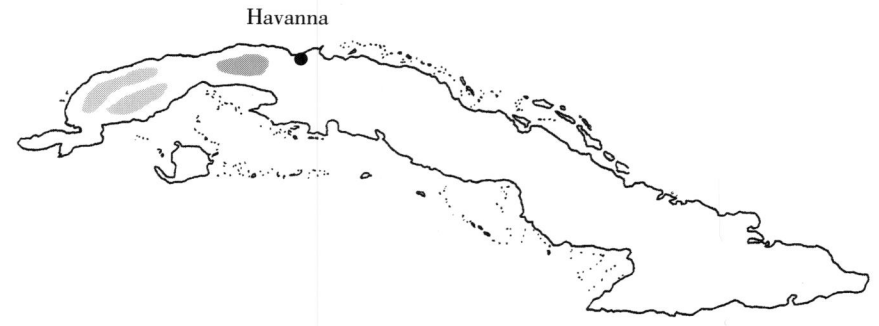

Die Regionen Kubas, in denen Havannas hergestellt werden

▭ : Vuelta Abajo

▭ : Partidos-Region

Fruchtbarer Boden, tropisches Klima

Die Anbaugebiete der Havanna

Im Laufe der Jahrhunderte haben sich auf der Insel Kuba fünf Zonen herausgebildet, in denen Tabak angebaut wird. Da ist zunächst die Provinz Oriente zu nennen, die im äußersten Osten des Landes liegt – dort, wo Rodrigo de Jerez und Luis de Torres die ersten zigarrerauchenden Indianer antrafen. Über die Provinzen Las Villas und Camagüey im Zentrum der Insel erstreckt sich die Remediosregion, auch Vuelta Arriba genannt. Ein weiteres wichtiges Anbaugebiet, die Partidoregion, befindet sich in der Provinz von Havanna. Zu erwähnen ist noch das (eher unbedeutende) Semi Vuelta im Zentrum der Provinz von Pinar del Rio, also im Land der Pinien, gelegen im Westen Kubas.

Schließlich ist da noch das Gebiet des Vuelta Abajo, das vor den Toren der Stadt Pinar del Rio liegt. Entdeckt zu Beginn des 18. Jahrhunderts, gilt es als Wiege der Havanna. Die Blätter dieser Region sind mit ihrem unvergleichlichen Wohlgeruch die einzigen, die in die Fabriken der Hauptstadt gelangen. Das Vuelta Abajo ist in sieben Distrikte aufgeteilt: El Llano, Lomas, Renates, Guane, Mantua, Costa Sur und Costa Norte. Die besten Anbaugebiete *(Vegas)*, die *Vegas finas*, liegen im Distrikt El Llano erstrecken sich zwischen den Gemeinden San Luis und San Juan y Martinez.

Zahlreiche Wasserläufe haben im Laufe der Zeit ihr Bett in den rötlichen Boden der Ebenen gegraben – ein Boden, der in seiner Kombination aus Schwemmland und sandiger Erde wohl einzigartig ist auf Kuba, wenn nicht gar auf der ganzen Welt. Die Böden sind von so hervorragender Qualität, daß jede *Vega* einen anderen Tabak hervorbringt – vergleichbar den Châteaux in der Bordeauxregion, von denen jedes die Exklusivität seines Weines reklamiert. So hängt die Qualität einer Havanna neben der Sorgfalt, die der *Veguero*, der Tabakpflanzer, seiner Arbeit entgegenbringt, vor allem von der Wahl der *Vega* ab.

Die Auswahl des verwendeten Saatguts ist auf Kuba – wie dessen Aufzucht und Verteilung – staatlich kontrolliert. Alle Aufzuchtunternehmen liefern ihre gesamte Produktion an Saatgutbanken, die das Saatgut ihrerseits gratis an die *Vegueros* verteilen, um die Einzigartigkeit jeder Sorte zu garantieren. Die Saatkörner werden in vier Kategorien eingeteilt, entsprechend den Entwicklungsphasen der verschiedenen Generationen.

Die *Semilla original*, die Originalsaat, wird von einem Gentechniker überwacht, der für gleichbleibende Qualität sorgt. Er ist es auch, der das Saatgut gegen bestimmte Krankheiten wie zum

Gegenüberliegende Seite
Der Veguero *widmet sich ganz seiner Aufgabe. Jeden Setzling pflanzt er einzeln in die fruchtbare Erde.*
Hier wird er wachsen und gedeihen.

Beispiel das Mosaikvirus impft, um die Widerstandsfähigkeit der späteren Pflanze zu garantieren. Die kräftigsten Saaten werden dann zur *Semilla basica*, zur Grundsaat, die den höchsten Grad an genetischer Identität und Reinheit aufweisen muß. Das Saatgut dieser beiden Kategorien wird in Versuchszentren ausgesät. Falls einige Pflanzen aus der *Semilla basica* von der Norm abweichen, so werden sie untersucht, um herauszufinden, ob die Abweichungen auf genetische Veränderungen oder auf äußere Einflüsse zurückzuführen sind.

Die *Semilla registrada 1 y 2*, das registrierte Saatgut 1 und 2, entsteht aus der Vermehrung der Grundsaat in speziellen Zentren. Auf diese Weise wird gewährleistet, daß die genetische Identität des Saatguts den geltenden Normen entspricht. Um das zu erreichen, muß sich die Erde, die zur Kultivierung dieser Samen verwendet wird, in einem Abstand von mindestens dreihundert Metern von den anderen Tabakpflanzungen befinden.

Die *Semilla certificada*, die beglaubigte Saat, ist es schließlich, die der Produktion des Tabaks dient. Sie entsteht aus der Vermehrung des registrierten Saatguts und entspricht den für diese Kategorien geltenden Normen. Von Spezialisten produziert, die unter der Kontrolle der Techniker aus den Versuchszentren stehen, haben nur die staatlichen Landwirtschaftsunternehmen die Berechtigung, sie zu kultivieren.

Corojo und Criollo
Für eine Havanna werden zwei Arten von *Nicotiana* verwendet: *Corojo* für die Deckblätter und *Criollo* für die Um- und Einlageblätter.

Eigenschaften des *Corojo*

Höhe einschließlich Blüte	207 cm
Anzahl der Blätter	16 bis 18
Farbe	Hellgrün
Länge und Breite des Mittelblatts	48,5 x 27,9 cm
Abstand zwischen den Blattansätzen	9,9 cm
Nebenknospen	Unendlich viele
Zeit zwischen Umpflanzung und Blütebeginn	Knapp 62 Tage

Die besten Deckblätter entstehen aus den Blättern der Lagen *Uno y medio*, *Centro ligero* und *Centro fino*, während die Blätter der Niveaus *Libre de pie*, *Centro gordo* und *Corona* für den heimischen Verbrauch auf Kuba bestimmt sind.

Eigenschaften des *Criollo*

Höhe einschließlich Blüte	174,3 cm
Anzahl der Blätter	14 bis 16
Farbe	Intensives Grün
Länge und Breite des Mittelblatts	42,8 x 26,5 cm
Abstand zwischen den Blattansätzen	7,2 cm
Nebenknospen	Unendlich viele
Zeit zwischen Umpflanzung und Blütebeginn	Gut 56 Tage

VORHERGEHENDE DOPPELSEITE
Die Vegueros erweisen ihren Tabakpflanzen »eine letzte Ehre«.
Vorsichtig graben sie die Setzlinge aus.
GEGENÜBERLIEGENDE SEITE
Ausgleich muß sein. Nach einem harten Arbeitstag verwöhnt der
Genuß des feinen Geschmacks einer Havanna.

Die Anbaugebiete wiederum haben die genetische Reinheit der Samen zu garantieren. So müssen sich die Böden in der Nähe einer Quelle befinden, während der vorangegangenen fünf Jahre brachgelegen haben und vor der Bepflanzung dekontaminiert worden sein. Zwar dürfen sie sich zwischen Anpflanzungen derselben Sorte befinden, sind aber von den anderen Pflanzungen abgegrenzt, um jedes Risiko der Rekontamination – etwa durch Tiere oder Menschen oder durch produktionsfremde Materialien – auszuschließen.

Ist die Tabaksorte festgelegt, wird das registrierte Saatgut nicht weiterproduziert, während das beglaubigte direkt aus dem Originalsaatgut gewonnen wird. Jenes Saatgut stammt von dreißig Pflanzen, die aufgrund ihrer genetischen Eigenschaften ausgesucht wurden. Für den Fall eines Ernteausfalls lagern die Saatgutbanken über einen Zeitraum von drei Jahresproduktionen in Kühlkammern.
Je nach Sorte bringt jede Tabakpflanze zwischen hundertfünfzig und zweihundertfünfzig Blüten hervor. Da nicht alle Blüten brauchbare Samenkapseln liefern, das heißt solche, die mit biologisch optimal entwickelten Samenkörnern gefüllt sind, wird das Wachstum der Blüten durch Ausdünnung reguliert, wobei lediglich die Hauptblüte und ihre beiden Nebenblüten erhalten bleiben. Die Blüten werden abgepflückt, sobald sie eine Länge von acht Zentimetern erreicht haben. Der Grund: Wenn die Blüte größer wird, ist die einwandfreie Qualität der Samenkörner nicht mehr garantiert. Zur Vermeidung schädlicher Kontaminationen während der Blütezeit und der Produktionsphase der Samenkörner werden die Pflanzen ständigen Kontrollen unterzogen. Außerdem wird auf diese Weise eine Negativselektion möglich, das heißt, kranke oder atypische Pflanzen werden aussortiert, um das Anforderungsniveau zu erhalten.

Früh am Morgen ziehen dann die *Vegueros* aus, um bei einer Luftfeuchtigkeit, die fünfundachtzig Prozent nicht übersteigen darf, aus den verbleibenden drei Blüten die Samenkörner zu ernten. Dabei trennen sie die Blüten, die jeweils voll aufgeblüht sind, um dann einen Stengel von zehn bis fünfzehn Zentimetern stehenzulassen. Mit Fäden aus Pflanzenfasern werden je zehn Blüten zu Sträußen zusammengefaßt, an Holzstangen (*Cujes*) befestigt und in die Tabakhäuser gebracht. Dort legen die Arbeiter die Stangen auf Ständer, die sowohl vom Dach als auch von den Mauern zwei Meter entfernt sein müssen. Schließlich wird durch Öffnen und Schließen der Fenster eine kontinuierliche Luftfeuchtigkeit von siebzig Prozent gewährleistet. Und noch etwas ist in diesem Zusammenhang von Wichtigkeit: Ein Tabakhaus darf jeweils nur eine Tabaksorte aufnehmen.
Wenn der Trockenvorgang beendet ist – hier darf die Restfeuchtigkeit höchstens fünf Prozent betragen –, werden die Samenkörner aus ihren Kapseln entfernt. Das geschieht, indem die Körner entweder maschinell oder von Hand aus den Kapseln geschlagen werden – *Trilla* heißt dieser Vorgang. Bei der manuellen Methode kauern die Männer am Boden und schlagen mit hölzernen Schlegeln auf die Kapseln ein. Mit jedem Schlag entspringt nun der zerberstenden Kapsel ein weiteres Stück »braunen Goldes«. Von Zeit zu Zeit werden Samenkörner und leere Kapseln voneinander getrennt, indem man eine leichte Luftventilation erzeugt, wodurch die leeren Kapseln davonfliegen. Die Samenkörner, die sehr fein sind, werden dann von jeglichen Rückständen gesäubert und anschließend in Leinensäcke gefüllt, in denen sie zum Schluß in einen Reinigungsraum gebracht werden, dessen relative Luftfeuchtigkeit nicht mehr als fünfundachtzig Prozent betragen darf.
Innerhalb eines Zeitraums von vierundzwanzig Stunden werden die Körner nun in Leinensäcke mit einem Fassungsvermögen von 6,85 Kilogramm gefüllt. Vor dem Verschließen versehen die Arbeiter die einzelnen Säcke innen und außen mit einem Etikett – es gibt Auskunft über die Sorte der Körner, die Anbauprovinz und das Produktionsjahr, außerdem über die Nummer der jeweiligen Partie. Innerhalb von zweiundsiebzig Stunden werden die Säcke nun in die Kühlräume der Saatgutbanken verbracht.
Ein *Veguero* ist übrigens kein einfacher Bauer, nein, er ist ein Mensch, der Tabak kultiviert. Der *Veguero* kennt die Geheimnisse des Tabaks, hat er sie doch seinerzeit aus den Erzählungen der Alten in sich aufgenommen.

Wissenschaft und Tabak
Die Pflanze ist für den Tabak das, was für den Wein der Weinstock ist. Aus der perfekten Harmonie mit den Böden, auf denen der Tabak gedeiht, entsteht ein einzigartiges Aroma. Jahr um Jahr stellen sich in den Versuchslaboratorien Spezialisten in den Dienst der Tabakpflanzen und arbeiten an der Verbesserung ihrer Eigenschaften, und zwar nicht nur, um die Erträge zu steigern, sondern vor allem, um eine bessere Resistenz gegen Krankheiten zu erzielen. Der zuletzt genannte Grund hat hohe Priorität, da Krankheiten zu dramatischen Senkungen der Erträge beitragen können.
Die Entwicklung der Tabakpflanzen wird sowohl natürlich als auch künstlich verbessert – entweder durch Kreuzung oder Selektion. Die natürliche Selektion steht hier im Vordergrund, wobei man aus dem wachsenden Pflanzenbestand nur die besten Pflanzen zur Fortpflanzung verwendet. Etwas anders verhält es sich bei der von erfahrenen Wissenschaftlern durchgeführten künstlichen Selektion. Sie wird immer bei der ersten Hybridgeneration vorgenommen, da die gewünschten Eigenschaften hier besser zu erkennen sind als bei den nachfolgenden Generationen.

Anzucht
Die große Mehrzahl der *Vegueros* züchtet heutzutage die Saatkörner vor der Aussaat erst einmal an. Auf diese Weise verkürzt sich zum einen die Keimzeit der Saatkörner in der Erde, und zum anderen ist so die Gleichförmigkeit aller Setzlinge eines *Canteros*, eines Beetes, garantiert. Zur Erzielung der besten Resultate muß der Anteil der Anzucht 80 bis 89 Prozent betragen (liegt der Anteil unter 70 Prozent, wird die Anzahl der verwendeten Körner pro Quadratmeter erhöht). Bei der Anzucht steckt man saubere Saatkörner in kleine Leinensäcke von zwei Kilogramm, die man daraufhin in saubere Wasserbehälter taucht, in denen sie zwischen vierundzwanzig und achtundvierzig Stunden verweilen. Danach werden die Körner für vierundzwanzig Stunden auf einem langen und etwa zwei Zentimeter starken Tablett angeordnet. Zweiundsiebzig Stunden später beginnt dann die Aussaat.

Von jeher ist der Ochse der treueste Begleiter des Veguero.

Wenn Mitte September die ersten Sonnenstrahlen die Pflanzbeete streifen, die während des Sommers sorgfältig für die Aufnahme der kostbaren Saat vorbereitet wurden, beginnt die eigentliche Pflanzarbeit. Der Tabak wird nicht direkt in die Anbaufelder gesetzt, sondern zuerst in Pflanzschulen (Semilleros) in speziell vorbereitete Saatbeete (Canteros) ausgesät. Selbstverständlich läßt man den mit gemahlenem Kaffee vergleichbaren kleinen Körnern während der Zeit des Keimens jede erdenkliche Sorgfalt angedeihen – schließlich sind die Pflanzbeete die Wiege des Tabaks (und dort bleibt er, bis er stark genug ist, in natürlicher Umgebung zu bestehen). Die Körner hegt man übrigens in relativ kleinen Parzellen, damit so bei der Pflege eine gewisse Übersicht herrscht.

Schon in der ersten Hälfte des Monats April werden die als Pflanzschulen geeigneten Böden ausgesucht. Die richtige Auswahl dieser Gebiete ist äußerst wichtig, denn obgleich diese Anbauphase nur fünf Prozent der gesamten Produktionskosten einer Zigarre ausmacht, so steht und fällt mit ihr doch die ganze Produktion der Tabakblätter. Eine Kommission, der Techniker der Provinzdepartments für Tabak, Pflanzenhygiene, Bodennutzung und Bewässerung sowie Angehörige der landwirtschaftlichen Stelle für Pflanzenschutz angehören, prüft sorgfältig, ob die für die Aussaat bestimmten Gebiete den Kriterien entsprechen, die hinsichtlich der Nährstoffe, der Parasiten, des ph-Werts und der Sonneneinstrahlung geeignet scheinen. Die Entwicklung des Nicotiana tabacum hängt nicht zuletzt von der Menge des Wassers und den Mineralstoffen ab, welche die Pflanze mit ihren Wurzeln aufnimmt – außerdem spielt die Menge des Kohlenoxids und des Sonnenlichts, das die Blätter aufnehmen werden, eine große Rolle. Das optimale Zusammenspiel dieser Elemente läßt ein Blatt mit einer genau definierten chemischen Zusammensetzung entstehen – ein Blatt, das höchsten Qualitätskriterien zu entsprechen vermag.

Die Pflanzschulen sind auch heute noch mit einem traditionellen Entwässerungssystem ausgestattet – mit Kanälen, die es ermöglichen, das Wasser aus dem Anbaugebiet abzuleiten. Die Beetreihen richten sich in ihrer Anordnung nach der Topographie der jeweiligen Örtlichkeit und dem Verlauf der Kanäle. Sie sind jeweils um die achtzehn Meter lang; so gewähren sie zum einen genügend Bewegungsfreiheit bei der Arbeit in der Pflanzschule, sorgen zum anderen für eine maximale Ausnutzung der Fläche. Ihre Breite beträgt jeweils ungefähr einen Meter; so ist es ein leichtes, Pflanzen zu entfernen, ohne die weiteren zu beschädigen. Die Beete sind fünfundzwanzig bis dreißig Zentimeter hoch, damit die Erde hinreichend belüftet werden kann, und zwischen den Beeten erstreckt sich ein Gang von etwa vierzig Zentimetern Breite. Last but not least muß die Oberfläche der Erde so glatt und sauber wie möglich sein, damit eventuelle Wasseransammlungen, die durch Regen oder Bewässerung entstanden sind, nicht die Entstehung von Krankheiten begünstigen.

Zwei oder drei Tage vor Beginn der Aussaat werden die Beete gedüngt, geharkt und leicht begossen. Die Feuchte des Bodens begünstigt die Lösung der Düngemittel und verhindert, daß die Körner, die vorher in einer Lösung aus Silbernitrat und destilliertem Wasser desinfiziert wurden, rekontaminiert werden. Eine zweite Düngung findet zwanzig Tage nach der Aussaat statt, eine dritte dreißig Tage danach.

Im Gebiet des Vuelta Abajo befinden sich die Pflanzschulen weitab von den Anbaugebieten und sind alle leicht begehbar. Die ständige Gefahr einer Kontamination durch die Tabakpflanzen führt zu regelmäßigen Vorbeugungsmaßnahmen. So befinden sich am Eingang eines jeden Abschnitts drei Bottiche, die alle eine Formaldehydlösung enthalten; zwei von ihnen sind mannshoch und dienen zur Desinfektion der Hände (sowohl der von Arbeitern als auch der von Besuchern); der dritte, niedrige Bottich ist zur Reinigung der Schuhe gedacht. Desgleichen ist jeder Raum im Inneren des Gebietes antiseptisch behandelt. Außerdem ist es verboten zu rauchen, was in diesen Gefilden des Tabaks fast paradox anmutet. Übrigens werden die Saatbeete höchstens zwei aufeinanderfolgende Jahre verwendet, denn danach sind sie für mindestens fünf Jahre nicht mehr für den Tabakanbau zu gebrauchen.

Die knorrigen Hände des *Veguero* entfernen minuziös die Bänder, welche die Tabakkörner in ihrem Jutesack gefangenhalten. Der Tabak, der aus diesen Körnern entstehen wird, wird Deckblätter, Umblätter und auch Einlageblätter produzieren. Nun taucht der Mann einen kleinen Meßbecher in den Sack und entnimmt ihm Körner, etwa fünf Gramm. In einer alten Gießkanne vermischt er sie mit zwanzig Litern Wasser. Jetzt ist alles vorbereitet – und während der folgenden sieben Monate wird der *Veguero* keinerlei Atempause haben. Die Tabakpflanze ist vergleichbar mit vielen anderen empfindlichen Pflanzen: Bei mangelnder Pflege welkt sie dahin.
Mit geübter Hand hebt der *Veguero* die Gießkanne an und verteilt das fruchtbare Naß auf dem Saatbeet. Die Aussaat hat begonnen: Zehn, zwanzig seiner Kollegen folgen nun dem Beispiel. Dies alles geschieht in Intervallen von jeweils einigen Tagen, um die zukünftige Ernte zu fächern. Schließlich ist die ganze Pflanzung mit Saatkörnern bedeckt.
Die winzigen Körner kann man auf der nassen Erde vorerst nicht ausmachen. Aber trotz ihrer Unsichtbarkeit sind sie äußerst ver-

Als Fidel Castro nach der Revolution die Macht übernommen hatte, weigerte er sich, die Tabakdomänen im Vuelta Abajo zu verstaatlichen. Er gab sie in die sorgsame Obhut der *Vegueros* zurück.

Gegenüberliegende Seite
Der Veguero *bei seiner Arbeit in der Pflanzschule.
Die Körner benötigen viel Wasser,
damit später ein einheitliches Saatgut garantiert ist.*

letzlich. Um sie vor den unheilvollen Sonnenstrahlen und Überschwemmungen durch Regengüsse zu beschützen, werden die Saatbeete mit Stroh abgedeckt. Während sich so ein Saatbeet nach dem anderen in einen blonden Streifen verwandelt, läuft der normale Arbeitszyklus ab: Die Arbeiter des ersten Zyklus besorgen die Aussaat, die des zweiten kümmern sich um die Schutzabdeckung. Nach zehn Tagen, welche die Körner zum Keimen brauchen, beginnt der dritte Zyklus: Die Schutzabdeckung aus Stroh wird Zug um Zug entfernt, das heißt, zuerst verschwindet sie zur Hälfte, dann zu drei Vierteln und schließlich ganz. Nun sind die Tabakpflanzen in der Lage, den Launen der Natur zu trotzen.

Jene Präzisionsarbeit wird sowohl von Frauen als auch von Männern ausgeführt. Während dieser Phase ist jeder Tag arbeitsreich, denn der Tabak ist extrem anspruchsvoll – er muß gedüngt, desinfiziert und gelüftet werden. Außerdem ist Unkraut zu entfernen, da es sonst dem Boden jene Würze entziehen würde, die eigentlich die Tabakpflanze aufsaugen soll. Schließlich sind die edlen Blätter vor Insekten zu schützen und muß der Allgemeinzustand der Pflanze ständig überwacht werden.

Anbaubedingungen
Der Tabak gehört zu den Gewächsen, die sehr abhängig von Umweltbedingungen wie Temperatur, Sonneneinstrahlung und Feuchtigkeit sind.
Am besten gedeiht der Tabak bei Temperaturen zwischen 20 und 27 Grad Celsius. Temperaturen unter 14 Grad Celsius verlangsamen sein Wachstum ebenso wie Frost, obwohl die Pflanze eine Kälte von bis zu minus 3 Grad Celsius für kurze Zeit überstehen kann, während bei über 40 Grad Celsius die Blätter verbrennen. Insgesamt jedoch hängen die Auswirkungen der Hitze wesentlich von den Windverhältnissen ab.
Das Sonnenlicht nimmt starken Einfluß auf die Photosynthese (mit Hilfe des Chlorophylls werden Zucker und Stärke gebildet), und die Photosynthese wiederum ist maßgeblich für Struktur, Größe und Nikotingehalt der Blätter verantwortlich. Wird der Tabak im Schatten gezogen, vergrößert sich die Blattoberfläche um 40 Prozent, wobei die Blätter feiner, biegsamer und weniger nikotinhaltig werden.
Der *Nicotiana tabacum* kann Trockenheit für eine kurze Zeitspanne überdauern. Allgemein sollten die Böden ohnedies nicht allzuviel Feuchtigkeit enthalten, denn das Wasser, das die Erde tränkt, hindert die Wurzeln an der Sauerstoffaufnahme. Dadurch wird das Blatt zwar sehr fein und erhöht sich sein Zuckergehalt, aber es enthält zu wenige stickstoffhaltige Substanzen. Umgekehrt führt Wassermangel zu einem dicken Blatt, dessen Struktur sehr grob und dessen Adern sehr weit sind – um dafür wiederum mehr stickstoffhaltige Elemente zu enthalten.
Schließlich spielt die Luftfeuchtigkeit bei der Qualität des Tabaks eine herausragende Rolle. Eine zu hohe Trockenheit der Luft führt zur Verdunstung des Wassers im Boden und somit zum Schwitzen der Pflanze. Die Folge sind eine übermäßige Ausbildung der Blattadern und eine Verholzung, wodurch ein Qualitätsverlust entsteht.

GEGENÜBERLIEGENDE SEITE
Aus je hundert Tabakpflanzen werden die Mazos gefertigt.
Sie dienen als Transportmittel der Pflanzen auf dem Weg
zu den Vegas.
FOLGENDE DOPPELSEITE
Im Westen der Karibikinsel häufig anzutreffen.
»Ein Sanktuarium der Tabakaufzucht« im Vuelta Abajo.

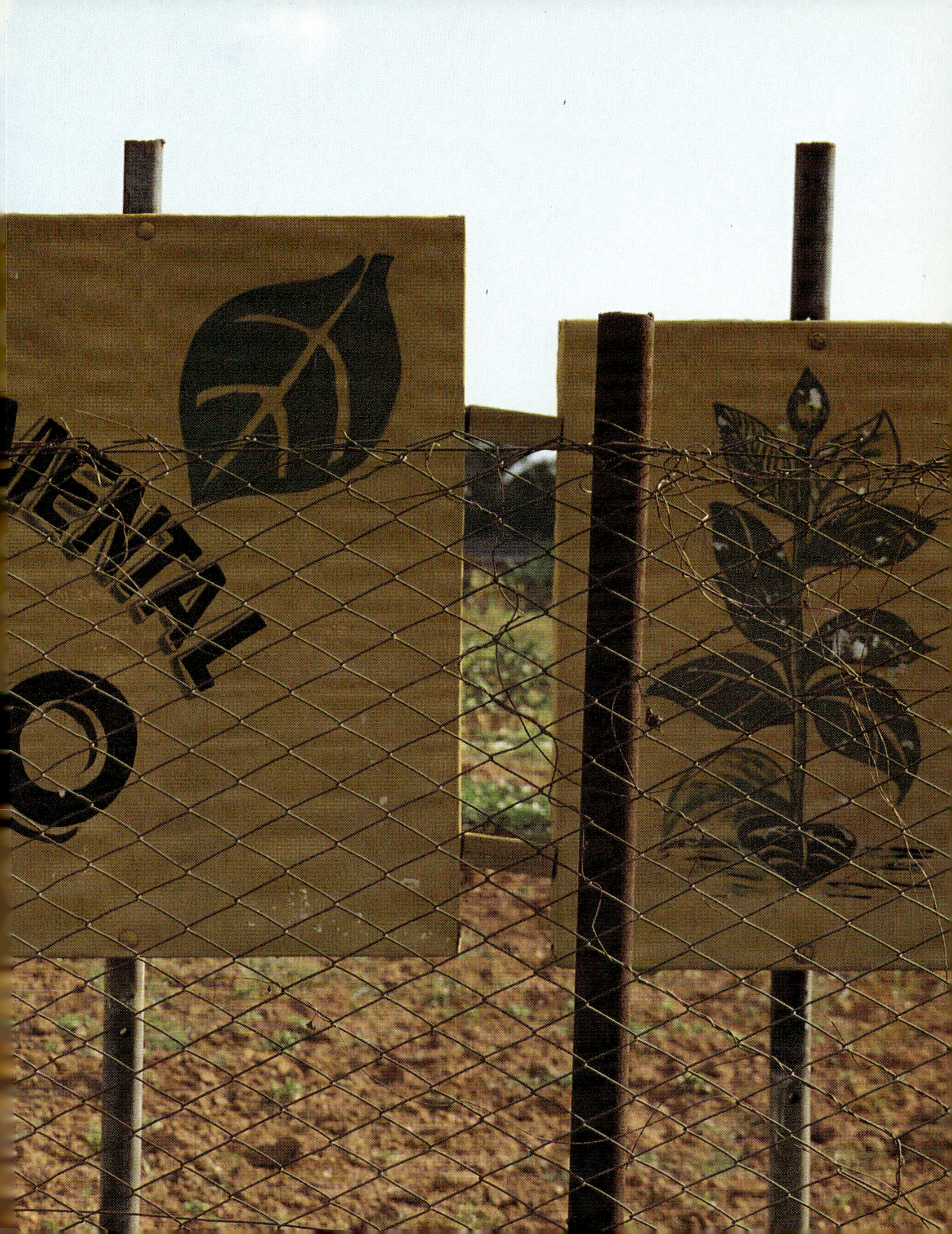

Die Tage vergehen, und die Pflanzung wechselt ständig ihr Kleid: Zuerst konkurriert ihr helles Braun mit dem der Erde um die stärkste Intensität, dann geht sie über zum fahlen Blond der Strohabdeckungen, um schließlich – nachdem die Abdeckungen entfernt worden sind – im Grün der Pflanzen zu erstrahlen. Dieses Grün ist wiederum ständigen Veränderungen unterworfen: Es wird immer dunkler, während der Setzling der wichtigsten Periode der Umpflanzung entgegenreift. Mußte die Arbeit bisher mit Zeit und Ruhe verrichtet werden, so tritt jetzt Hektik ein. Der Tabaksetzling, der nun eine Höhe von fünfzehn Zentimetern erreicht hat, muß sich »auf Reisen« begeben, denn er kann nicht einen Tag länger warten, um in sein eigentliches Feld zu gelangen. Als letzte Reverenz gegenüber dem »grünen Gold« krümmen die *Vegueros* noch einmal ihren Rücken, um die Setzlinge vorsichtig zu pflücken. Je hundert junge Pflanzen werden in Palmblättern, welche die Tabakpflanzer *Coyo de palma* nennen, zusammengepackt.

Lediglich zwei Stunden haben die Setzlinge jetzt noch zu warten, ehe sie die *Vegas* erreichen. Allerdings müssen sie noch eine Desinfektion über sich ergehen und sich in Körbe packen lassen. Die Felder, die in monatelanger Arbeit auf diesen Moment vorbereitet wurden, werden nun ihre »zarten Kinder« behutsam aufnehmen. Die Saatbeete haben gute »Ammendienste« geleistet: All ihre Kräfte haben sie auf die Setzlinge übertragen und übergeben die »Mutterrolle« jetzt an die *Vegas*, damit letztere dem Tabak die Kraft und die Würze, die seine Einzigartigkeit ausmachen, übertragen können.

Es sind einundfünfzig *Vegas*, die sich die Anbaugebiete zwischen San Luis und San Juan y Martinez teilen – und es sind die »großen Lagen« des Tabakanbaus. Zwölf der Güter kultivieren unter Abdeckungen die Sorte *Corojo*, welche Deckblätter hervorbringt.

Fast alle *Vegas* befinden sich nach wie vor im Besitz der *Vegueros*, von denen sie kultiviert werden. Dennoch ist es nicht zu übersehen: die kubanische Revolution hat etliche der althergebrachten Regeln verändert. So war es früher üblich, daß sich der Hersteller einer Marke die *Vega* aussuchen konnte, deren Deckblätter, Umblätter und Einlageblätter exakt seinem angestrebten Geschmack entsprachen. Dieses Prinzip der Unabhängigkeit gilt heute kaum noch – nur die ganz großen Marken besitzen noch das Privileg, sich ihre *Vega* aussuchen zu dürfen. Durch das staatliche Tabakmonopol, durch ›Cubatabaco‹, entscheidet allein die Verwaltung über die Verteilung des Tabaks, über seinen Preis sowie über die Zahlungsmodalitäten. Da kann sich derjenige glücklich schätzen, der noch in der Lage ist, sich unter den fünf besten Plantagen diejenige auszusuchen, die ihm die fünf Blattarten in genau jener Qualität liefert, die er für seine Havanna benötigt.

Bevor die rötlichen Felder der *Vegas* dem Anbau dienen können, müssen etliche Vorbereitungsmaßnahmen durchgeführt werden. So wird in den Monaten April und Mai die chemische Zusammensetzung der Böden genau analysiert, um festzustellen, welche Mineralstoffe zuzuführen sind. Die wichtigsten sind dabei Stickstoff, Phosphor, Kalium, Kalzium und Magnesium. An Kalzium und Magnesium besteht in der Regel kein Mangel, da sich diese Stoffe in ausreichender Menge in dem Dünger befinden, der zur Regulierung des Stickstoff-, Phosphat- und Kaliumgehalts verwendet wird. Alle anderen Stoffe werden als sekundäre Nährstoffe eingestuft.

Mit einer Präzision, die sich von Generation zu Generation weitervererbt hat, haben die *Vegueros* zwischenzeitlich die Felder in mehreren Abschnitten bearbeitet, wobei sie den Boden je nach Zusammensetzung immer tiefer umgegraben haben. Stets haben

Anbaumethoden
Je nach Tabakvarietät und Endbestimmung werden auf Kuba vier Anbaumethoden praktiziert...

- *Tapado para capas naturales* (im Schatten gezogen für natürliche Deckblätter): Der Tabak wird unter Tüchern gezogen mit dem Ziel, übermäßige Lichteinstrahlung zu verhindern, schädliche Insekten fernzuhalten, jeden Setzling vor Wind zu schützen, um so den Blättern besondere Sorgfalt angedeihen zu lassen.
- *Tabaco de sol ensartado* (in der Sonne gezogene und aufgefädelte Blätter): Der Tabak wird in der Sonne gezogen, wonach die Blätter einzeln abgeerntet, mit Fäden verbunden und zum natürlichen Trocknen an Stangen gehängt werden.
- *Tabaco de sol en palo* (in der Sonne gezogener Tabak mit Stamm): Der Tabak wird in der Sonne gezogen und zusammen mit dem Pflanzenstengel geerntet.
- *Tabaco rubio* (blonder Tabak): Hier handelt es sich um künstlich getrockneten Tabak.

Für die Havannas kommt zum einen nur die *Tapado*-Methode für die Deckblätter und zum anderen die *Sol-ensartado*-Methode für die Um- und Einlageblätter zur Anwendung.

GEGENÜBERLIEGENDE SEITE
»Zwiesprache« zwischen Mensch und Pflanze.
Die Glut der Zigarre verzehrt langsam das Blatt.
FOLGENDE DOPPELSEITE
Eine wichtige Vorsichtsmaßnahme. In ihren Baumwollhüllen
sind die Blüten gut vor Ansteckung geschützt.

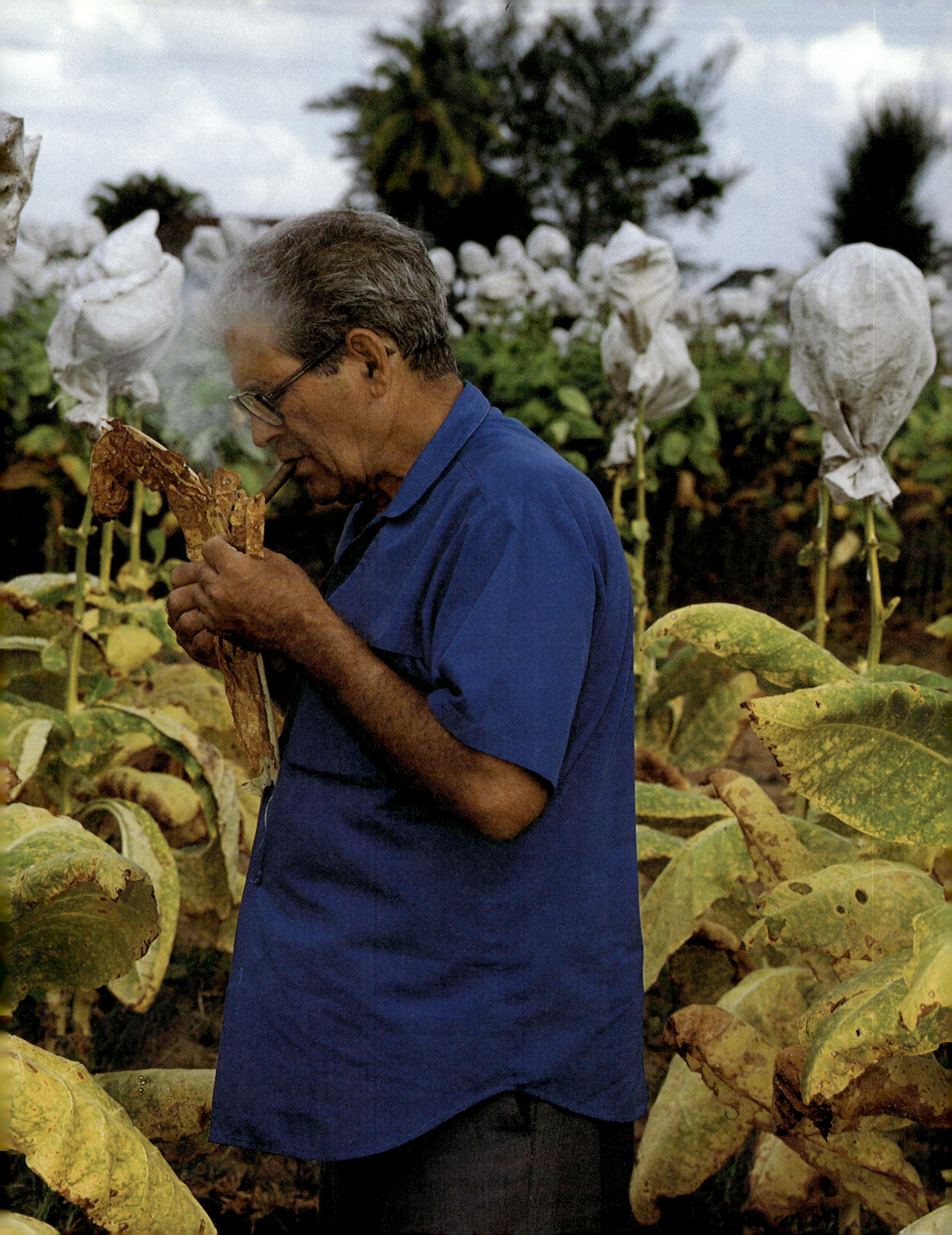

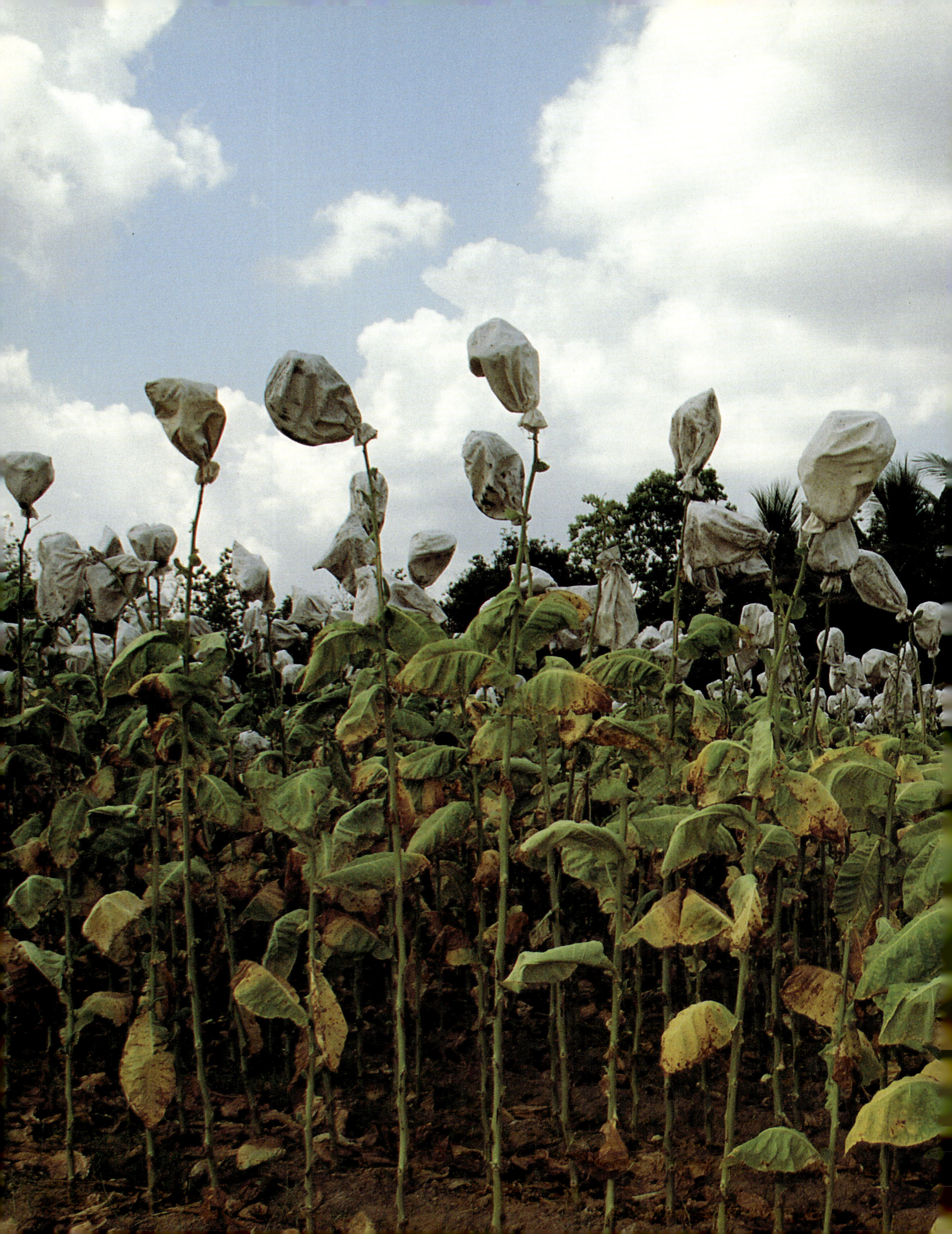

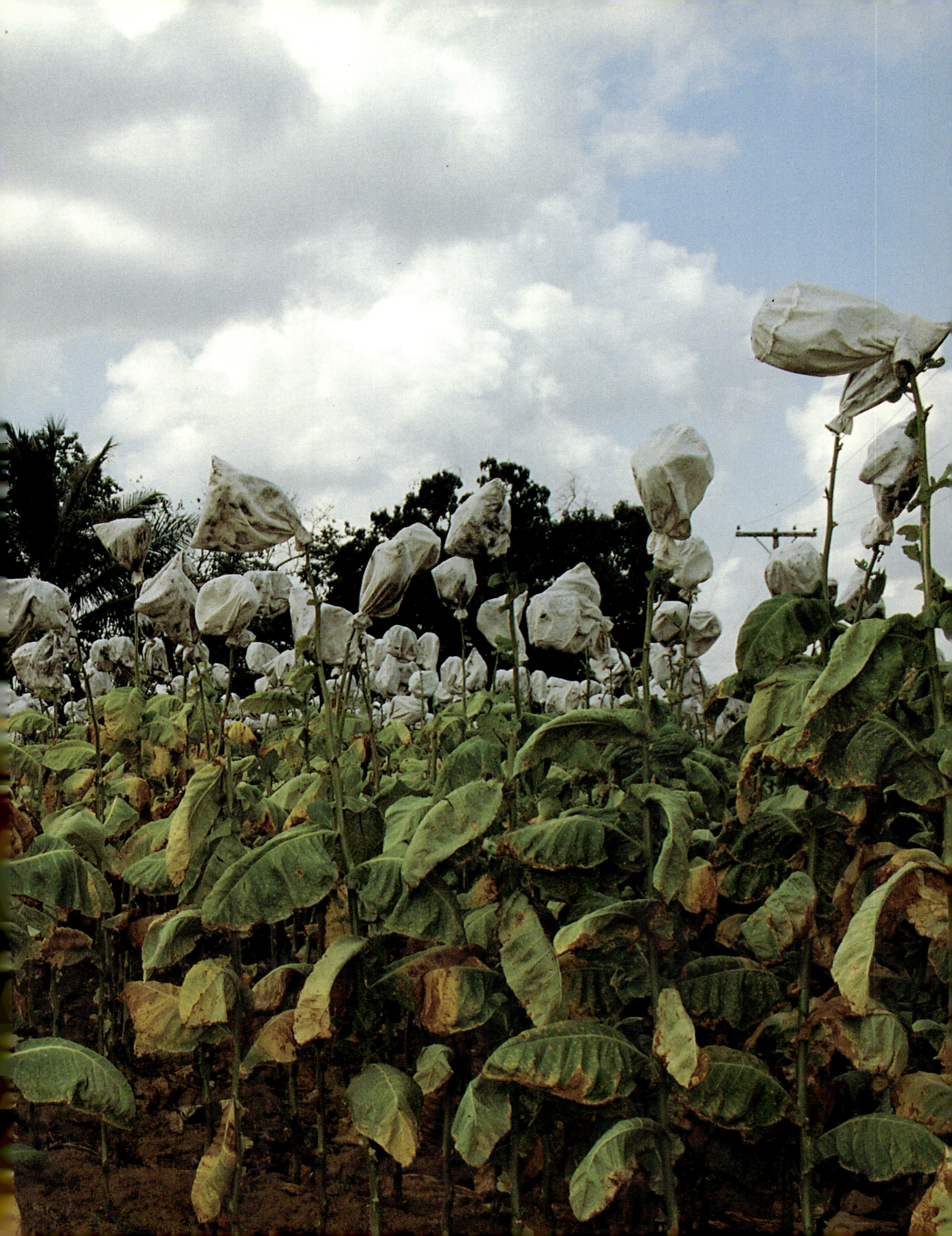

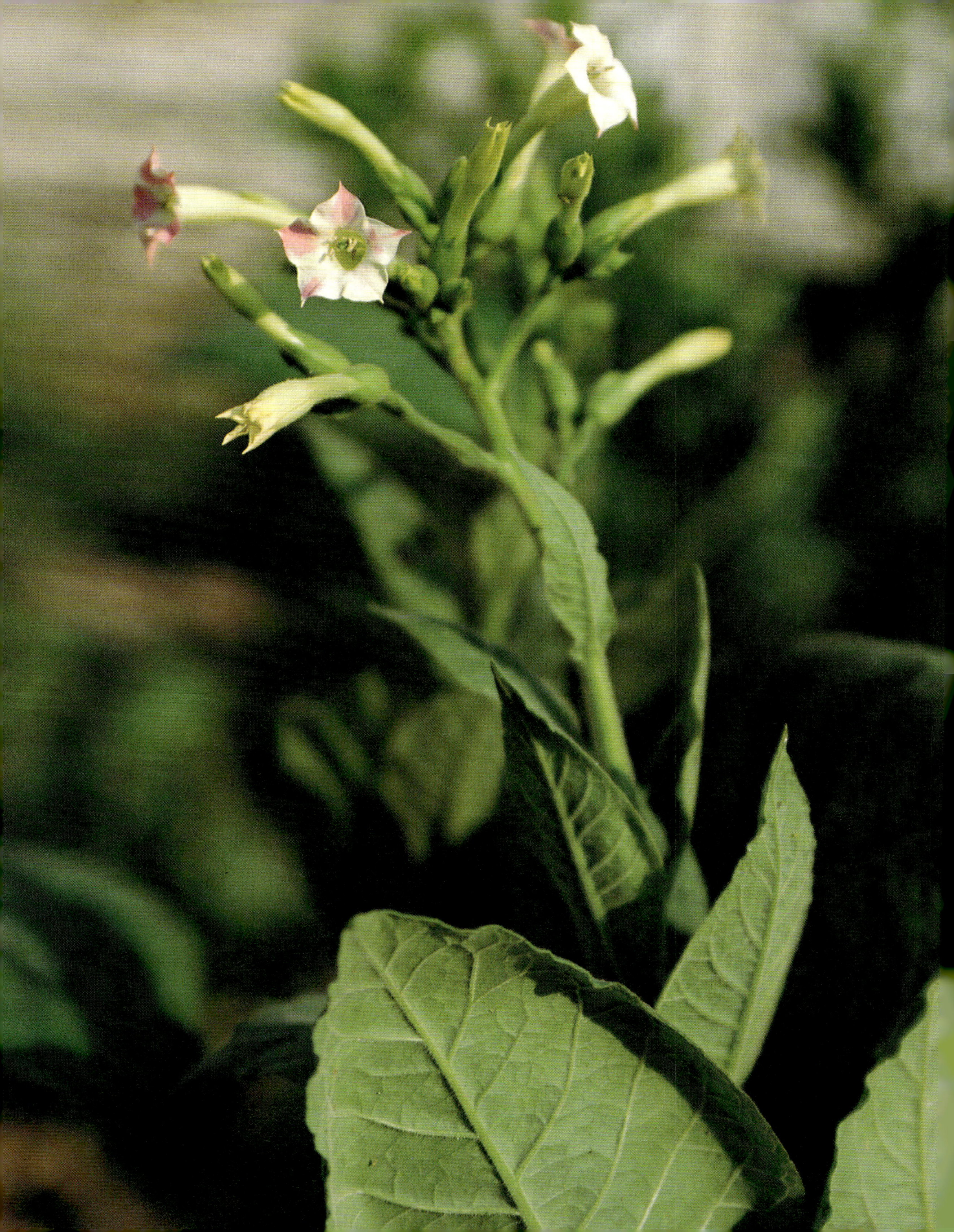

sie jedoch darauf geachtet, daß sich sandiger Boden nicht mit dem lehmigen Untergrund vermischen konnte. Zur Vernichtung von Parasiten, Insekten und Unkraut wurden auf feuchtem, aber nicht nassem Boden verschiedene Mittel wie Methylbromid, Vapam, Diazinon und Trizilin zur Anwendung gebracht.

Seit alters gibt es eine allgemeine Regel: Die *Vegueros* produzieren – als Vorsichtsmaßnahme – dreißig Prozent mehr Tabak, als von den Plantagen benötigt wird. Eine *Vega*, die wegen Mangels an Setzlingen nicht produzieren könnte, würde der Industrie erhebliche Devisenverluste eintragen.

Die regelmäßig Entnahme der Setzlinge ist eine anstrengende und monotone Tätigkeit. Der *Veguero* nimmt dabei ein Seil zu Hilfe, das mehrere Knoten aufweist, wobei die Zwischenräume von Knoten zu Knoten den regelmäßigen Abstand von dreißig Zentimetern zwischen den einzelnen Setzlingen markieren. Den Kopf nur mit einem einfachen Strohhut bedeckt, beugt sich der *Veguero* ein ums andere Mal nieder, um die jungen Triebe einzeln in die nahrhafte Erde einzusetzen. Immer mehr Streifen zarten Grüns erstrecken sich nun in gebührendem Abstand voneinander und bedecken schließlich den ganzen Boden. Nur die Felder, die der Aufzucht im Schatten dienen, heben sich durch ihre weißen Abdeckungen von der grünen Pracht ab.

Während der ersten Tage wirkt der Tabak erschöpft – er läßt Blätter fallen und den Kopf hängen. Bald jedoch erholt er sich, richtet sich auf mit Stolz, um die Spuren der Verpflanzung konsequent auszulöschen. Der *Veguero* hilft ihm dabei – er pflegt und nährt, er bewacht und behütet ihn. Die Setzlinge, die nicht überleben, werden sofort durch neue ersetzt. Kein Pflanzplatz bleibt leer.

Der Terminplan, den das Klima der Insel diktiert, wird strikt eingehalten. 3. Tag: Bewässerung; 10. Tag: Festigung eines jeden Stengels mit etwas Erde; 12. Tag: Schutz der Pflanzen, die im Schatten, das heißt unter Abdeckungen, gezogen werden sollen, durch Tücher; 25. Tag: Verankerung der Pflanzenstiele für die Aufzucht im Schatten; 35. Tag: Ausdünnung der Blüten. Zwischendurch erfolgt regelmäßiges Düngen und Bewässern, erhalten die Pflanzen jedwede Versorgung und Zuwendung.

Die Ausdünnung der Blüten erfolgt in zwei Phasen, *Desbotonado* und *Deshije* genannt. In der ersten Phase wird die Pflanze ihrer Blüten entledigt, in der zweiten entfernt man die Knospen, die in Reaktion auf den Wegfall der Blüte entsprungen sind. Auf diese Weise erreichen die *Vegueros*, daß die Blätter jene Nährstoffe speichern, die sonst die Blüten beansprucht hätten und ohne die sie nach der Fermentation ihre erlesenen Aromen nicht verbreiten könnten.

Eingetaucht in ein Blättermeer, untersucht der *Veguero* eine Pflanze nach der anderen auf Sekundärknospen, auf die »Söhne«, die sich heimtückisch auf Kosten ihres »Vaters«, jenes schon erwähnten *Nicotiana tabacum*, permanent »durchfuttern«. Die Arbeiterfinger spreizen sanft die Blätter vom Stiel ab, und wenn sie einen der Eindringlinge aufspüren, reißen sie ihn mit derselben Bewegung heraus, mit der man beispielsweise eine Zecke aus dem Fell eines Tieres entfernt. Immer wieder wächst die Knospe nach – und immer wieder macht ihr der Mensch den Garaus.

Mitte Januar kommt die Zeit der Blatternte. Ungefähr vierzig Tage sind nun seit der Umpflanzung vergangen, und der Tabak beginnt Signale auszusenden: Seine Farbe wechselt vom intensiven Grün über in hellere Schattierungen, seine Blätter glänzen mehr denn je in der Sonne – so, als ob sie damit die Aufmerksamkeit ihrer »Pfleger« auf sich lenken wollten.

Eine Tabakpflanze bringt zwischen sechzehn und achtzehn Blätter hervor, die auf sechs verschiedenen Niveaus zu je zwei oder drei Blättern angesiedelt sind, welche (in Spanisch) wie folgt lauten (von unten nach oben betrachtet): *Libre de pie, Uno y medio, Centro ligero, Centro fino, Centro gordo, Corona*. Die Blätter werden niveauweise gepflückt, und zwar jeweils im Abstand von einer Woche, wobei der Tabakpflanzer unten, bei der *Libre de pie*, beginnt. Jene wöchentliche Pause macht durchaus Sinn: Sie

Die Ernte der Blätter
Die Blatternte verläuft in mehreren Etappen, »Schnitte« *(Cortes)* genannt. Jene Schnitte finden, den Witterungsverhältnissen entsprechend, im ungefähren Abstand von einer Woche statt. Dieses Verfahren erlaubt den Blättern eines jeden Niveaus, ihren optimalen Reifegrad zu erzielen. So beginnt man bei den *Libre-de-pie-* und *Uno-y-medio*-Blättern. – Die aufgeführten Kalender enthalten nur Annäherungswerte, da sie von vielen Faktoren beeinflußt werden können.

Tabaco tapado für die Deckblätter (*Corojo*)
47. bis 50. Tag . . . . .Ernte des *Libre de pie* (3 bis 4 Blätter)
51. bis 53. Tag . . . . .Ernte des *Uno y medio* (3 Blätter)
60. bis 66. Tag . . . . .Ernte des *Centro ligero* (3 Blätter)
71. bis 75. Tag . . . . .Ernte des *Centro fino* (3 Blätter)
78. bis 80. Tag . . . . .Ernte des *Centro gordo* (2 bis 3 Blätter)
82. bis 85. Tag . . . . .Ernte der *Corona* (2 Blätter)

Tabaco de sol ensartado für die Um- und Einlageblätter (*Criollo*)
48. bis 50. Tag . . . . .Ernte des *Libre de pie* (2 bis 3 Blätter)
52. bis 55. Tag . . . . .Ernte des *Uno y medio* (3 Blätter)
58. bis 66. Tag . . . . .Ernte des *Centro ligero* (3 Blätter)
72. bis 75. Tag . . . . .Ernte des *Centro fino* (2 Blätter)
78. bis 80. Tag . . . . .Ernte des *Centro gordo* (2 Blätter)
82. bis 85. Tag . . . . .Ernte der *Corona* (2 Blätter)

Gegenüberliegende Seite
Erhaben präsentiert sich die (empfindliche) Tabakblüte. Sie beansprucht einiges an Pflege und Aufmerksamkeit.

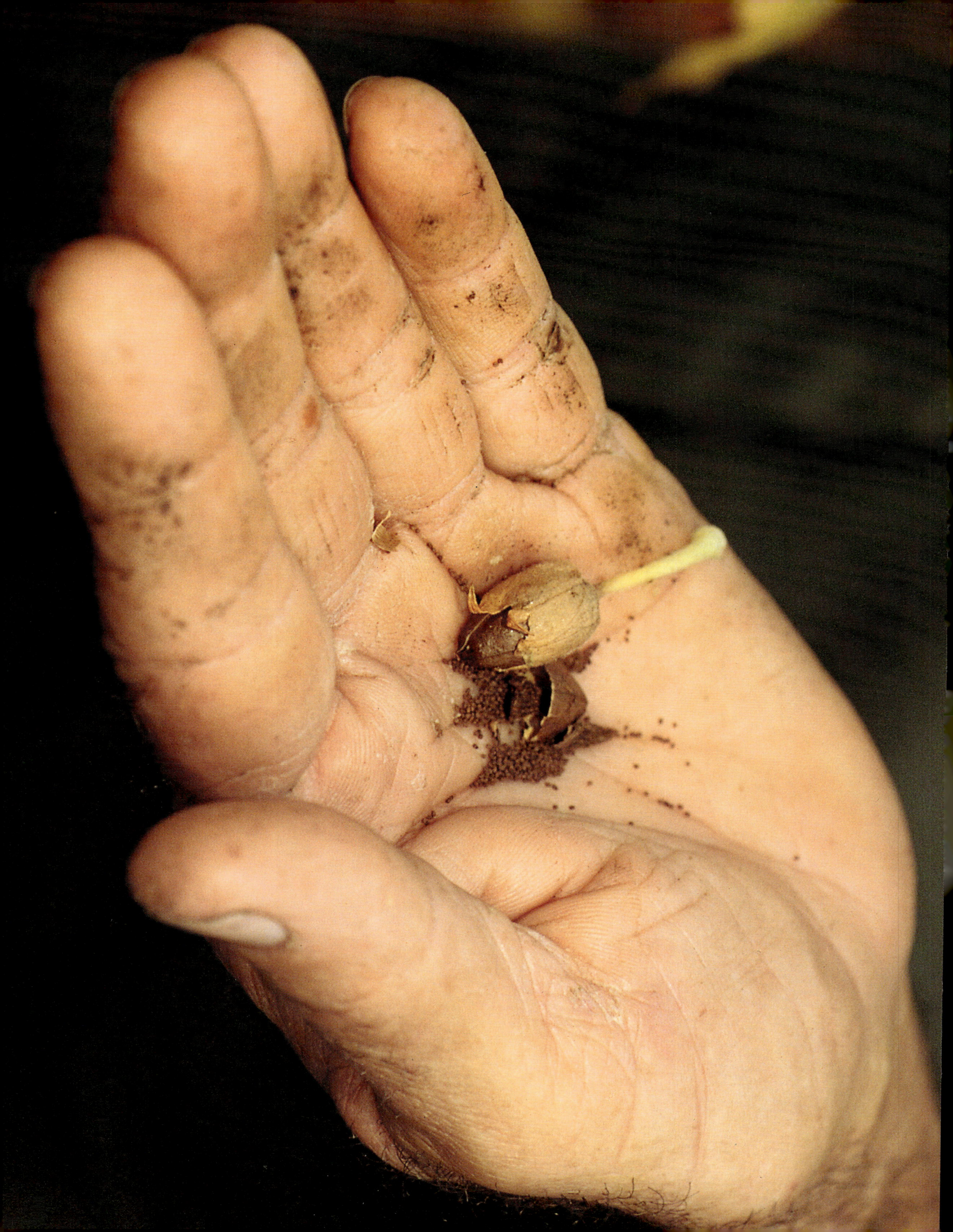

Binnen dreier Monate verwandelt sich ein 0,5 Millimeter großes Samenkorn in eine Pflanze von fast zwei Metern Höhe, die 2,3 Quadratmeter Tabak liefern wird.

GEGENÜBERLIEGENDE SEITE
*Ein gewaltiges Potential in einer kleinen Handmulde.
Aus jedem dieser Saatkörner wird eine Pflanze
von fast zwei Metern Höhe entstehen.*
FOLGENDE DOPPELSEITE
*Vor mehr als fünfhundert Jahren schon von den Indianern
praktiziert. Im Halbdunkel trennt der Veguero die Saatkörner
von kleinen Steinchen.*
ANSCHLIESSENDE DOPPELSEITE
Kubas »braunes Gold«. Blatt und Saatkorn des Tabaks.

erlaubt es den verbleibenden Blättern, sich bis zur vollen Reife zu entfalten.

Wenn die entsprechende Kategorie gereift ist, erntet sie der *Recolector* sehr vorsichtig und legt sie auf ein Tablett, das mit einem Tuch abgedeckt und von einem Arbeiter, dem *Sacador*, zum anderen, dem *Llenador de cesto*, gebracht wird, der die Blätter nach einer Qualitätskontrolle in hohe Körbe verteilt. Diese Körbe, *Cestos*, werden nun vom *Cestero* in die Tabakhäuser gebracht.

Zweiundvierzig Tage intensiven Wachstums sind mittlerweile vergangen. Zurück bleiben die abgeernteten Felder – struppig von lauter grünen Stengeln, bieten sie einen Anblick wie nach einem Heuschreckeneinfall.

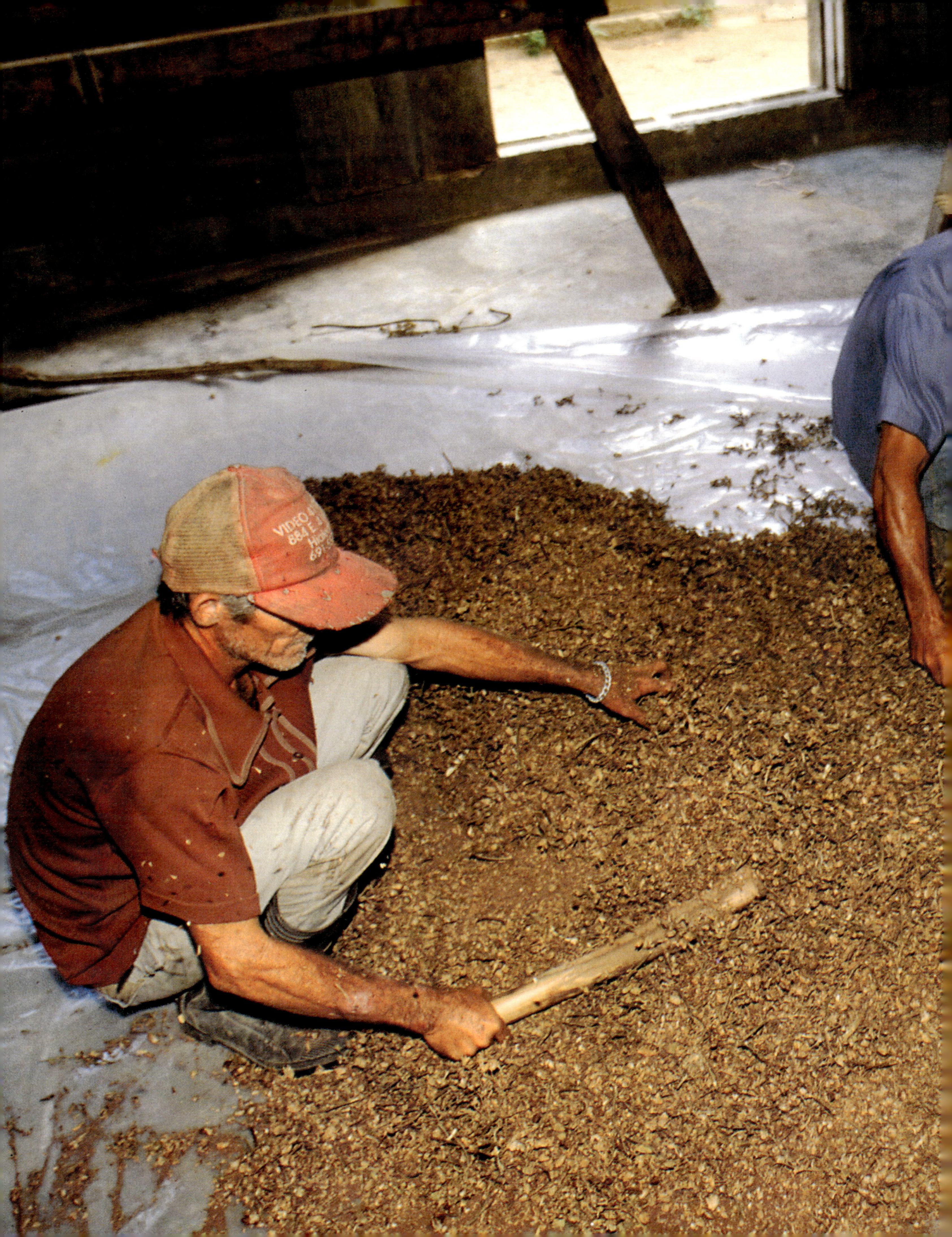
VIDEO

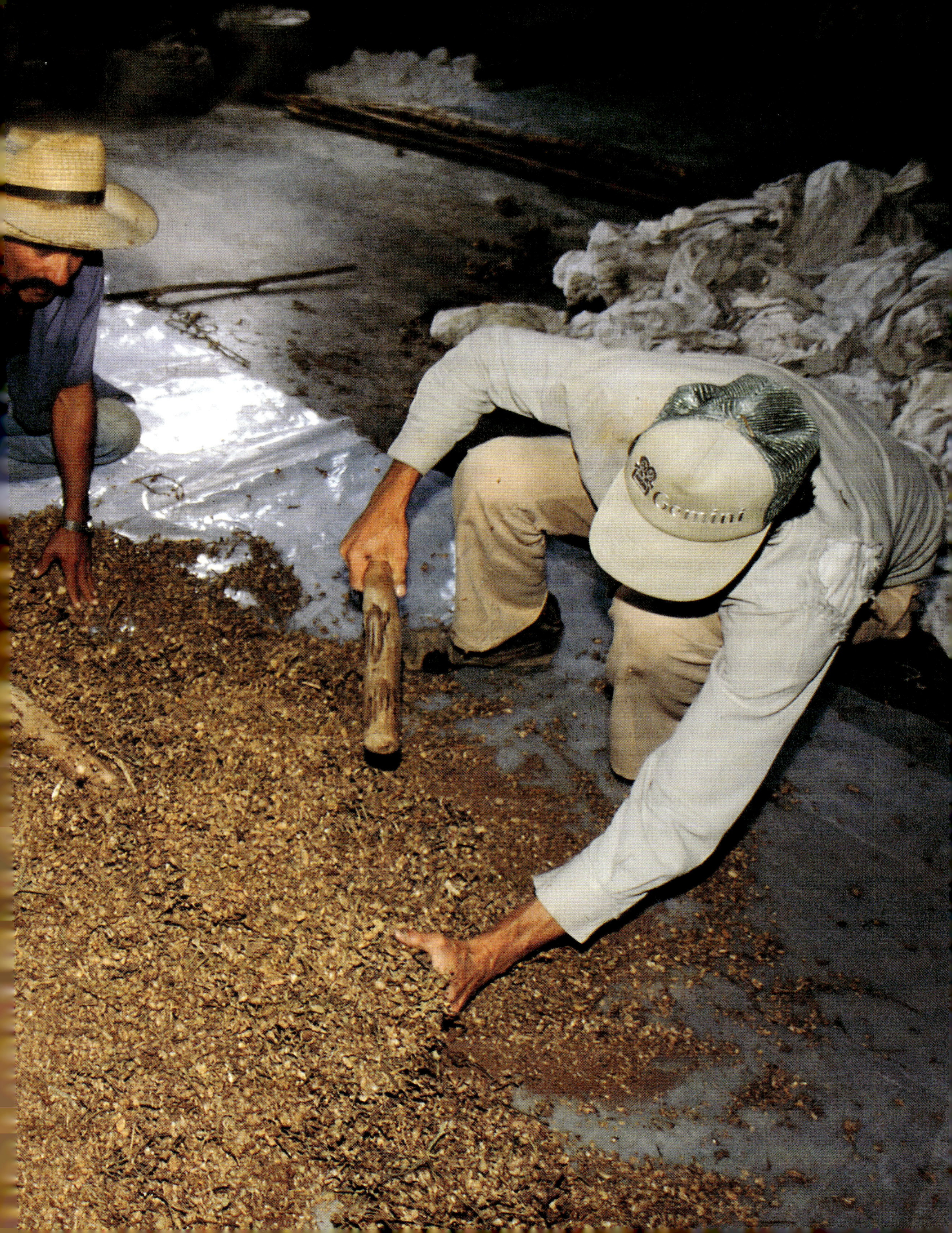
Gemini

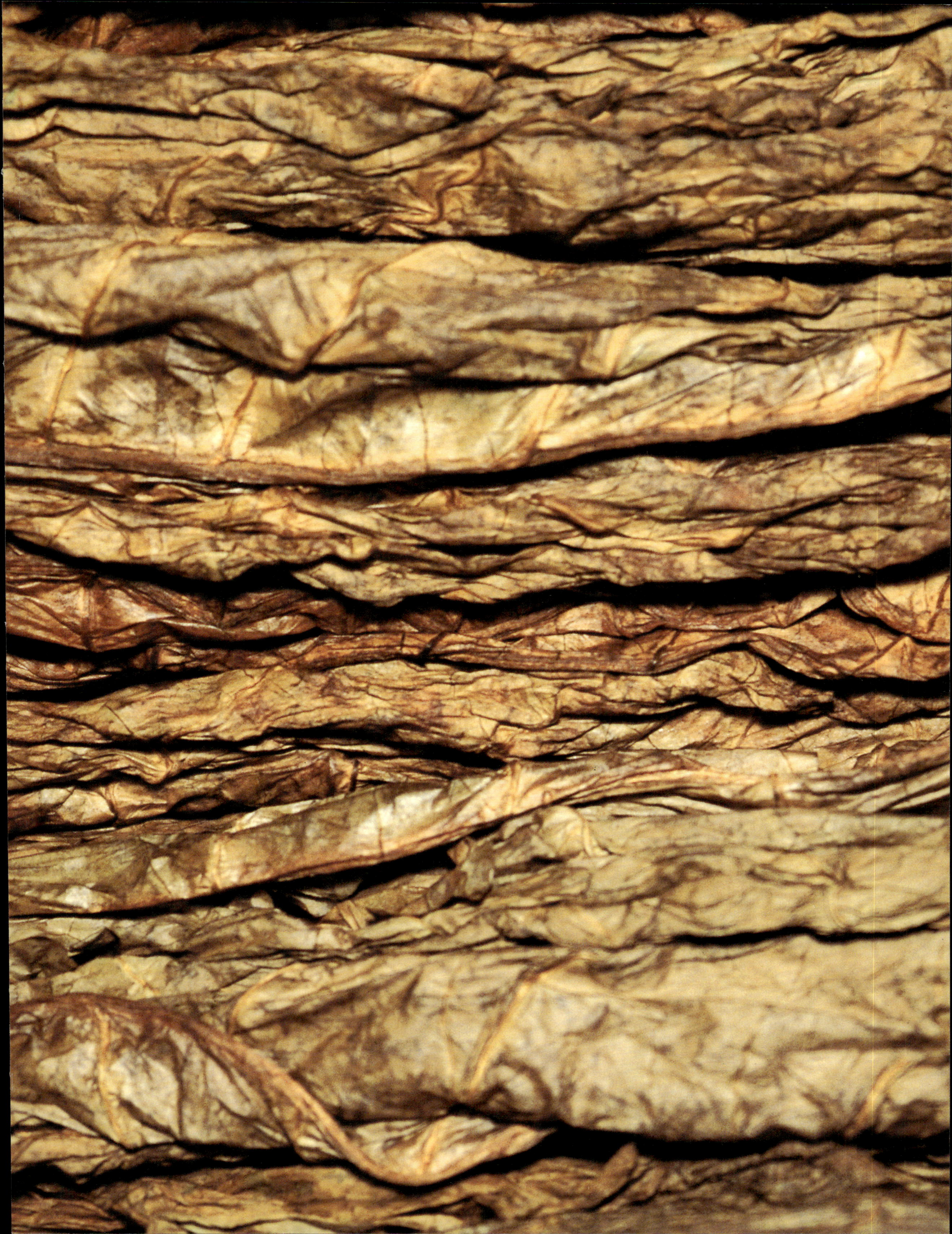

KAPITEL III

Stationen auf dem Weg zur Vollkommenheit

Im Tabakhaus

Das Tabakhaus *(Casa del tabaco)* ist ein mit Holz verkleideter Kokon, in dem sich der frisch geerntete, geruchs- und geschmacklose Tabak langsam in Blätter verwandelt, deren Duft den Geruchssinn betören und deren Geschmack den Gaumen verwöhnen wird.

Jedes Tabakhaus befindet sich in der Nähe der Felder und ist so ausgerichtet, daß die Sonnenstrahlen nur die vordere und hintere Seite des Gebäudes erwärmen können, denn ein funktionales Tabakhaus zeichnet sich vor allem durch seine konstante Temperatur (22 Grad Celsius) und den gleichbleibenden Gehalt an relativer Luftfeuchtigkeit (65 bis 75 Prozent) aus.

Im Laufe der Jahrhunderte hat sich die Innenausstattung kaum verändert. Die schmucklosen Wände des Hauses sind aus Holz, während das Dach bei älteren Gebäuden aus getrockneten Palmblättern, *Guano* genannt, und bei neueren aus Asbestzement, bisweilen auch aus Zink gefertigt ist, da diese Werkstoffe recht widerstandsfähig sind. Im Inneren befinden sich mehrere Reihen von Pfeilern *(Puntales)*, die im ungefähren Abstand von jeweils zwei Metern angebracht sind und Holzbalken *(Barreras)* tragen. Diese Holzbalken dienen dazu, die Holzstangen *(Cujes)* zu stützen, an denen die Tabakblätter zum Trocknen aufgehängt sind. Das Haus hat vier oder sechs Unterteilungen *(Aposentos)*, und zwar jeweils in der Länge einer Trockenstange, also ungefähr vier Meter, wobei jede Abteilung rund eintausendfünfhundert Stangen aufnehmen kann. Zwischen den Abteilungen befinden sich kleine Gänge *(Falsos)*.

Ist es im Haus zu feucht, besteht die Gefahr, daß die Blätter fleckig werden oder faulen, bevor der Trockenvorgang beendet ist. Andererseits behindert zu große Trockenheit die chemischen Transformationen, die das Blatt während der Trockenphase durchlaufen muß. Ist dies der Fall, werden grüne Chlorophyllrückstände sichtbar. Aus diesen Gründen hat der *Veguero* die verantwortungsvolle Aufgabe, je nach Wetterlage die Türen des Hauses zu öffnen oder zu schließen, damit Temperatur und Luftfeuchtigkeit konstant bleiben. In der Regel sind die Türen tagsüber geöffnet und nachts geschlossen. Bei trockener Witterung werden die Türen nur morgens und abends geöffnet, damit die notwendige Feuchtigkeit eindringen kann und die Biegsamkeit der Blätter erhalten bleibt. Hingegen reicht bei regnerischem Wetter die natürliche Luftfeuchtigkeit aus, wodurch die Belüftung überflüssig wird. Falls es notwendig erscheint, ein Maximum an Wasserdampf in der Luft zu speichern, bleibt das Haus hermetisch verschlossen. Die Trockenstangen werden dann in den oberen Bereich der Abteilungen verlagert und sorgfältig aus-

GEGENÜBERLIEGENDE SEITE
Im Schutze des hölzernen Schuppens.
Die Tabakblätter trocknen auf natürliche Weise.
FOLGENDE DOPPELSEITE
Der richtige Trockenheitsgrad ist erreicht. Die Tabakblätter
haben die Farbe der sie tragenden Holzstangen angenommen.

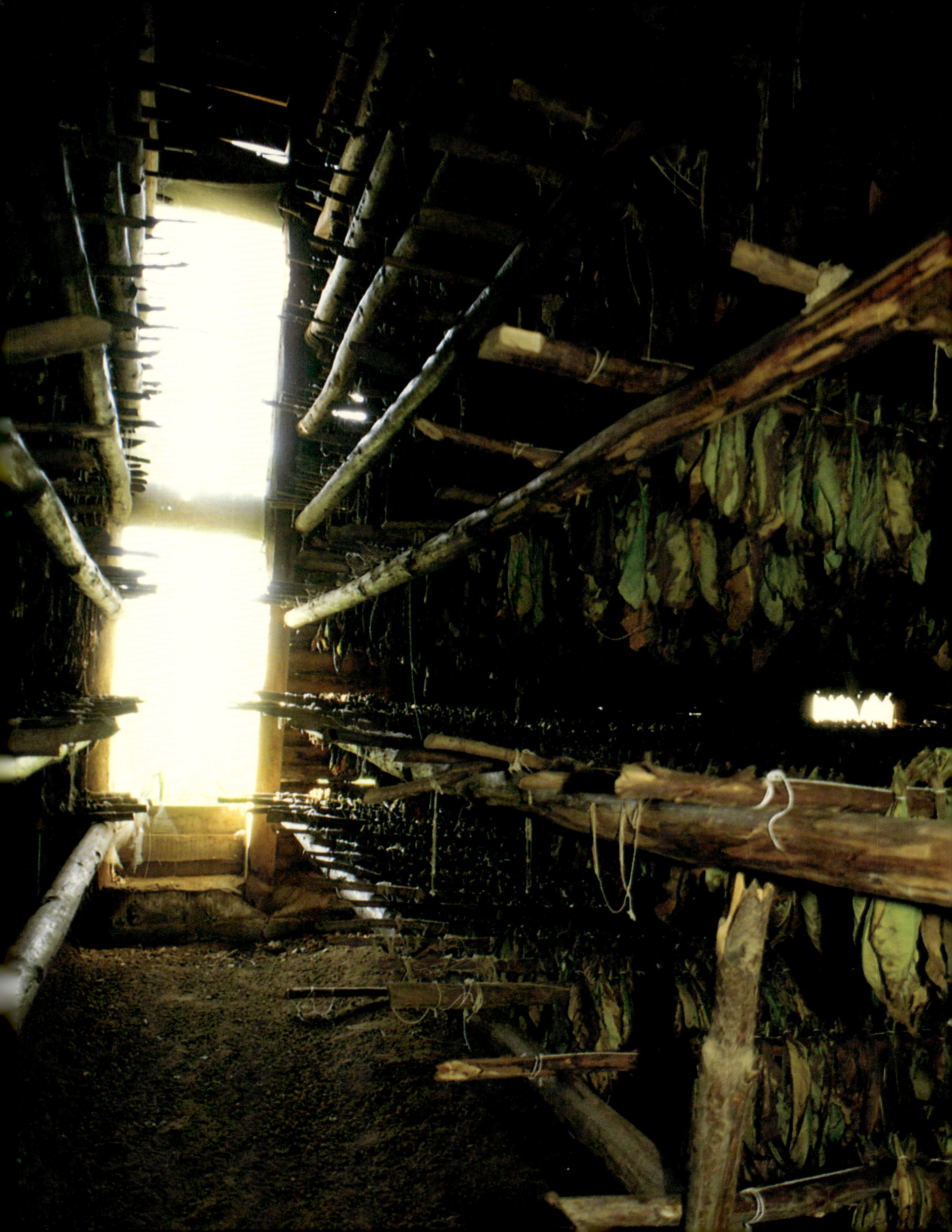

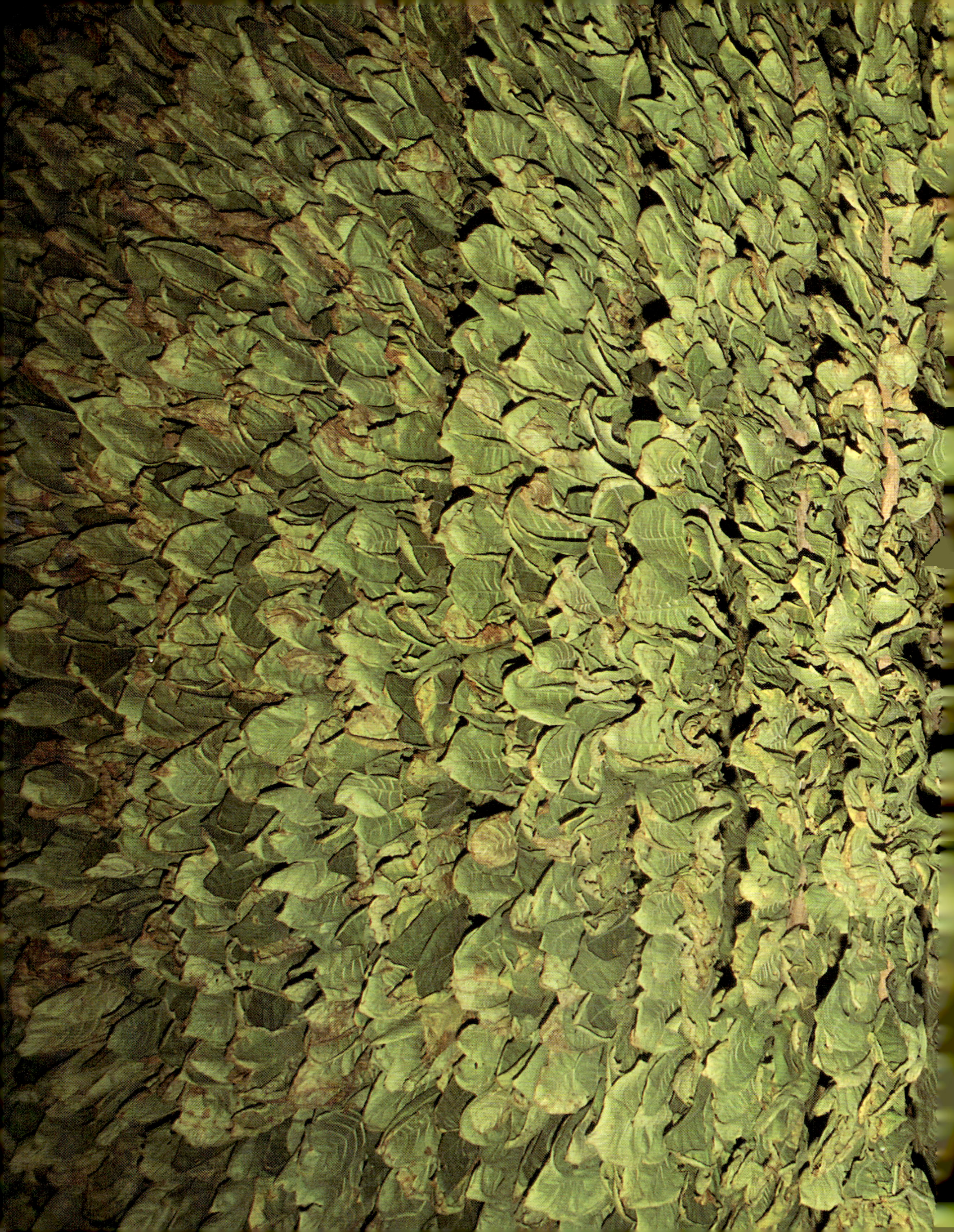

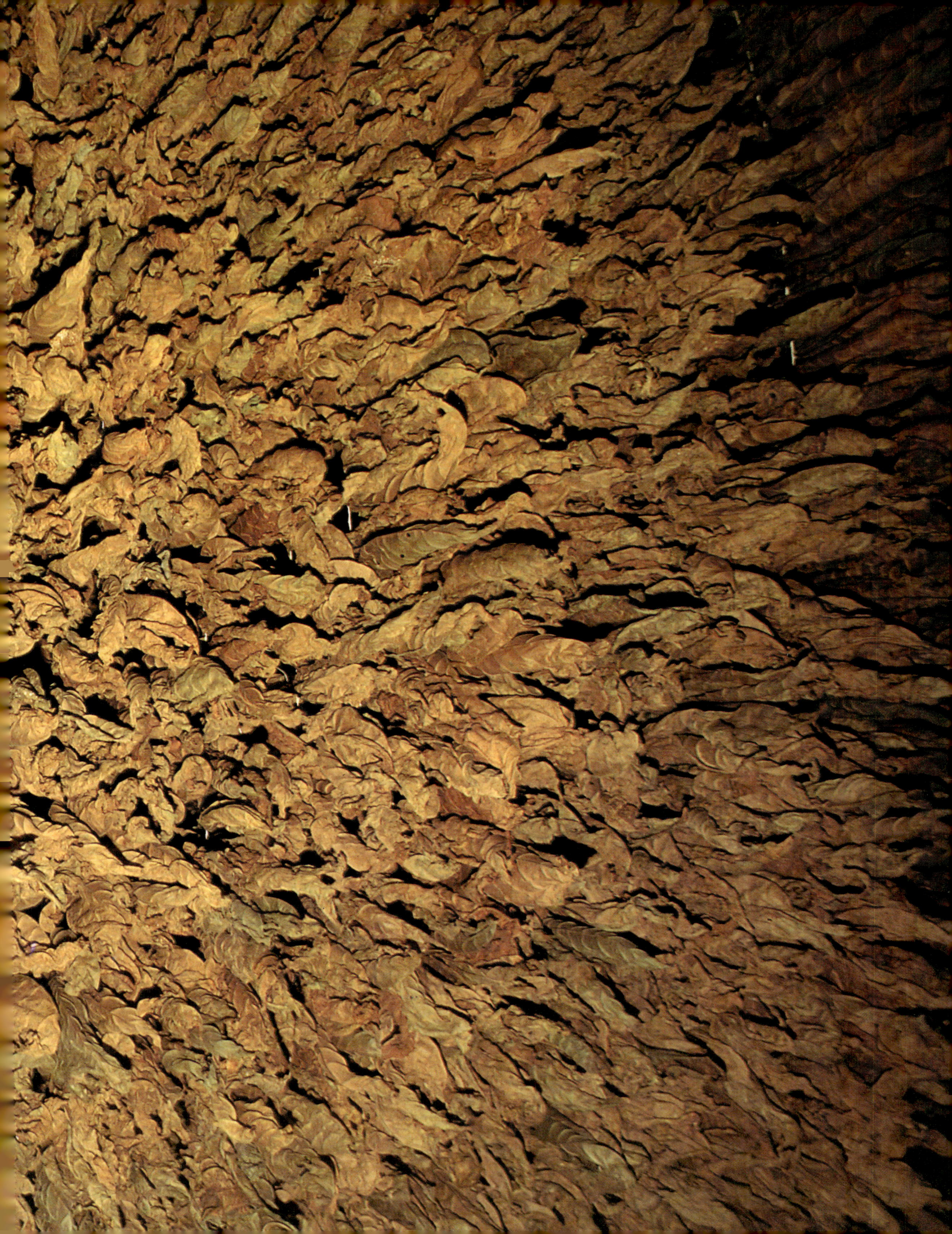

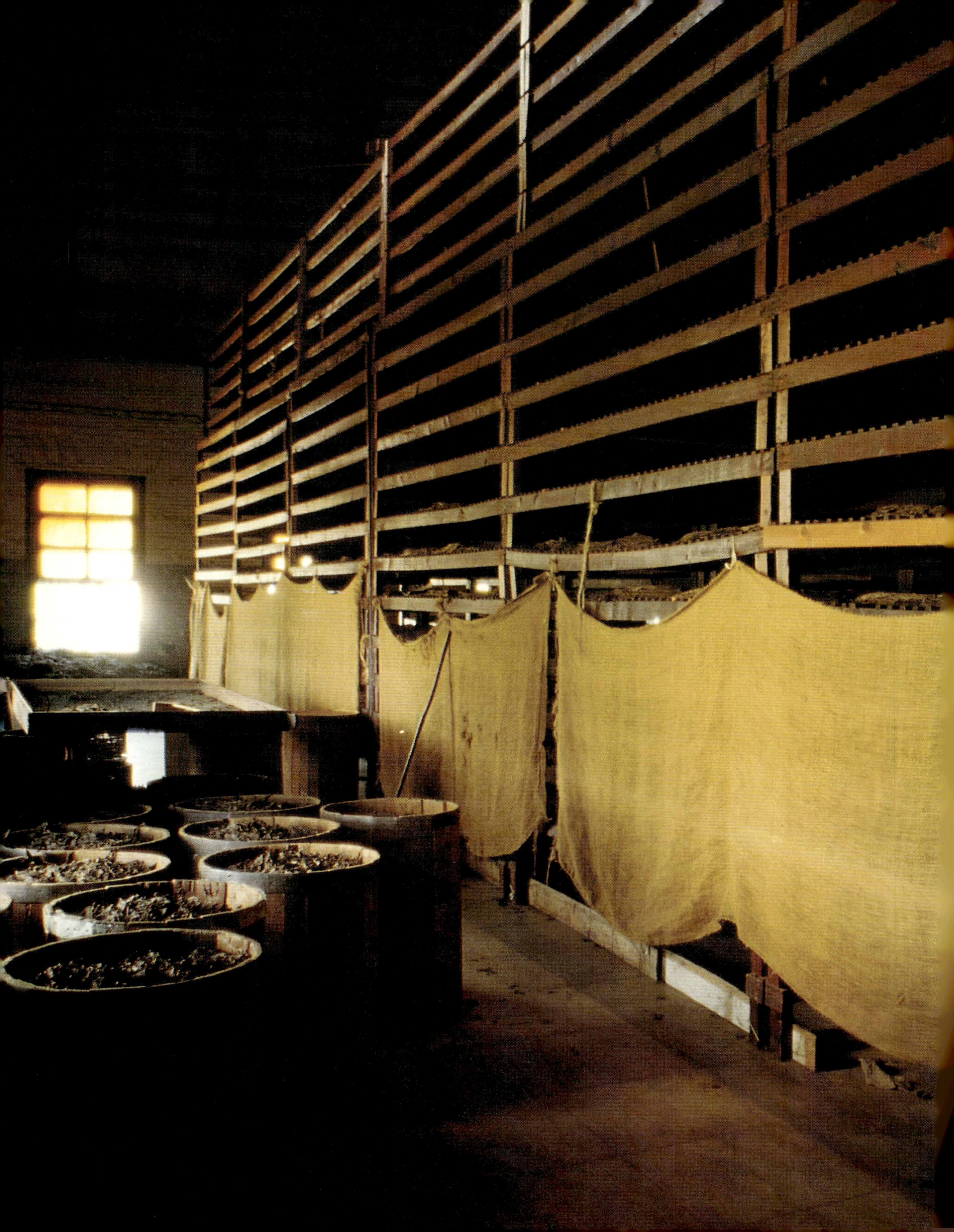

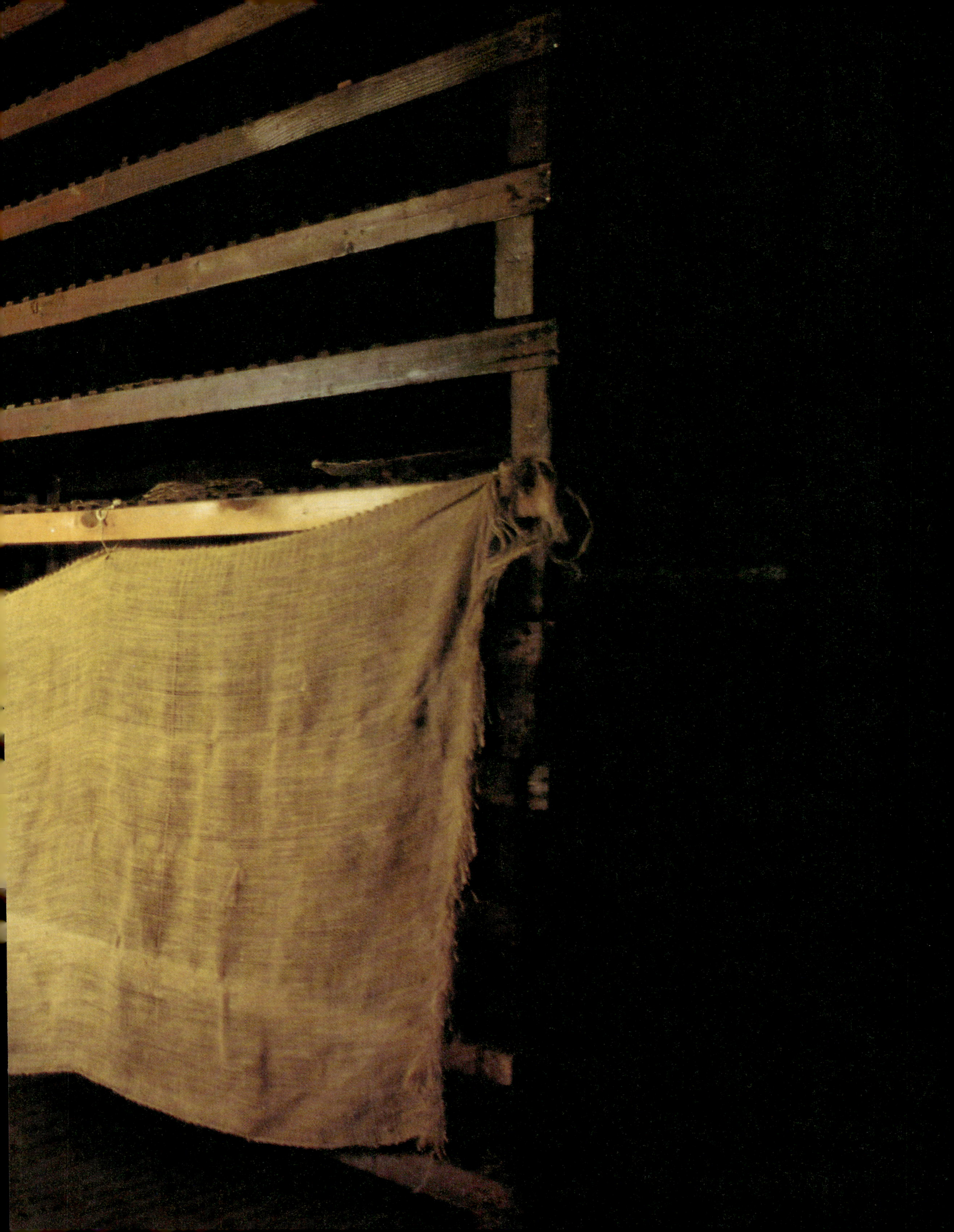

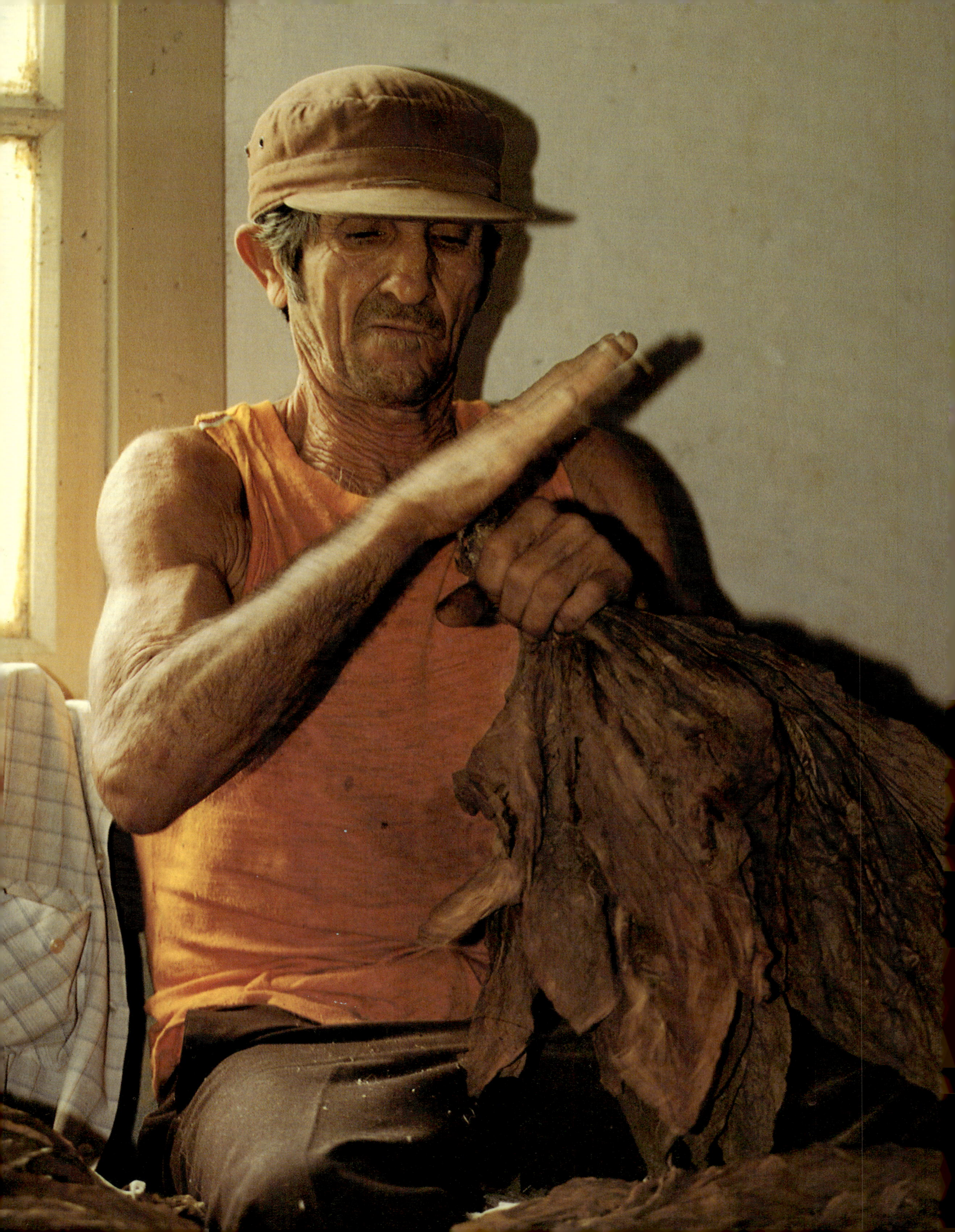

geschüttelt. Zu hohe Luftfeuchtigkeit wird dagegen mit Hilfe von Kohleöfen gesenkt, die sich auf den Gängen befinden. In früherer Zeit wurde die Feuchtigkeit aufgesaugt, indem man Schüsseln mit ungelöschtem Kalk neben den Öffnungen aufstellte.

Die Anzahl der Häuser hängt von der Größe der *Vegas* ab. Als Regel gilt hier: Ein Haus mit sechs Abteilungen kann die Ernte aus 0,7 Hektar abgedeckter Tabakfelder und 1,3 Hektar offener Tabakfelder aufnehmen. Die Körbe mit den frisch geernteten Blättern werden in der *Casa del tabaco* vom *Descargador*, der für das Entladen der Körbe zuständig ist, in Empfang genommen und vorsichtig auf einen Tisch gesetzt. Nun betreten die *Ensartadors* die Szene: Sie fädeln die Blätter auf, indem sie mit einer Spezialnadel einen Baumwollfaden mit einem Abstand von einem Zentimeter über dem Stielende durch die Hauptrippe ziehen. Nun werden die Blätter Rücken an Rücken auf die Trockenstangen gehängt, wobei genug Abstand zwischen ihnen bleiben muß, damit sie nicht aneinanderkleben und einen *Sahorno* provozieren, ein Anschwellen eines kalten und feuchten Blattes. Um dieses Risiko vollständig auszuschließen, werden die Blätter sogar den Sonnenstrahlen ausgesetzt, solange kein Regen droht. Ein geschickter *Ensartador* kann übrigens pro Tag mehrere hundert Stangen behängen.

Die Stangen werden nun von oben nach unten in die Abteilungen des Trockenhauses gehängt. Dabei ist darauf zu achten, daß sie nicht aneinandergedrückt werden, weil sich die Blätter auf keinen Fall berühren dürfen; zehn bis zwölf Zentimeter Abstand reichen hier aus. Außerdem dürfen die Blätter nicht mit den Stützbalken in Berührung kommen, damit sie nicht beschädigt werden; hier genügen acht Zentimeter Abstand. In einigen *Vegas* gibt es statt der oben beschriebenen Trockenstangen sogenannte *Portas hilos*, Metallstangen, die mit Haken versehen (um sie damit an den Stützbalken zu befestigen) und mit Baumwollfäden verbunden sind, an denen die Blätter aufgehängt werden. Jede Stange enthält zwanzig Löcher, in welche die Fäden mit den Blättern eingehängt werden. Auf einem solchen Faden haben ebenso viele Blätter Platz wie auf einer Trockenstange.

Im Schutz ihres hölzernen Unterschlupfes trocknen die Blätter während einer Dauer von ungefähr sechs Wochen. So viel Zeit ist notwendig, um das in den Blättern enthaltene Wasser (ungefähr 85 Prozent des Gewichts eines grünen Blattes) vollständig »herauszufiltern«. Erst wenn auch die Mittelrippe trocken ist, gilt der Trockenvorgang als beendet.

In früheren Zeiten suchten die Fabrikbesitzer die einzelnen Trockenhäuser persönlich auf, um den Reifeprozeß der Blätter zu verfolgen, damit sie einschätzen konnten, ob ihre Zigarren halten würden, was sie versprachen. Heute beobachten nur die *Vegueros* die chemische Umwandlung. Jeden Tag betreten sie aufs neue den »heiligen Tempel«, um zu beobachten, wie die Blätter langsam ihre Farbe verlieren, von Grün zu Gelb übergehen, um schließlich jenen Braunton anzunehmen, der farblich kaum noch von den Balken, die sie tragen, zu unterscheiden ist.

Nach wie vor sind die Blätter mit äußerster Sorgfalt zu behandeln. Morgens, wenn die relative Luftfeuchtigkeit noch einigermaßen hoch ist und die Blätter geschmeidig hält, werden die Stangen, die in den unteren Bereichen hängen, je nach Gelbfärbung der Blätter weiter nach oben gehängt, wobei immer dieselben Abstände gewahrt bleiben. Eine Abteilung darf nämlich nur Blätter enthalten, die denselben Trocknungsgrad erreicht haben, denn die Feuchtigkeit, die weniger fortgeschrittene Blätter abgeben, würde von den trockeneren Blättern aufgesogen, was die Gefahr der Flecken- und Schimmelbildung heraufbeschwören würde.

Falls nicht genug Platz zur Verfügung steht, um so vorzugehen wie beschrieben, werden die trockeneren Blätter in die oberen Bereiche gehängt, und zwar mit einem Abstand zu den anderen, der gewährleistet, daß die Ausdünstung der Blätter, die noch grün sind, die trockenen Blätter nicht erreichen kann.

Zwischen dem 25. und 30. Tag ist das ganze Blatt bis auf die Mittelrippe getrocknet. Es ist der Moment für die erste *Retoque*, die erste Bearbeitung, gekommen (eine zweite wird später folgen): Die Blätter werden neu aufgehängt, und zwar in einem Abstand von 15 Zentimetern. Dieses Mal dürfen sich die trockenen Blätter überschneiden. Der dadurch freigewordene Platz auf den Trockenstangen wird nun mit Blättern aus der Lage darunter eingenommen. So geschieht es auf allen Etagen. Anschließend werden die Blätter desinfiziert.

Nach ungefähr vierzig Tagen sind die Blätter trocken, aber noch immer geruchlos. Man kann sie mit dem Saft gepreßter Trauben vergleichen, der zwar die Farbe des Rebsaftes hat, aber deshalb noch lange kein Wein ist. Beide, Tabakblätter und Traubensaft, durchlaufen nun den Vorgang der Fermentation.

Die Trockenstangen werden zunächst heruntergenommen, um die Blätter zu lösen und in Garben zusammenzufassen. Anschlie-

Trocknen der Blätter
Da die Aufnahmekapazität der Trockenstangen je nach Art der Blätter variiert, handelt es sich im folgenden lediglich um Richtwerte…
Libre de pie: 140 Blätter; *Uno y medio:* 110 Blätter; *Centro gordo:* 120 Blätter; *Centro ligero:* 100 Blätter; *Corona:* 140 Blätter.

VORHERGEHENDE DOPPELSEITE
Die zweite Fermentation ist im Gange. Sie entlockt den Blättern aromatische Ausdünstungen.
GEGENÜBERLIEGENDE SEITE
Vierzig Tabakblätter, zwei Arbeiterhände. Eine Garbe bzw. eine Gavilla *wird geformt.*

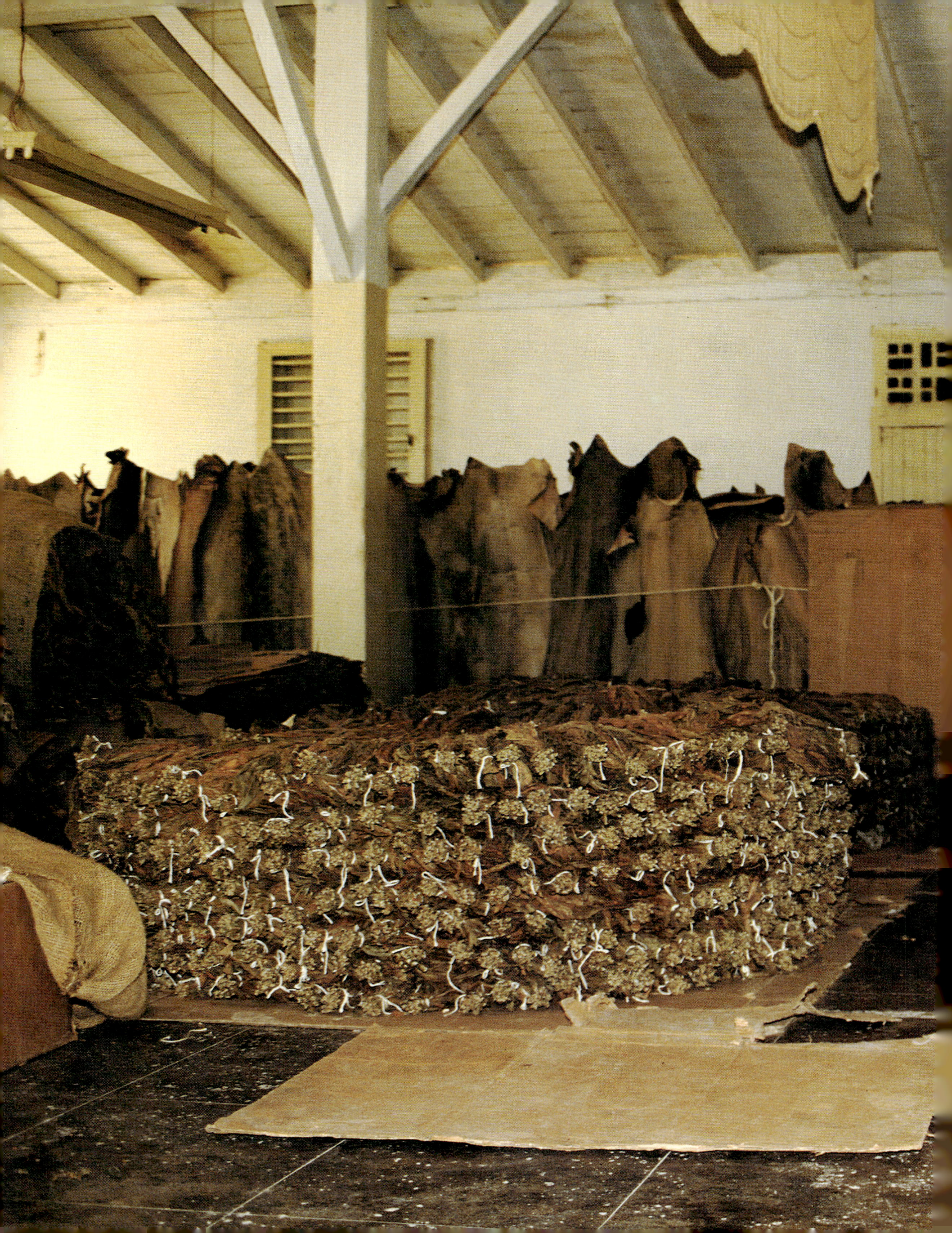

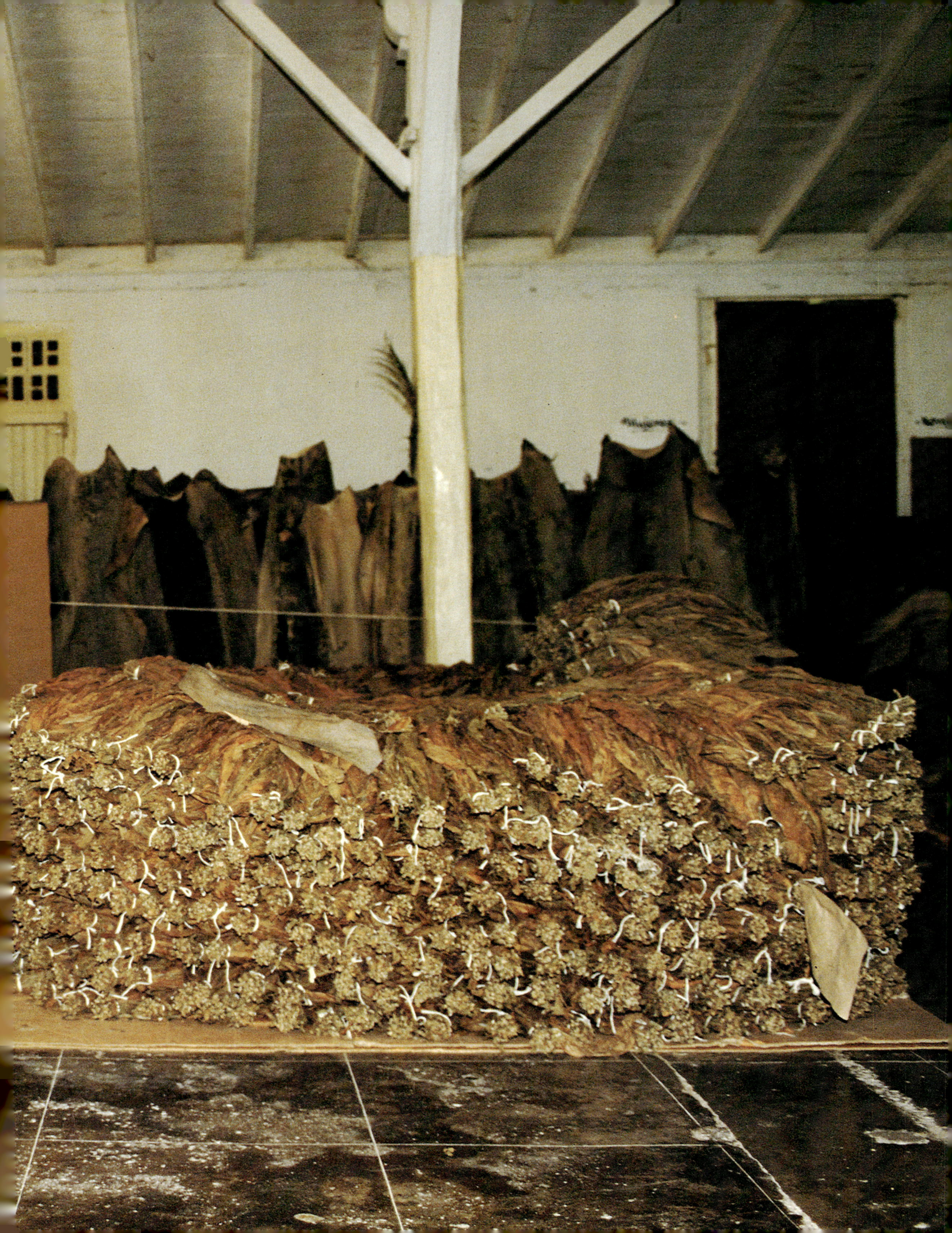

Ernte, Fermentation und Lagerung.

Die Tabakernte gleicht der Weinlese, die Geburt einer Havanna der Entstehung eines großen Weines.

ßend bringen die Arbeiter sie in einen spärlich beleuchteten Raum mit niedriger Luftfeuchtigkeit, in dem sie zwanzig bis fünfzig Tage in sogenannten *Pilones*, Fermentationshaufen, verbringen. Jeder *Pilon* ruht zum besseren Schutz der Blätter auf einer hölzernen Plattform, die eine Höhe von 30 bis 40 Zentimetern aufweist. Nun geschieht das Wunder: Im Halbdunkel vollzieht der Tabak seine Metamorphose und verbreitet die ersten Düfte, die noch stark vom Aroma des Ammoniaks geprägt sind, das bei der Fermentation freigesetzt wird. Von Tag zu Tag wird sein »Parfum« nun kräftiger, feiner und charakteristischer.

Nach Beendigung der Fermentation werden die im Schatten gewachsenen Tabakblätter in Holzkisten oder Kartons gepackt (höchstens hundert Pfund pro Kiste oder Karton), während der in der Sonne gezogene Tabak in Kisten aus Palmblättern oder in Jutesäcken transportiert wird (hundert Garben aus dem *Libre-de-pie*-Bereich oder achtzig Garben aus dem *Centro*-Bereich und höher). Die Blätter gelangen nun in die *Casa de escogida,* in das Selektierhaus.

In manchen *Vegas* finden Fermentation und Selektion unter einem Dach statt. Je nach Beschaffenheit gehen die duftenden Blätter im Selektierhaus verschiedene Wege. In jedem Fall werden die Blätter in Familien eingeteilt, in diesem Zusammenhang *Tiempos* genannt, so der korrekte Ausdruck im »Tabakjargon« der Kubaner. Das ausschlaggebende Unterscheidungskriterium ist die *Jugocidad* der Blätter, die ihre Struktur und ihren Fettgehalt beeinflußt. Bei den Deckblättern kommt als weiteres Kriterium die Farbe hinzu. Da die Fermentation zu den wichtigsten Schritten bei der Behandlung des Tabaks gehört, muß sie mit äußerster Sorgfalt durchgeführt werden. Fände sie unkontrolliert statt, würde hierdurch die Qualität der Blätter stark beeinträchtigt.

Diese rigorose Vorauswahl ist eines der ersten Geheimnisse der Havanna. Auf diese Weise wird es nämlich erst möglich, jedem Blatt seinen Eigenschaften gemäß seinen Platz zuzuordnen, damit jede Zigarre ihr besonderes Aroma und ihre einzigartigen Geschmacks- und Brenneigenschaften erhält.

Vorhergehende Doppelseite
Mit der Aufschichtung erfolgt die Umwandlung. Die zuvor geruchlosen Blätter entwickeln bei der Fermentierung einen feinen Wohlgeruch.
Gegenüberliegende Seite
Eine fürstliche Liegestatt. Für die bevorstehende Reise bereitet man dem Tabak ein Bett aus Blättern der Yagua, wie die »Königspalme« auf Kuba genannt wird.

Fermentation
Die *Pilones*, die Stapel, sind in der Regel vier Meter lang, haben eine Breite von vier Garben (die jeweils an den Enden zusammenstoßen) und eine Höhe von einem Meter. Eine größere Höhe würde den Fermentationsablauf ungünstig beeinflussen.
Der *Pilon* enthält ausschließlich Blätter desselben Schnitts, da die Fermentationszeit der einzelnen Lagen verschieden ist…
Libre de pie: 20 bis 25 Tage; *Uno y medio:* 30 bis 35 Tage; *Centro:* 35 bis 40 Tage; *Centro gordo* und *Corona:* 50 Tage.
Außerdem richtet sich die Fermentationszeit nach der jeweiligen Beschaffenheit der Ernte und der Qualität der Blätter.
In Mittelhöhe des *Pilon* mißt ein Thermometer die Innentemperatur während der Fermentation. Sie darf 42 Grad Celsius nicht übersteigen und variiert wiederum je nach Schnitt…
Libre de pie: 32 Grad; *Uno y medio:* 34 Grad; *Centro ligero:* 34 Grad; *Centro fino:* 38 Grad; *Centro gordo* und *Corona:* 40 bis 42 Grad Celsius.

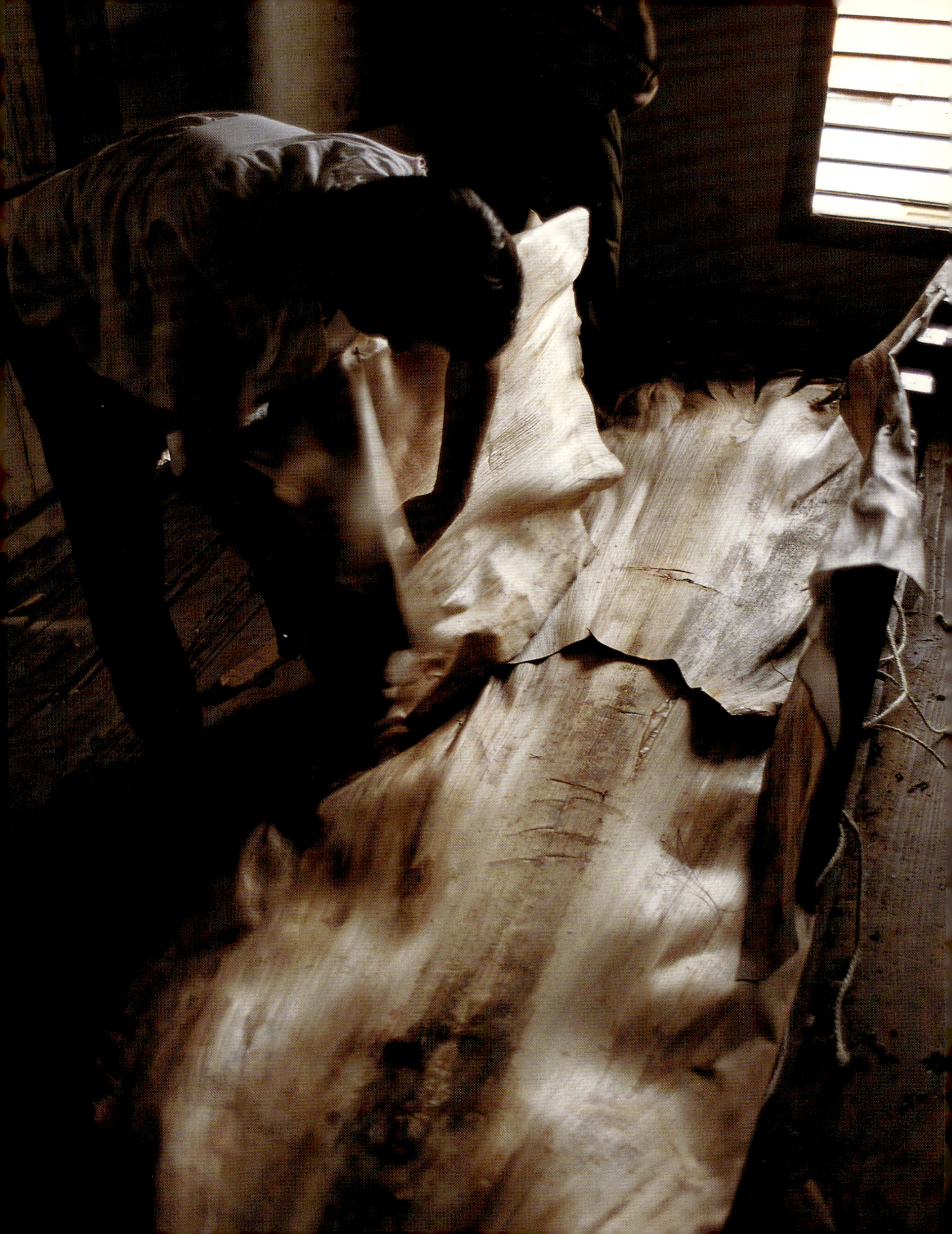

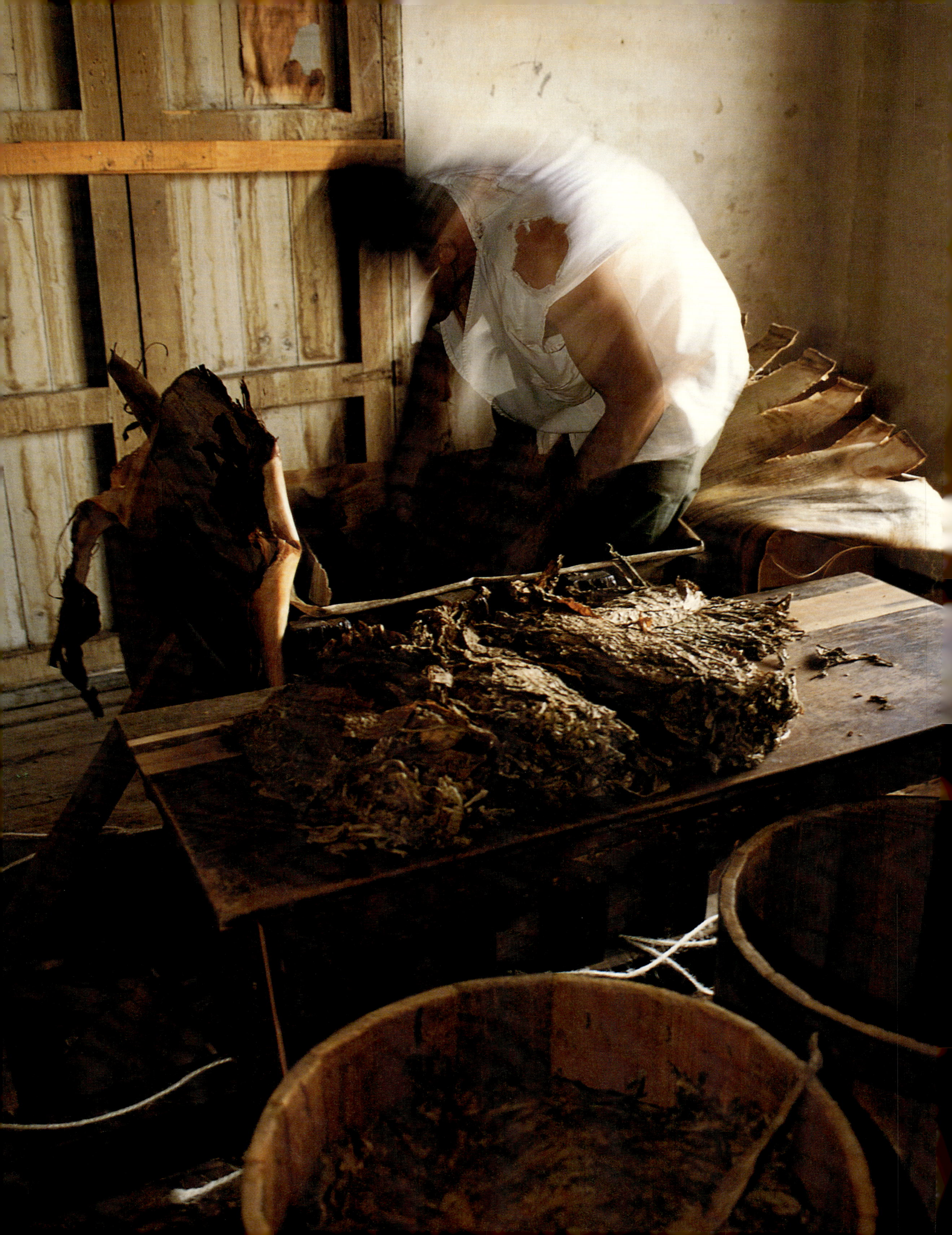

Je nach Herkunft der Blätter wird die Selektion in verschiedenen Etappen und Häusern durchgeführt: Zunächst einmal unterscheiden die Arbeiter zwischen Blättern, die im Schatten *(Tapados)*, und denen, die in der Sonne *(Sol ensartados)* gezogen worden sind. Eignen sich erstere für Deckblätter, so werden letztere für Um- und Einlageblätter verwendet. Die Blätter des im Schatten gezogenen Tabaks der Sorte *Corojo* sind zum Beispiel sehr fein und zerbrechlich und werden daher mit der allergrößten Sorgfalt behandelt, denn ohne ihr perfektes Äußeres würde die Havanna ihre Eleganz und ihr Prestige verlieren.

Die flinken Finger der *Zafadores* öffnen die Garben. Sodann werden die Blätter befeuchtet *(Moja)*, damit man sie bearbeiten kann, um danach belüftet zu werden *(Oreo)*, damit sich die Feuchtigkeit gleichmäßig verteilt. Schließlich zieht man die Blätter auseinander *(Deshiladas)*, sortiert sie ein erstes Mal, um beschädigte Blätter sowie solche, die zu klein sind, auszusondern, und teilt sie anschließend in Klassen *(Escogidas)* ein.

Die Einteilung der Blätter ist ein sehr schwieriger Vorgang, der den Sortiererinnen *(Rezagadoras)* viel Erfahrung abverlangt, außerdem Genauigkeit, einen festen Blick und ein sicheres Gespür. In Bruchteilen einer Sekunde beurteilen und klassifizieren sie ein Blatt und legen es auf den entsprechenden Haufen, bis die Erde von einem Teppich aus aromatischen Brauntönen bedeckt ist. Um zu garantieren, daß die hohen Qualitätsansprüche der jeweiligen Manufaktur auch ja erfüllt werden, kontrollieren *Revisadoras* die Arbeit der *Rezagadoras*. Sie gehen zwischen den Stühlen umher, um die herum die Haufen mit den eingeteilten Blättern gruppiert sind, und überprüfen das Werk der Arbeiterinnen, welche die Klassifikation nach Größe, Struktur und Farbe der Blätter vorgenommen haben. Jene Klassifikation der Deckblätter ist mit Sicherheit eine der ausgefeiltesten Tätigkeiten, die in der Arbeitswelt verrichtet werden, da hierbei nicht weniger als zwischen siebenundvierzig verschiedenen Blattypen unterschieden werden muß.

Ist der Sortiervorgang beendet, bringt man die Blätter in den *Picadero*, in einen mit Holz verkleideten Raum, in dem sie, nach Klassen geordnet, zwischengelagert werden. Am nächsten Morgen binden flinke Hände je vierzig bis sechzig Blätter zu Garben *(Gavillas)*, die dann zu je vieren in Gebinden *(Manojos)* zusammengefaßt und anschließend in Ballen *(Tercios)* in die Lagerhäuser *(Almacenes)* geschafft werden. Hier lagern sie nun, bis sie ihre Reise in die Zigarrenfabriken Havannas antreten.

Nicht jede Vorbereitung von Blättern verläuft so dramatisch wie die zuletzt beschriebene. Die der Sorte *Criollo* beispielsweise, die als Um- und Einlageblätter dienen, werden im Sortierhaus einzeln angefeuchtet und für die Fermentation auf Haufen geschichtet. Am nächsten Morgen erfolgt dann die *Abertura* der Blätter: Sie werden geöffnet, klassifiziert und aufgeschichtet. Aber auch hier ist die Einteilung der Blätter fast ebenso schwierig wie die der Deckblätter und erfordert daher das gleiche Maß an Erfahrung und Qualifikation.

Anschließend faßt man die Blätter zu Garben mit festgelegtem Gewicht zusammen, diese zu Gebinden, welche ihrerseits in Juteballen gepackt werden. Bevor die Ballen in die Entrippungs-

Klassifikation des *Tapado*
Der *Tapado*-Tabak dient zur Herstellung der Deckblätter und wird in vier *Tiempos* eingeteilt. Diese Klassen sind: *Ligero* (L), *Ligero seco* (LS), *Viso seco* (VS) und *Viso claro* (VC). Des weiteren gibt es vier Unterklassen: *Seco, Viso, Quebrado* und *Amarillo*. Die Unterklassen sind für den heimischen Verbrauch auf Kuba reserviert.
Die Unterteilung in die verschiedenen Klassen erfolgt nach Größe sowie Fehlerhaftigkeit der Blätter und besteht aus zwei Phasen. Bei der *Abertura*, der Öffnung der Blätter, werden diejenigen aussortiert, die entweder zu klein oder beschädigt sind, und bei der darauffolgenden Selektion *(Rezago)* die größten Blätter ausgewählt, die nach einer weiteren *Abertura* einer zweiten Klassifikation unterworfen und durch Entfernen der Mittelrippe in zwei Hälften geteilt werden. Die klassifizierten Blätter versieht man mit Zahlen von 10 bis 20, wobei die Blätter mit den Nummern von 10 bis 17 für Deckblätter und die mit den Nummern von 18 bis 20 für die Einlagen bestimmt sind. Sind die Tabakblätter einwandfrei (*Punta, orilla y fondo limpio*: Spitze, Rand und Ende einwandfrei), so erhalten sie die ungeraden Nummern zwischen 11 und 17, numeriert von Groß nach Klein. Sind die Blätter fehlerhaft, so erhalten sie die geraden Nummern zwischen 10 und 16, wobei die Nummer 10 ein Blatt bezeichnet, das nur einen einzigen Mangel aufweist.

Klassifikation des *Sol ensartado*
Der *Sol-ensartado*-Tabak ist für die Um- und Einlageblätter bestimmt und wird in vier Klassen eingeteilt. Zur ersten Klasse gehören die Blätter des *Libre de pie* und des *Uno y medio en volado* (V, auch *Forteleza No. 1*, da sie weniger als ein Prozent Nikotin enthalten). Diese Blätter sind für das Entfalten des Aromas und für das Brennverhalten der Zigarre maßgeblich. Sie weisen eine feine Blattstruktur und eine klare Färbung auf, haben jedoch in der Regel Flecken und sind ohne Elastizität und Fett.
Die Umblätter entstammen ausschließlich dem *Rolado* und werden anhand ihrer Größe in fünf Kategorien eingeteilt: *Capote especial* (21,5 x 38 Zentimeter), 1 (19 x 35 Zentimeter), 2 (17 x 33 Zentimeter), 3 (15 x 30 Zentimeter), 4 (13 x 17 Zentimeter): Für den heimischen Verbrauch auf Kuba gelten die Bezeichnungen *grande, mediano, chico* (groß, mittel, klein).
Die Blätter der Lagen *Centro ligero*, *Centro* und *Centro fino* fallen in die *Seco*-Klasse (S, auch *Forteleza No. 2*). Sie beeinflussen hauptsächlich den Geschmack und das Aroma der Zigarre, während sie auf das Brennverhalten wenig Auswirkung haben. Diese Blätter weisen eine feine Struktur auf, sind wenig flexibel, enthalten kaum Fett, sind undurchsichtig und dunkel.
Die Blätter der Lagen *Centro gordo* und *Corona* werden eingeteilt in *Ligero* und *Medio tiempo* (L und Mt, auch *Fortaleza No. 3* und *No. 4*). Der *Ligero* beeinflußt Stärke und Geschmack der Zigarre; das Blatt ist mitteldick, flexibel und fetthaltig; die Farbe liegt zwischen Dunkelbraun und rötlichem Kastanienbraun. Der *Medio tiempo* beeinflußt die Stärke der Zigarre; das Blatt ist von schwerer Struktur, extremer Flexibilität und hohem Fettgehalt; die Farbe erreicht ein dunkles Kastanienbraun. Nicht selten werden übrigens *Ligero*- und *Medio-tiempo*-Blätter zu einer Klasse zusammengefaßt.
Bleibt noch zu erwähnen, daß die Einlagemischung – je nach zu fertigendem Format – aus einem oder mehreren der zuletzt genannten *Tiempos* besteht.

GEGENÜBERLIEGENDE SEITE
Mit den rhythmischen Bewegungen eines Salsatänzers.
Der Entercidor preßt die kostbaren Tabakblätter in Ballen,
die aus Blättern der Yagua gemacht sind.

Eine erfahrene *Rezagadora* ist in der Lage, mit einem einzigen Blick mehr als vierzig verschiedene Sorten von Tabakblättern zu unterscheiden.

Gegenüberliegende Seite
Für die robusteren Blätter ein anderes Transportmittel. Da die Einlageblätter nicht so empfindlich sind, reicht es für sie, wenn sie in eine Juteumkleidung gepreßt werden.
Folgende Doppelseite
Symbiose aus Vergangenem und Lebendigem. Der morbide Charme einst glanzvoller Anwesen, ständig anrollende Wellen und eine üppige Vegetation prägen die Hafenpromenade von Havanna.
Anschliessende Doppelseite
Havanna. In den Blessuren der Gegenwart spiegelt sich noch heute der erloschene Traum von einer einstmals überschäumenden Metropole der Reichen und der Schönen.
Anschliessende Doppelseite
Alltag in der Hauptstadt der Zigarre. An vielen Orten und zu jeder Stunde schlägt das Herz Kubas und seiner Bewohner im Takt des Salsa.

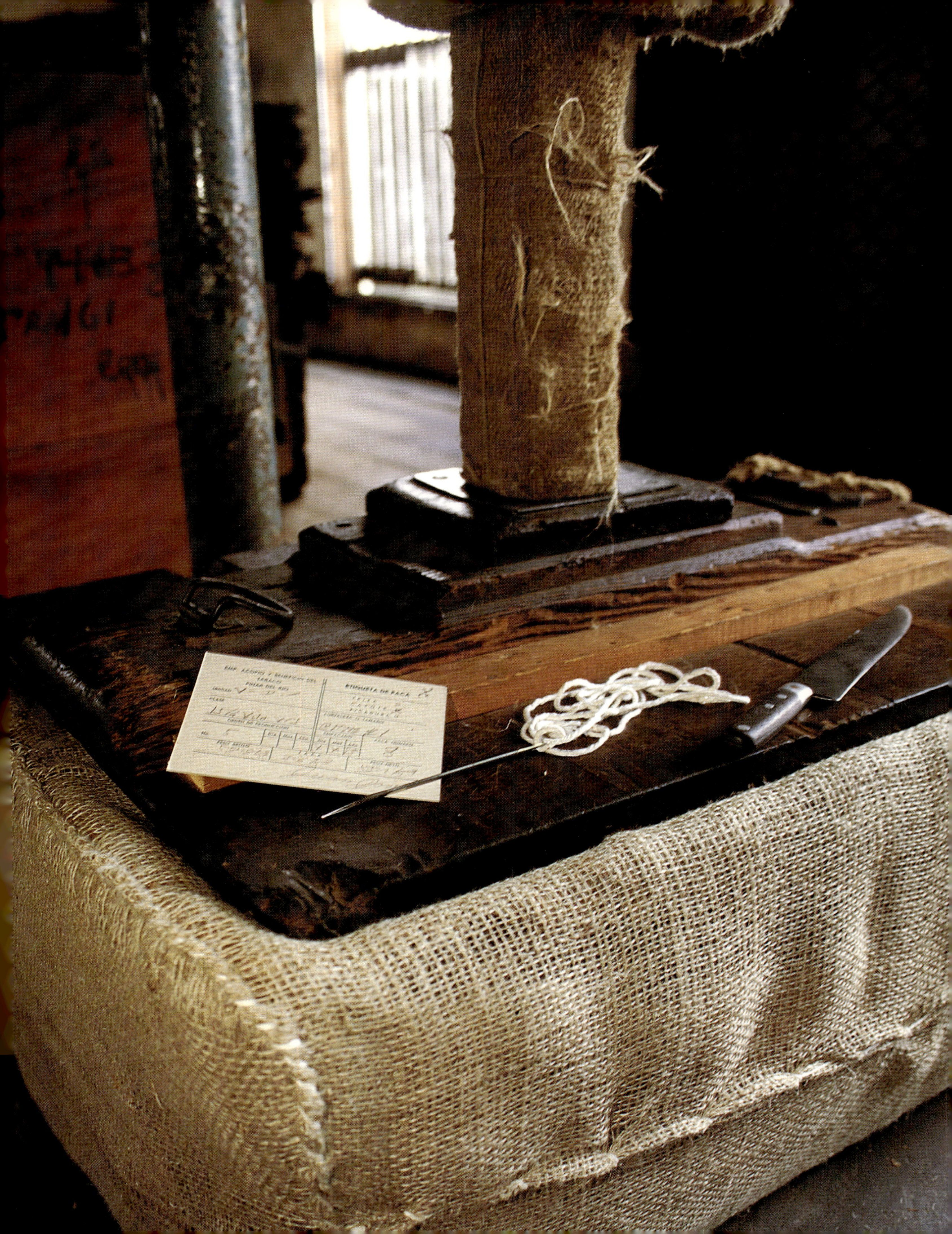

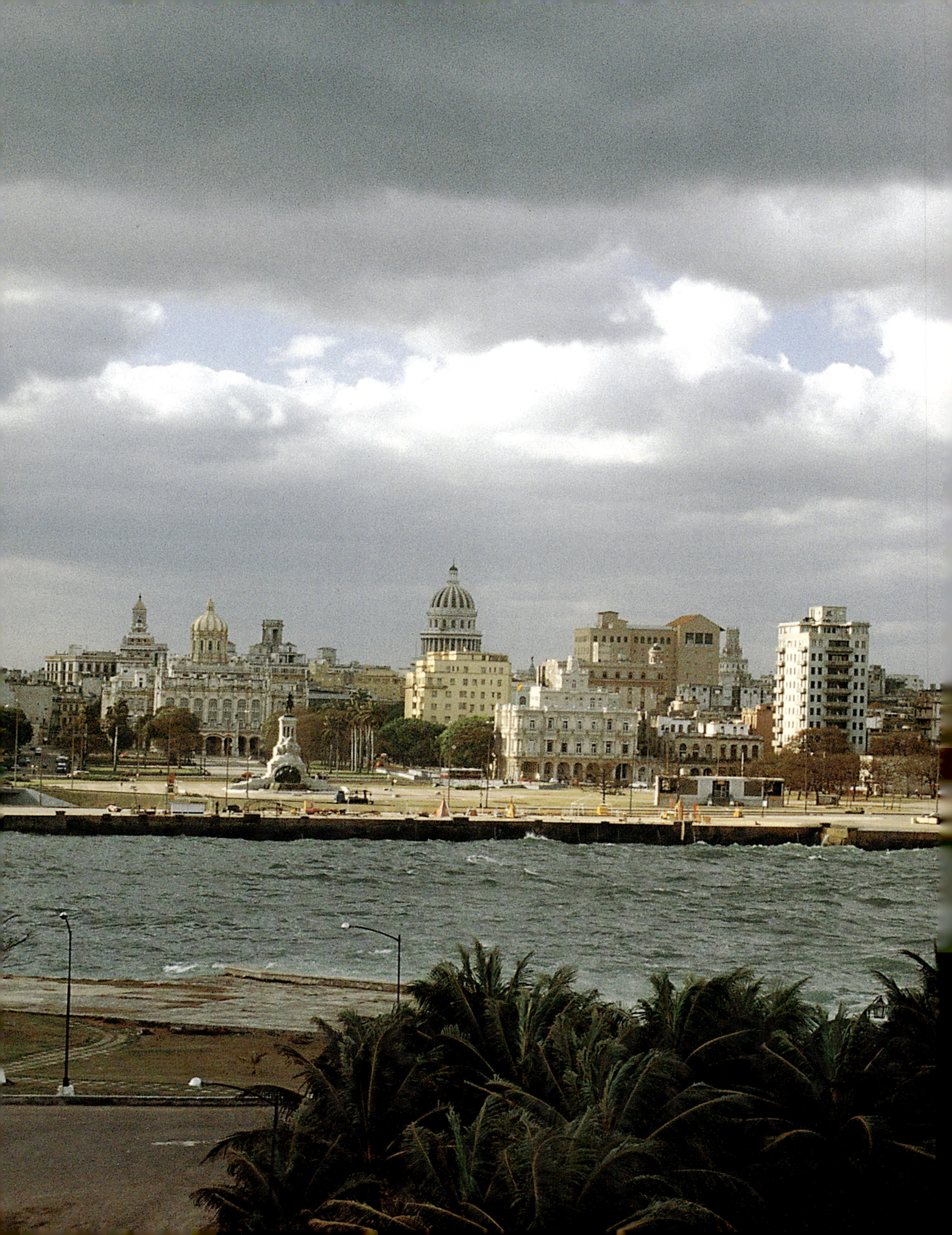

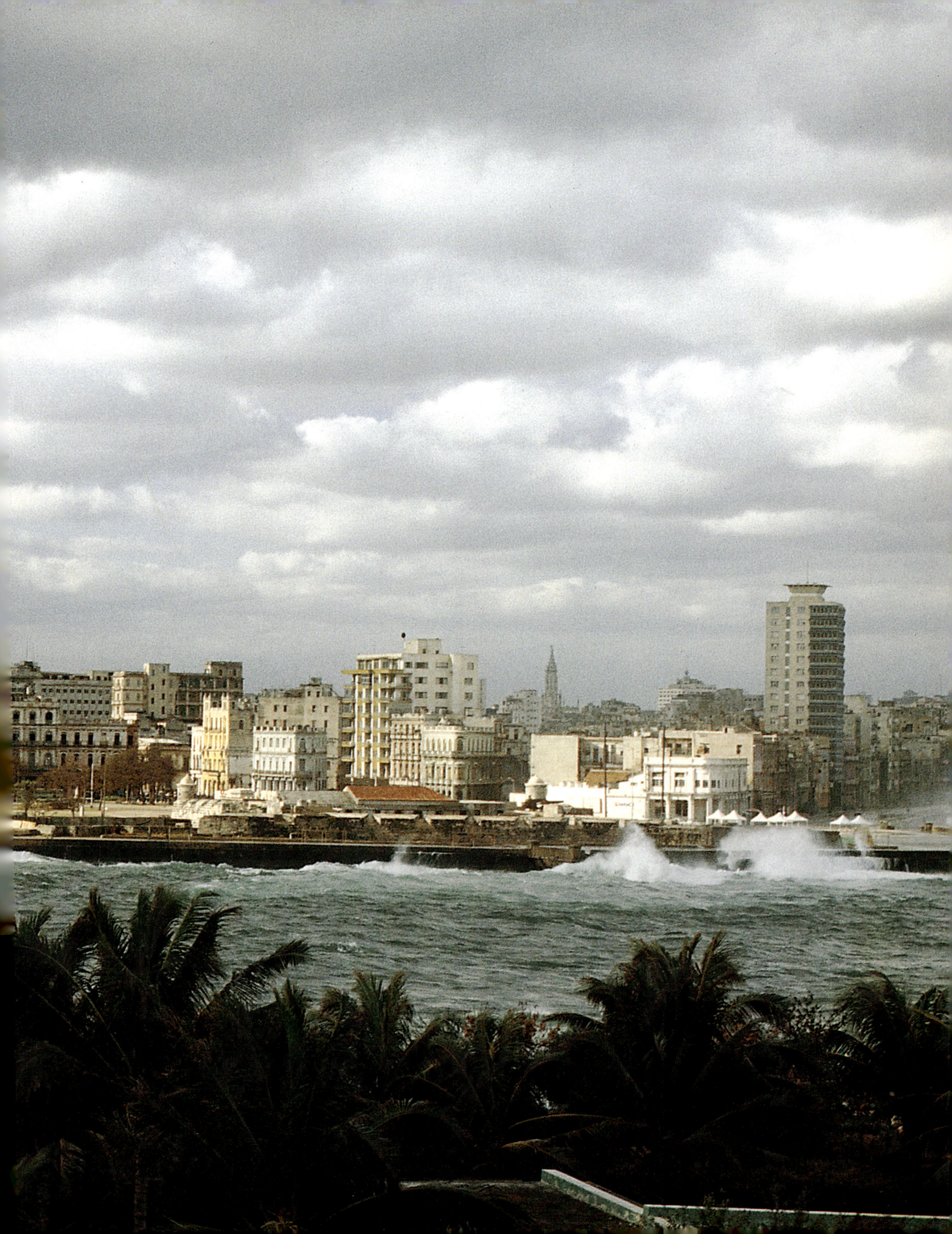

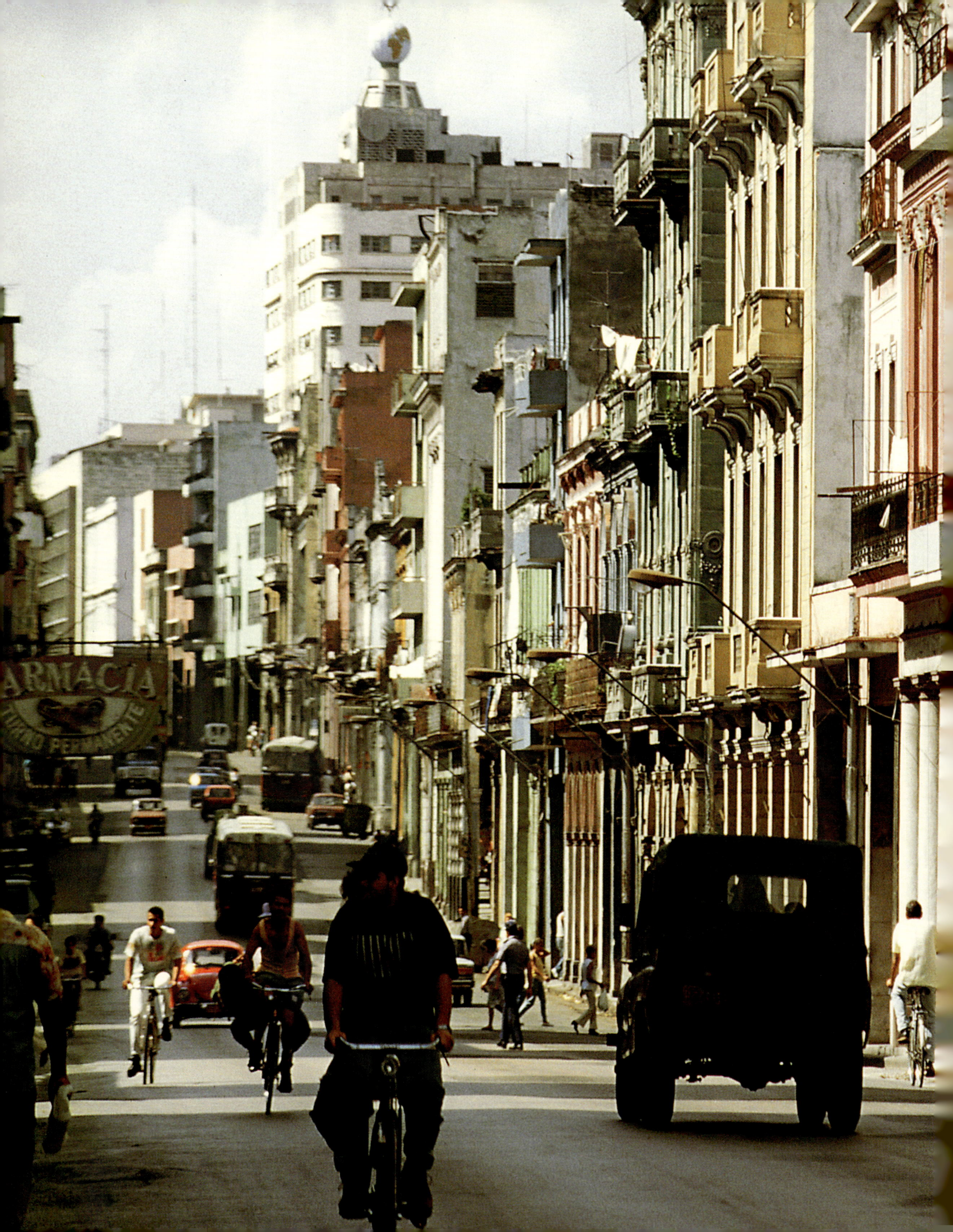
ARMACIA

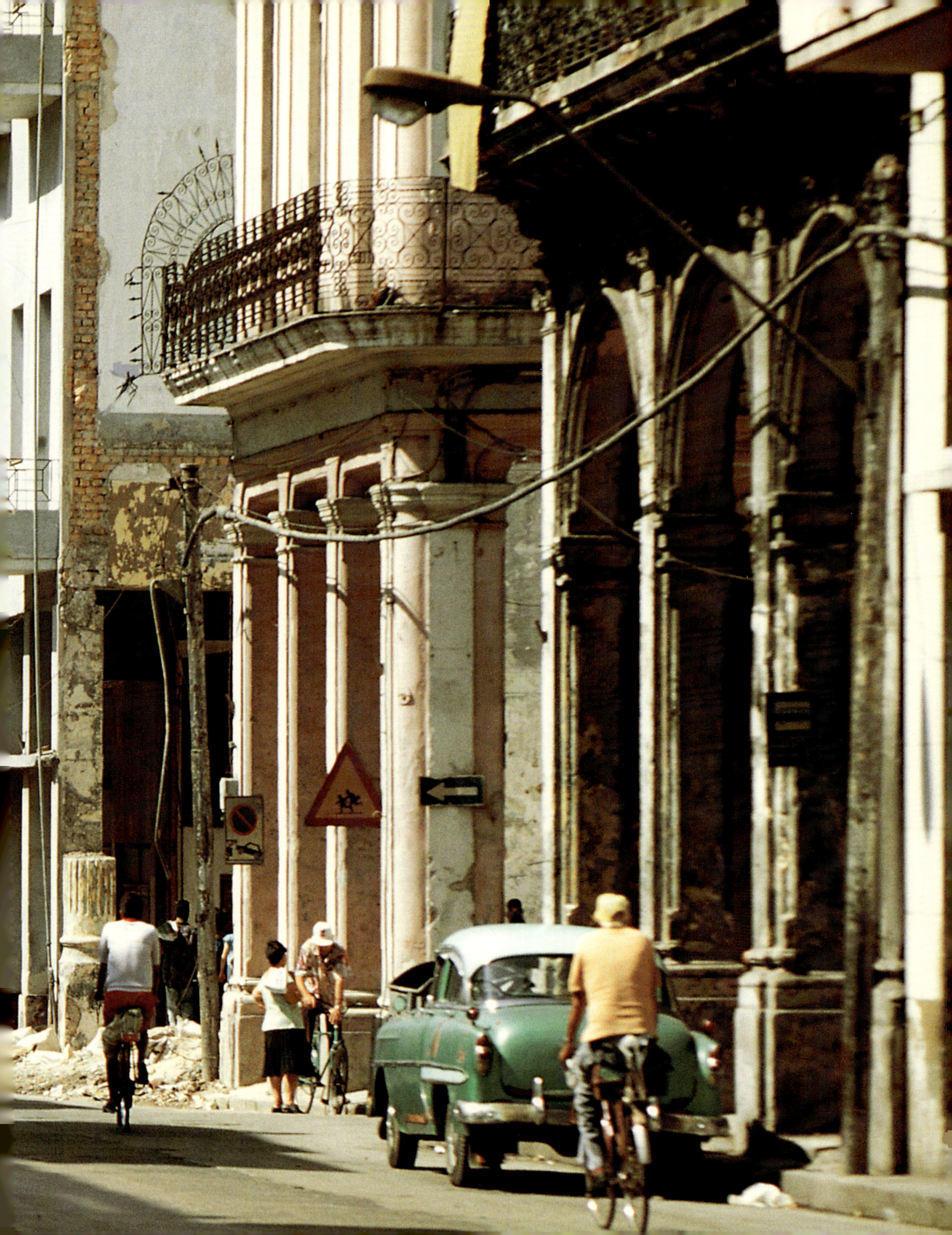

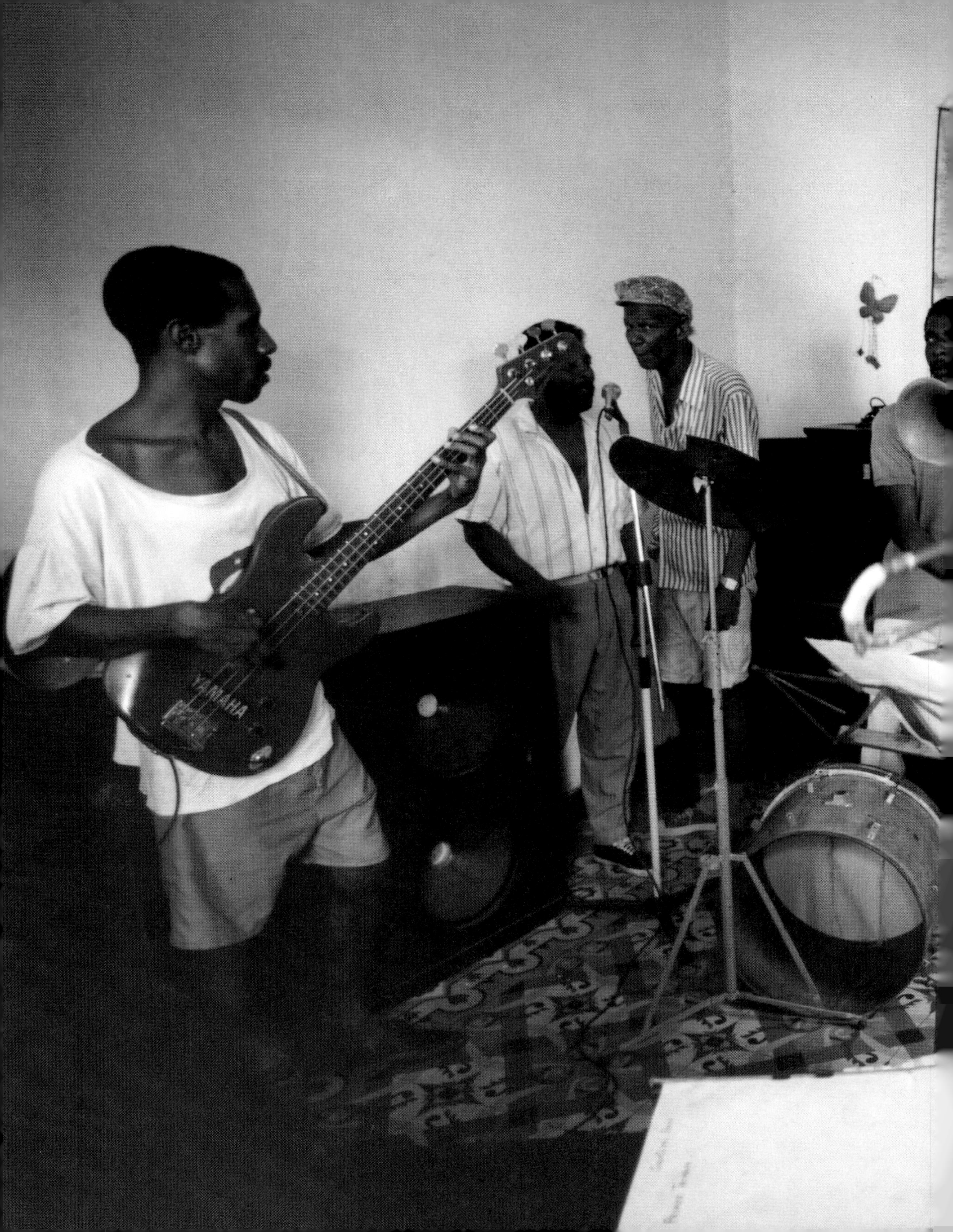
YAMAHA

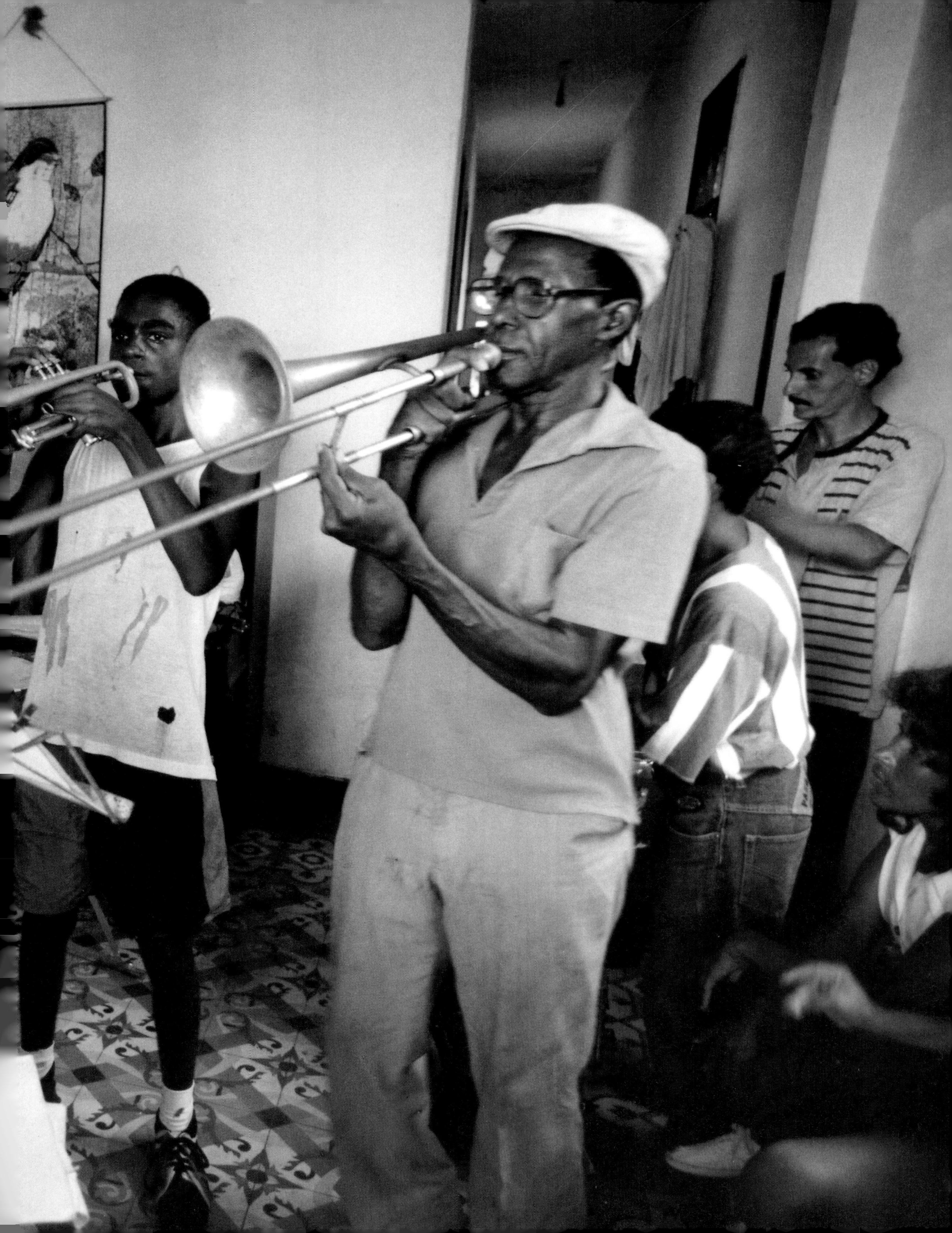

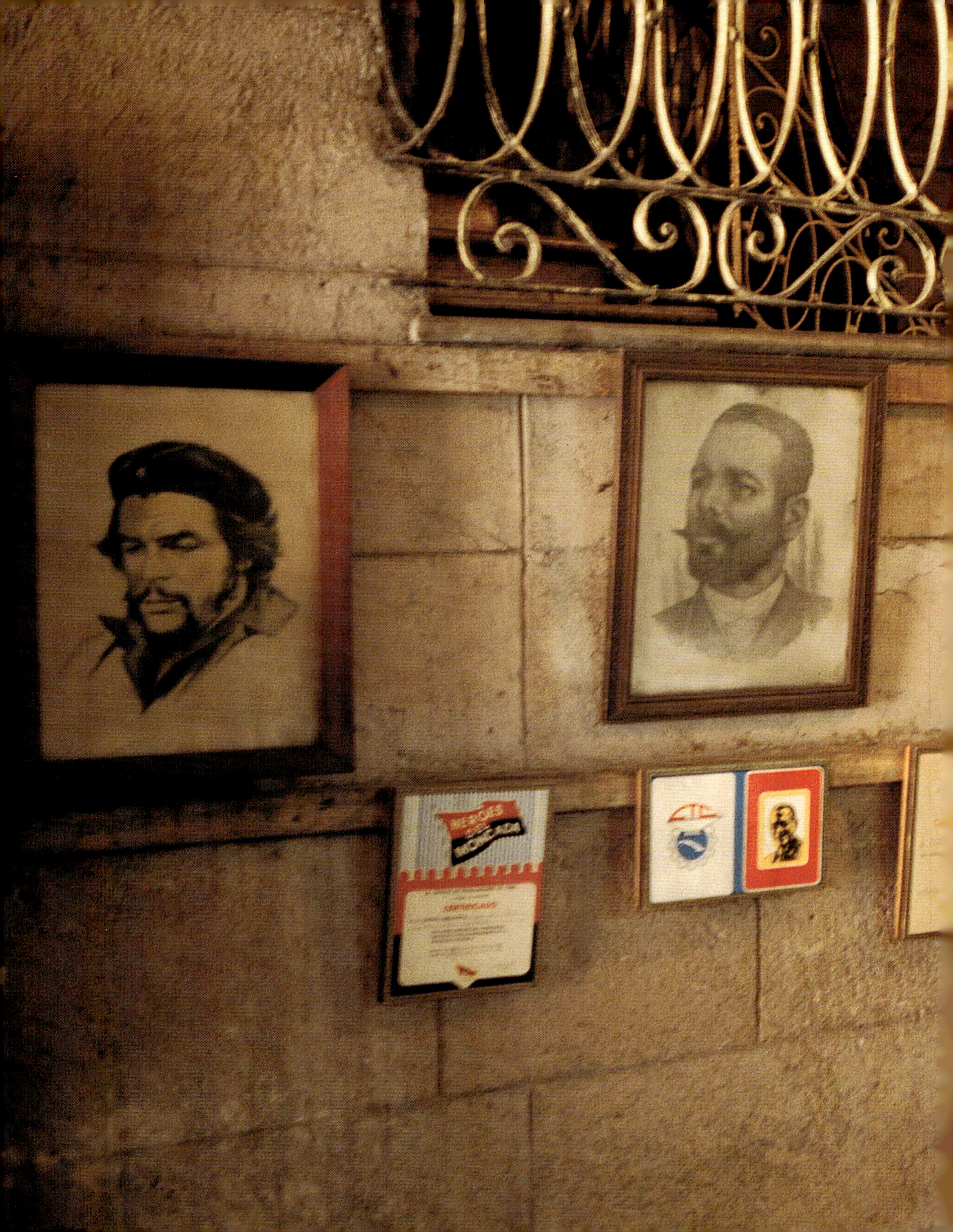
HEROES
MONCADA
CTC

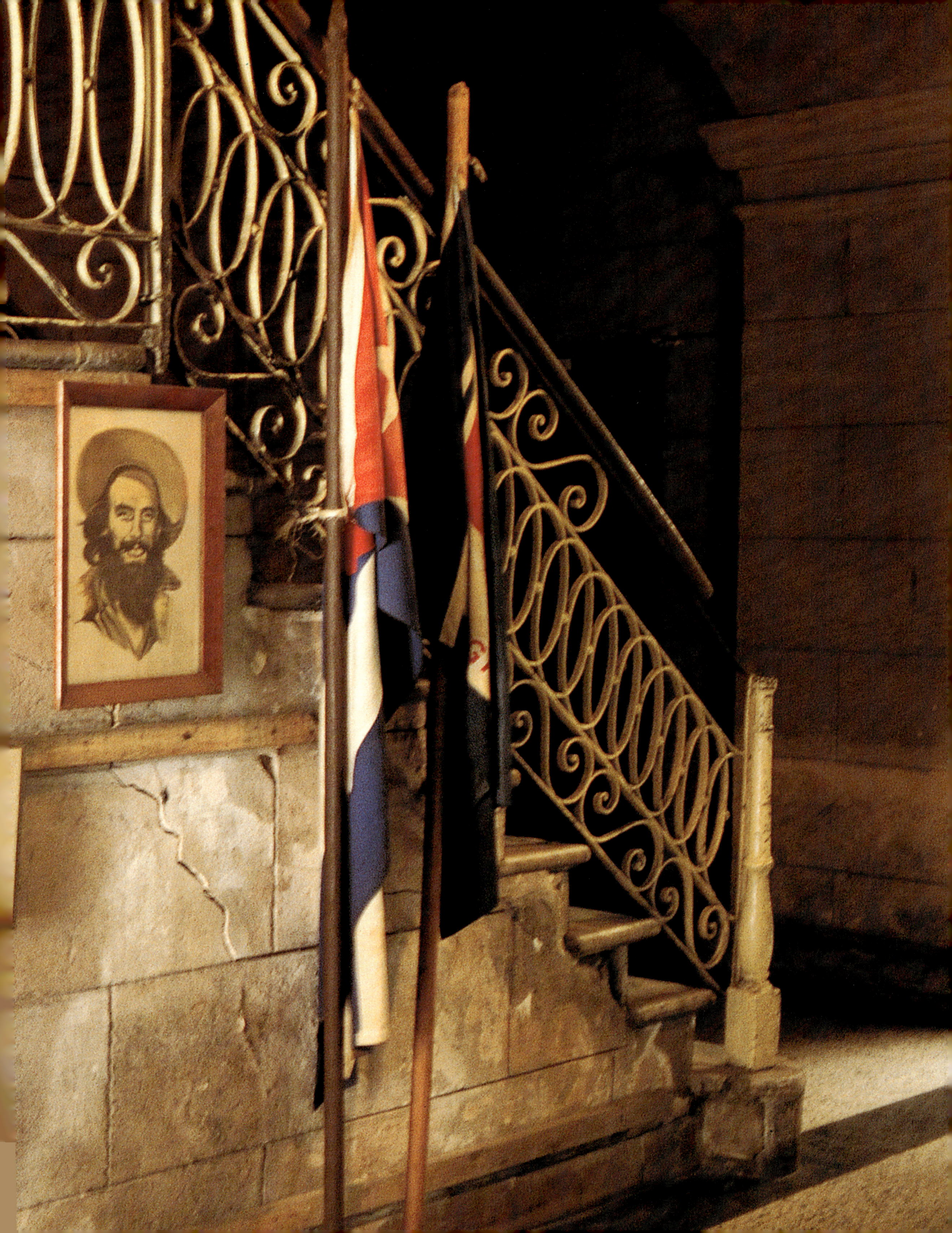

abteilung gelangen, werden sie in dafür vorgesehenen Häusern zwischengelagert.

Bei Blättern aus der *Sol-ensartado*-Lage wird übrigens nur ein Teil der Mittelrippe vom Blatt abgetrennt. Dieser Entrippungsvorgang erfolgt nach einer präzisen Methode und wird ausschließlich von Frauen mit entsprechender Ausbildung durchgeführt.

Bei einigen Blattarten gehört die Vorfermentation zu den wichtigsten Arbeitsphasen. Hierbei wird der zuvor angefeuchtete Tabak aus den Ballen genommen und zu ebener Erde neben einem Bottich *(Cantero)* ausgebreitet. Der *Zafador* zieht jetzt alle Blätter auseinander und legt sie in den Bottich, in dem sie schichtweise noch einmal befeuchtet werden. Nun strömt ihr Duft aus und vermischt sich mit dem Geruch des Holzes. Ist der Bottich voll, ruhen die Blätter zwei bis drei Stunden darin, bevor sie zur gleichmäßigen Verteilung der Feuchtigkeit vermischt werden. Danach beginnt die Phase der Vorfermentation. Die *Volado*-Blätter – das sind die feinsten – benötigen dafür zweiundsiebzig Stunden, die *Seco*-Blätter etwa zwei Wochen, *Ligero*- und *Medio-tiempo*-Blätter ziemlich genau fünfundzwanzig Tage. Ist die Fermentationstemperatur erreicht (45 Grad Celsius für *Seco*-, 48 bis 50 Grad Celsius für *Ligero*- und *Medio-tiempo*-Blätter), wird der Haufen gewendet, wobei die obersten Blätter nach ganz unten wandern – und wobei dem Tabak Ammoniakausdünstungen entströmen. Übrigens werden die *Seco*-Blätter zweimal, die *Ligero*- und *Medio-tiempo*-Blätter dreimal gewendet. Wenn die Vorfermentationsphase beendet ist, packt man die Blätter in Nylonsäcke zu je zehn Pfund und transportiert sie zur Weiterverarbeitung in das Entrippungshaus.

In einem Raum, der von unpersönlichem Neonlicht erhellt wird, sitzen die Arbeiterinnen, denen beim Kontakt mit den braunen Blättern recht warm und schummrig wird, denn der Tabak gibt großzügig jene Düfte wieder ab, die er zuvor aus der Erde gesogen hat. Die Arbeiterinnen sind jedoch ganz auf ihre Aufgabe konzentriert, die darin besteht, eine Garbe an sich zu nehmen, jedes einzelne Blatt vorsichtig zu drehen, um nun einen Teil der Mittelrippe zu entfernen. Sodann stellen sie die Haufen wieder her, indem sie die Blätter zurücklegen, sorgfältig nach Familien und Gruppen sortiert. Während die Stunden vergehen, entstehen vor den Arbeiterinnen auf ihren robusten Pulten etliche Reihen von Häufchen aus Tabakblättern, kleinen Backsteinmauern gleich, geordnet nach Größe, Struktur und Dicke.

Einen ganzen Tag lang werden die Blätter auf diese Weise gepreßt, um dann in geglättetem Zustand neu verpackt zu werden: die kleineren in Holzfässer und die größeren wiederum in Haufen *(Pilones)*. So können sie während einer zweiten Fermentationsphase ihr Aroma in seiner ganzen Komplexität entwickeln.

Wenn die Fermentation die Höchsttemperatur erreicht hat (42 Grad Celsius für *Volado*-, 45 Grad Celsius für *Seco*- und 50 Grad Celsius für *Ligero*- und *Medio-tiempo*-Blätter), werden die Fässer und Haufen gewendet: Entweder schichtet man die Blätter von einem Faß ins andere oder läßt aus einem Haufen einen neuen entstehen. *Volado*-Blätter wendet man nur einmal, *Seco*-, *Ligero*- und *Medio-tiempo*-Blätter hingegen zweimal.

Wenn der Verantwortliche den Moment für gekommen hält, wird der Haufen auseinandergenommen, und die Blätter gelangen auf große Holzregale mit verschiebbaren Böden, auf die *Parilleros*. Hier trocknen sie zirka zweiundsiebzig Stunden lang bei einer relativen Luftfeuchtigkeit von 14 bis 15 Prozent für die Einlage- und 15 bis 16 Prozent für die Umblätter. Natürlich kann hierbei ein Hygrometer verwendet werden, um den relativen Feuchtigkeitsgrad der Blätter festzustellen, doch verzichten die meisten Arbeiter auf jenes Hilfsinstrument und verlassen sich auf ihre Erfahrung: Sie ermitteln den Feuchtigkeitsgehalt durch simples Berühren.

Die Blätter haben nun alle Bearbeitungsphasen durchlaufen: Entrippung, Klassifikation, Fermentation und Trocknung. Zu *Pacas*, zu Ballen, gepackt, werden sie anschließend in eine Art Jutetuch, *Arpilleras* genannt, gewickelt. Jetzt sind sie bereit, der Havanna Herz und Körper zu verleihen.

Vorhergehende Doppelseite
An einer Mauer der Partagas-Fabrik.
Porträts von ›Che‹ Guevara, Francisco Perez
und Camilo Cienfuegos – Hommage an die Helden
der Revolution Fidel Castros.
Gegenüberliegende Seite
Wie aus Seide. Dieses feine Umblatt wird sich einmal
um den Körper einer Havanna legen und für
den entsprechenden »Mantel« sorgen.
Folgende Doppelseite
Warten auf die Weiterverarbeitung. Bis die Blätter nach Größe
eingeteilt werden, bleiben sie zugedeckt.
Anschliessende Doppelseite
Die Waage gehört dazu. Arbeiterinnen bereiten die komplizierten
Einlagemischungen vor, die den Havannas ihren einzigartigen
Geschmack verleihen.

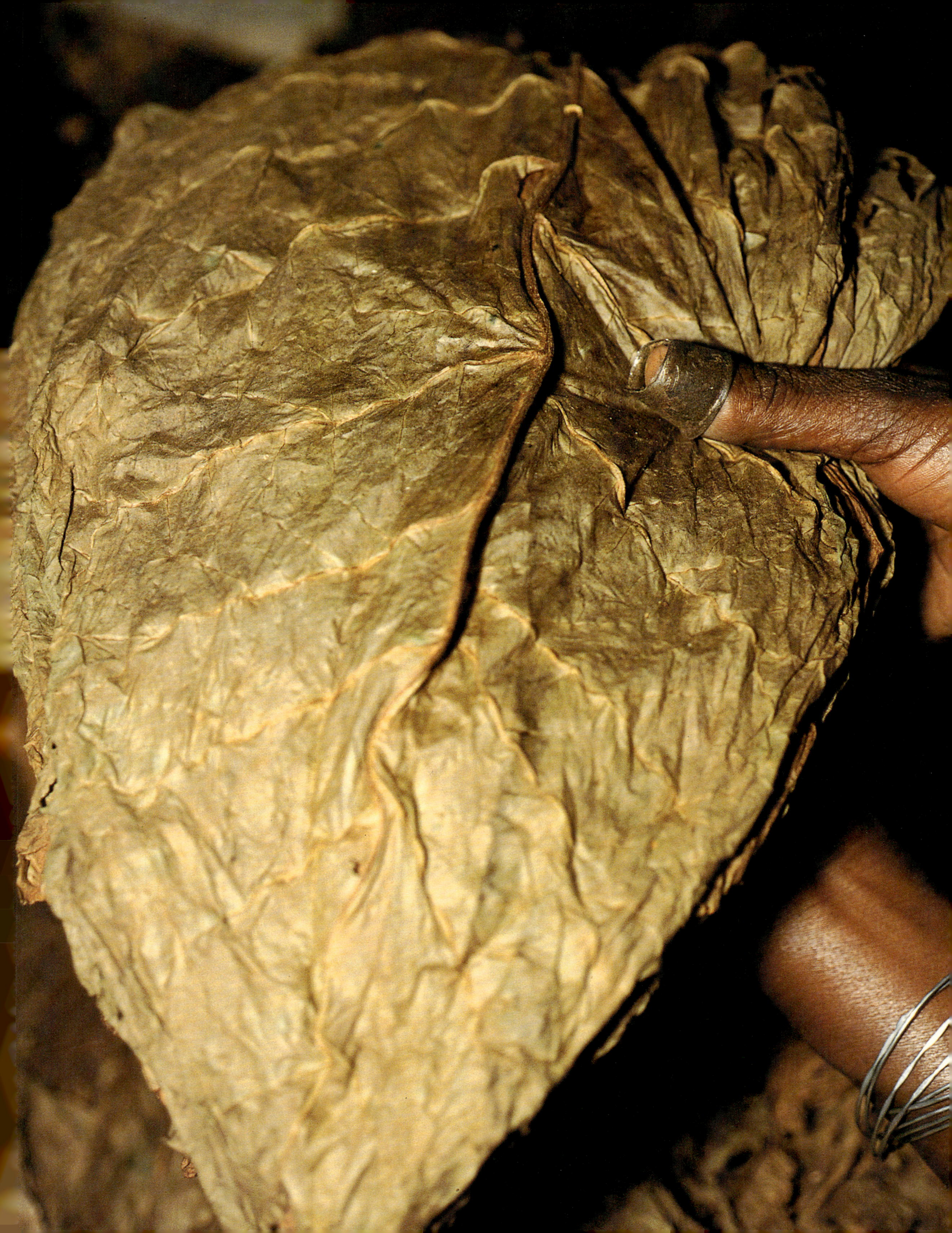

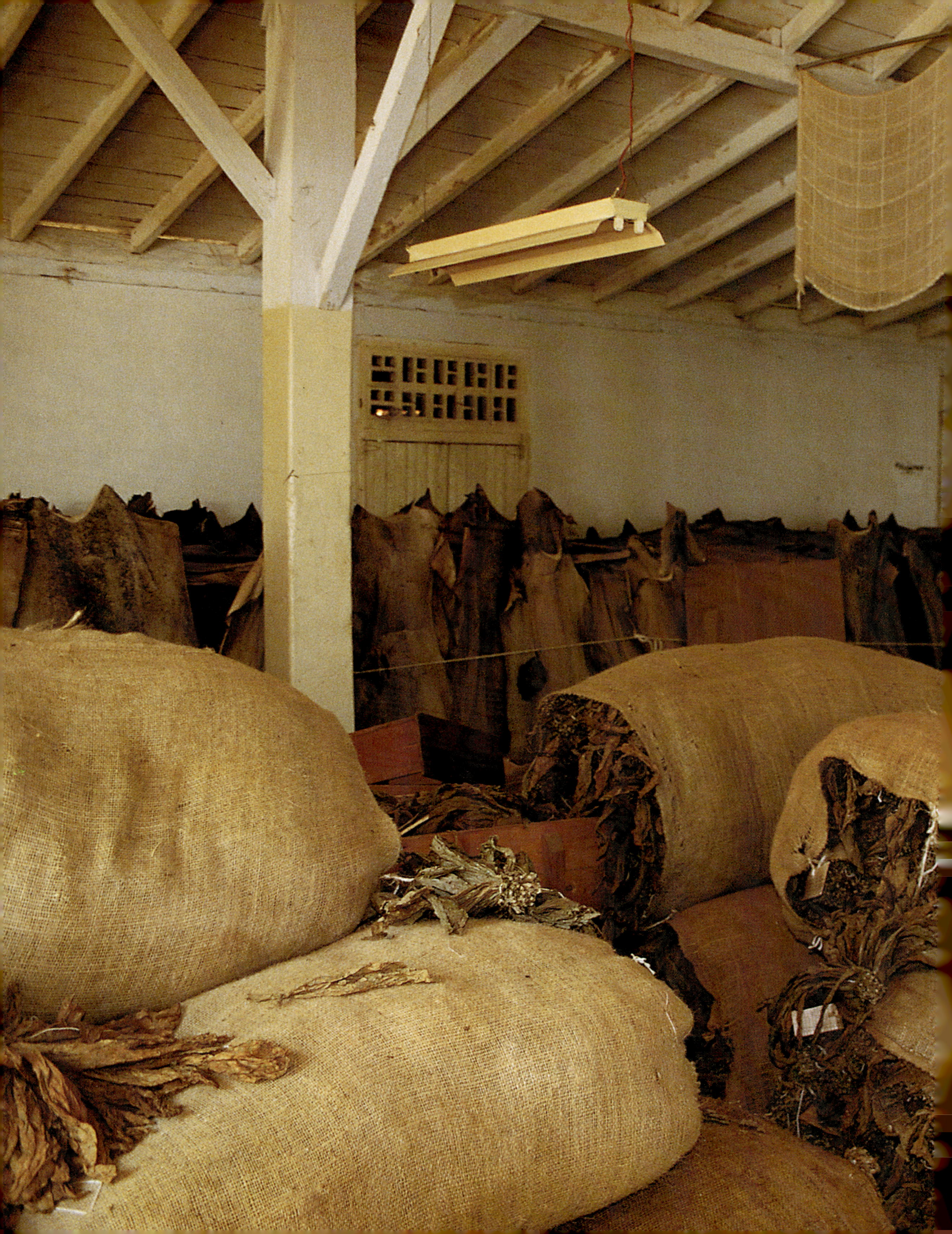

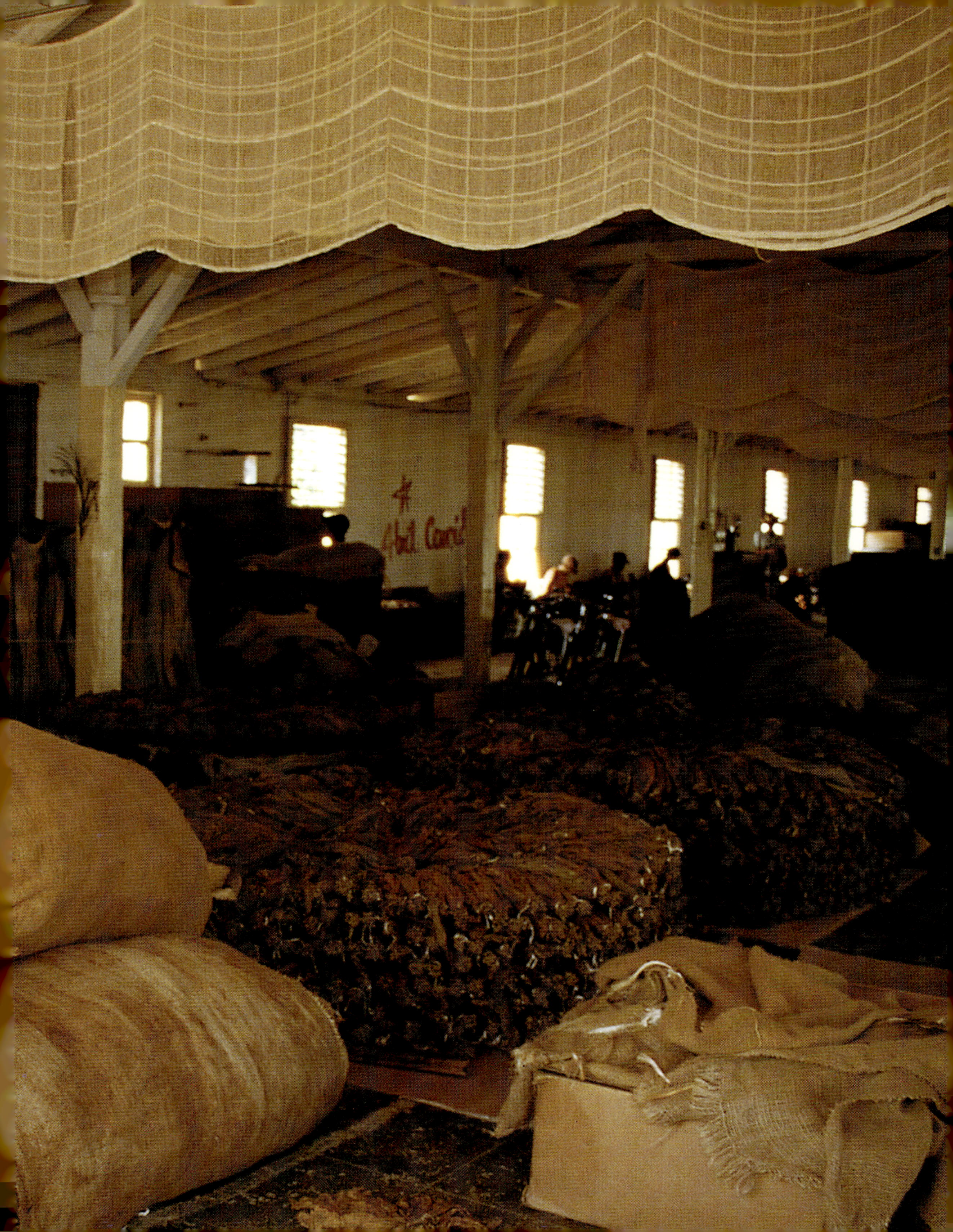

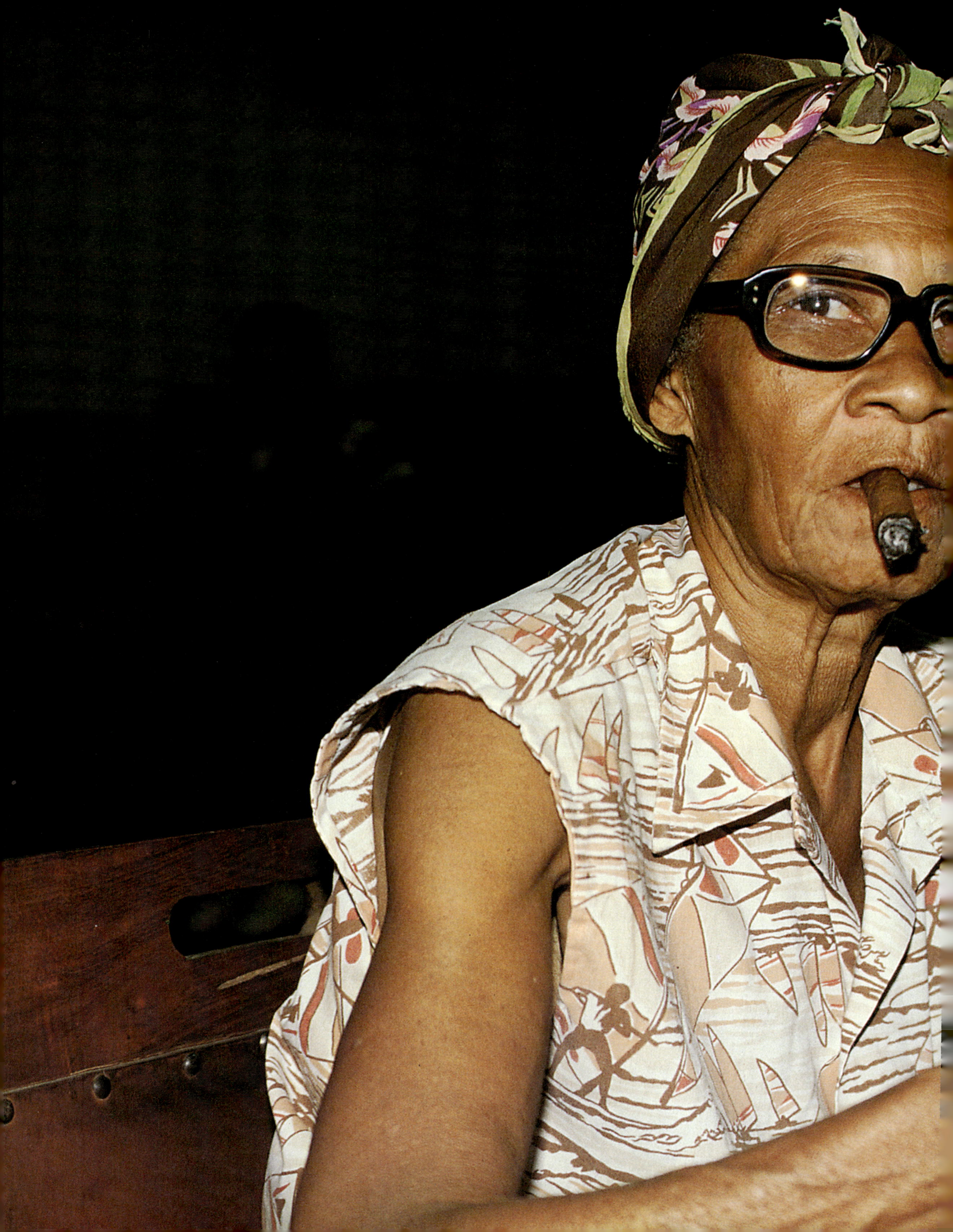

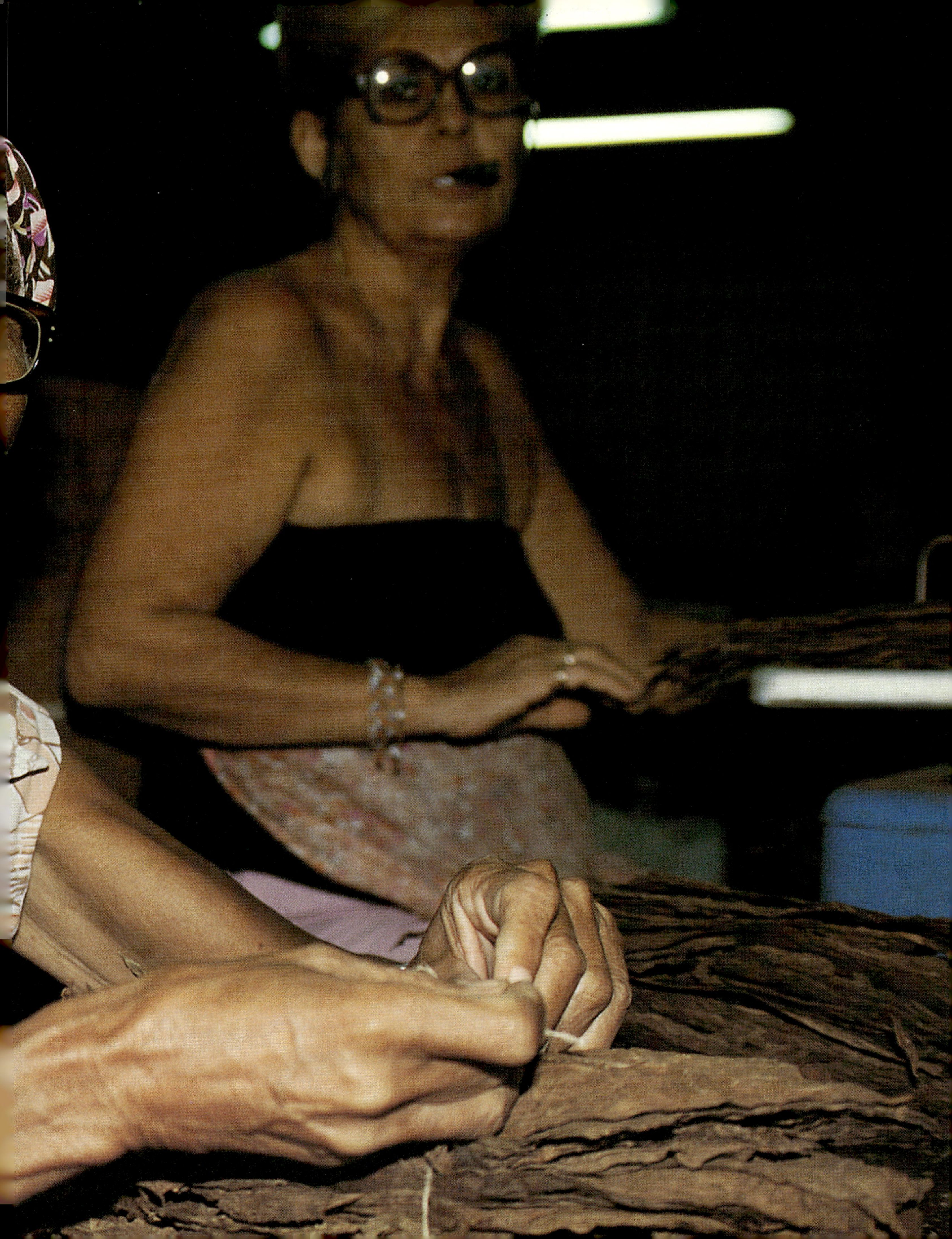

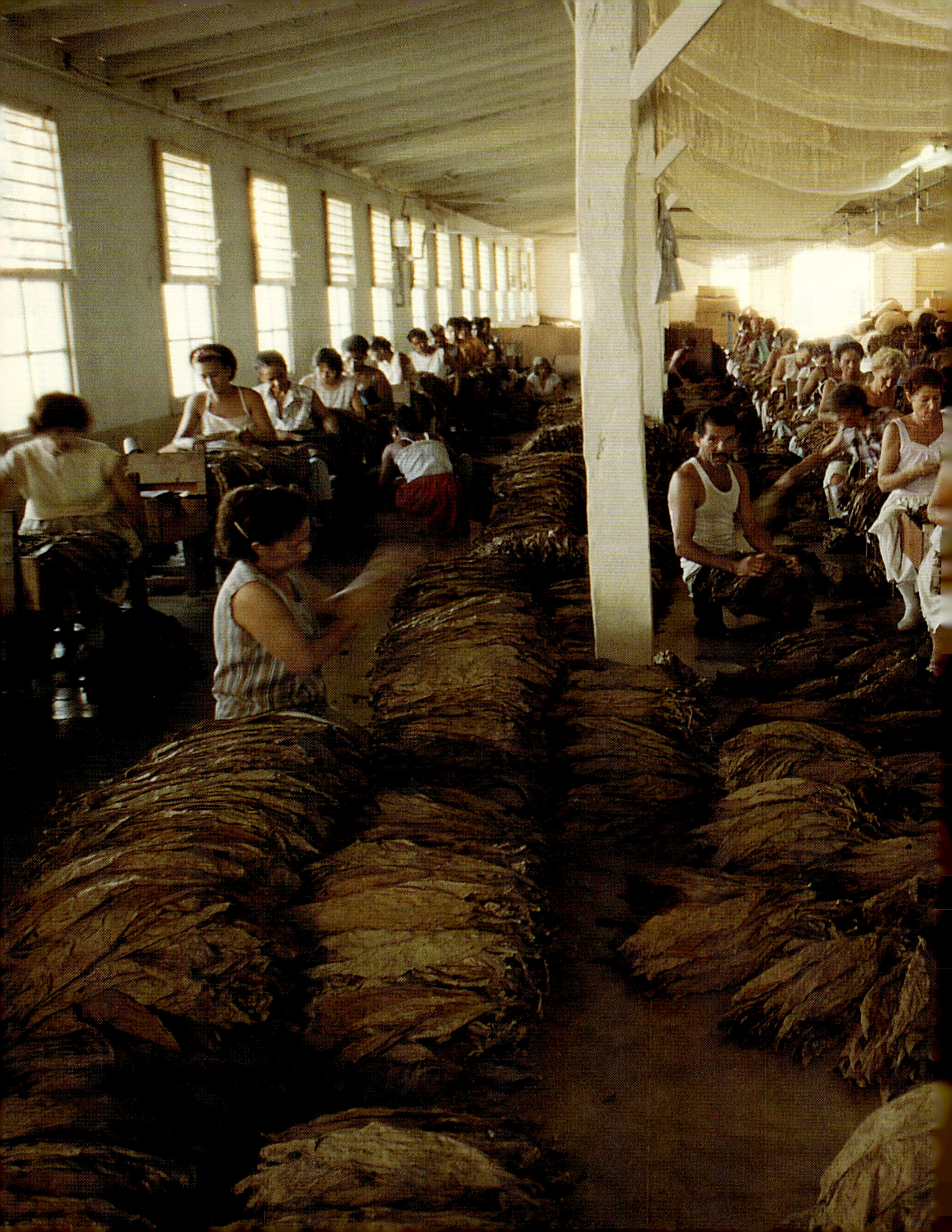

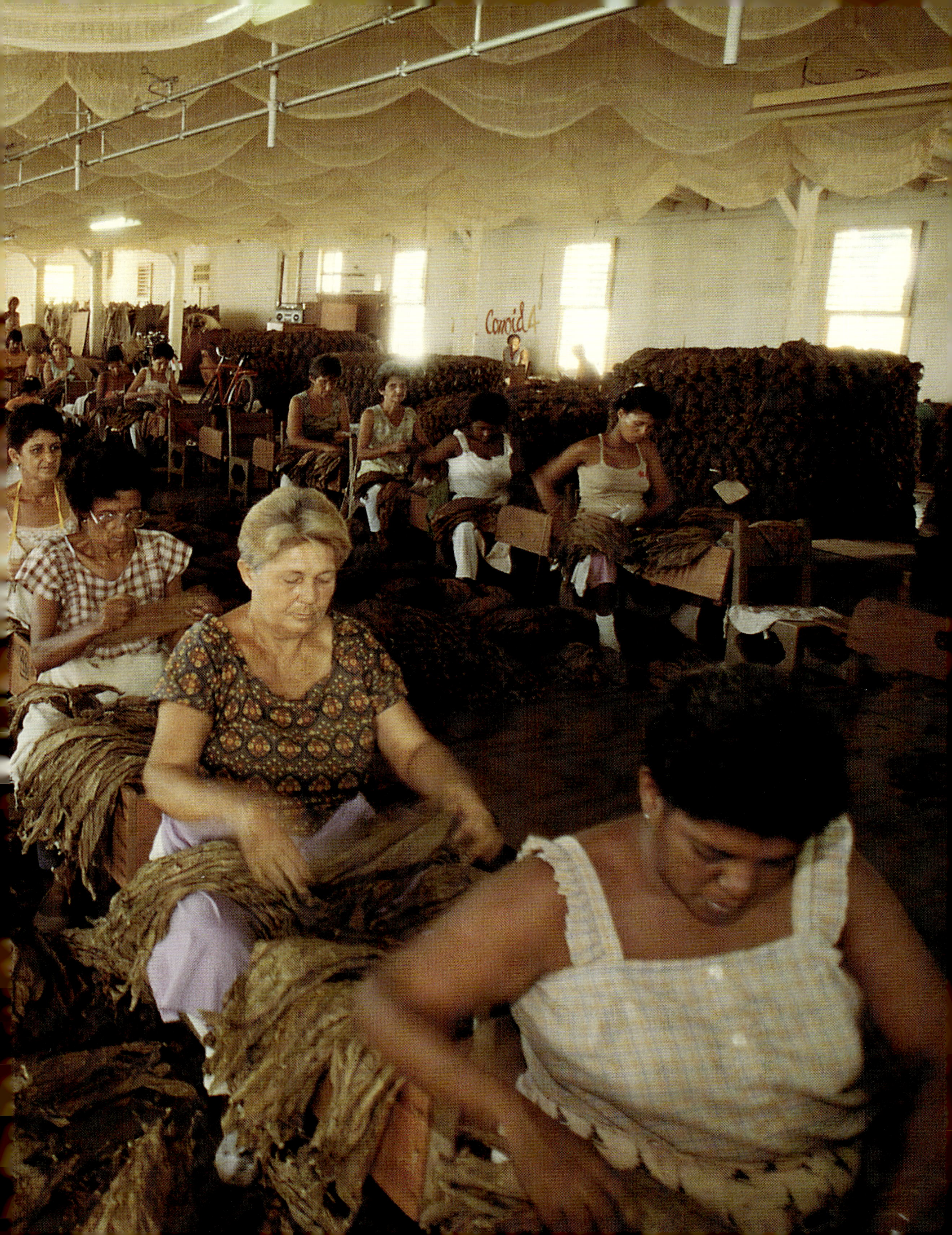

KAPITEL IV

Ein unvergleichlicher Genuß wird geboren

Die Entstehung einer Havanna

Schlendert der Besucher durch die Straßen Havannas, so scheinen ihm die alten Häuser ständig von der vergangenen Pracht dieser Stadt zu erzählen. Das Labyrinth der Straßen und Gassen offeriert immer aufs neue morbide Anblicke verblichenen Glanzes. Aber auch Anzeichen des Neuaufbruchs sind vorhanden. Seit die alten Viertel zum Kulturerbe der Menschheit erklärt wurden, finden sie nach und nach zu ihrer ehemaligen Ausstrahlungskraft zurück.

Von den vierzig großen Residenzen des Tabaks aus der Vorkriegszeit, an deren Fassaden so wunderbare Namen prangten wie ›Cabaña‹, ›Calixto Lopez‹, ›Fonseca‹, ›La Legimidad‹ oder ›Por Larrañaga‹, haben lediglich neun Fabriken überlebt, die jedoch nach wie vor die alten Namen weitertragen, so ›Bolivar‹, ›Hoyo de Monterrey‹, ›Montecristo‹, ›Partagas‹, ›Punch‹ oder ›Romeo y Julieta‹. Immerhin: es sind neun Fabriken, welche die Erinnerung an alte Zeiten aufrechterhalten.

Das ›Partagas‹-Gebäude beispielsweise blickt auf eine einhundertfünfzigjährige Tradition zurück. Hierher machen die Tabakblätter ihre letzte Reise, um endgültig die Metamorphose zu Havanna-Zigarren anzutreten. Aber noch sind sie in Deck-, Um- und Einlageblätter unterteilt, und noch sind die Lagerhäuser, duftenden Kavernen gleich, angefüllt mit dem besten Tabak der Welt.

Um sieben Uhr morgens beginnt der *Zafador* mit seiner Arbeit. Er sitzt auf einem Holzstuhl mit einem Korb an jeder Seite und greift sich ein Bündel Deckblätter, um mit einer präzisen Handdrehung den Verschluß zu lösen. Vorsichtig trennt er die einzelnen Garben voneinander und hält sie mit der Spitze nach unten, um die Blätter in der Mitte nicht zu zerbrechen. Nun nimmt er Garbe für Garbe und hält mit jeder Hand ein Ende fest, um sie vom leichten Druck zu befreien. Dann schüttelt er sie ein wenig, legt die Blattenden zwischen seine Beine und löst sie voneinander, ohne die Garbe jedoch zu öffnen. Diese wird nun in einen Korb gelegt, in dem sie mit den anderen einen Kreis bildet – die Blattspitzen zeigen dabei nach innen. Nahezu geräuschlos führt der *Zafador* seine Tätigkeit aus, wiederholt unablässig immer wieder dieselben Gesten, deren Rhythmus allenfalls durch einige Salsaklänge, die aus alten Lautsprechern ertönen, beeinflußt wird. Wenn der Korb voll ist, schreibt der *Zafador* auf einen Zettel die Klasse und die Anzahl der Garben und bedeckt sodann das Ganze mit einem trockenen Tuch.

Die Garben werden nun befeuchtet, so daß die Blätter ihre alte Feuchtigkeit und Elastizität zurückerhalten und bearbeitet werden können, ohne Schaden zu nehmen. Der mit einem Wachsumhang bekleidete Befeuchter, der *Mojador*, greift mit einer Hand

<small>VORHERGEHENDE SEITEN
*Im Team jede für sich allein. Mit großer Aufmerksamkeit sortieren
die* Rezagadoras *die Blätter nach Größe und Struktur.*
GEGENÜBERLIEGENDE SEITE
*Ein Tischlein, eine Klinge und braune Blätter.
Der Zauber kann beginnen.*</small>

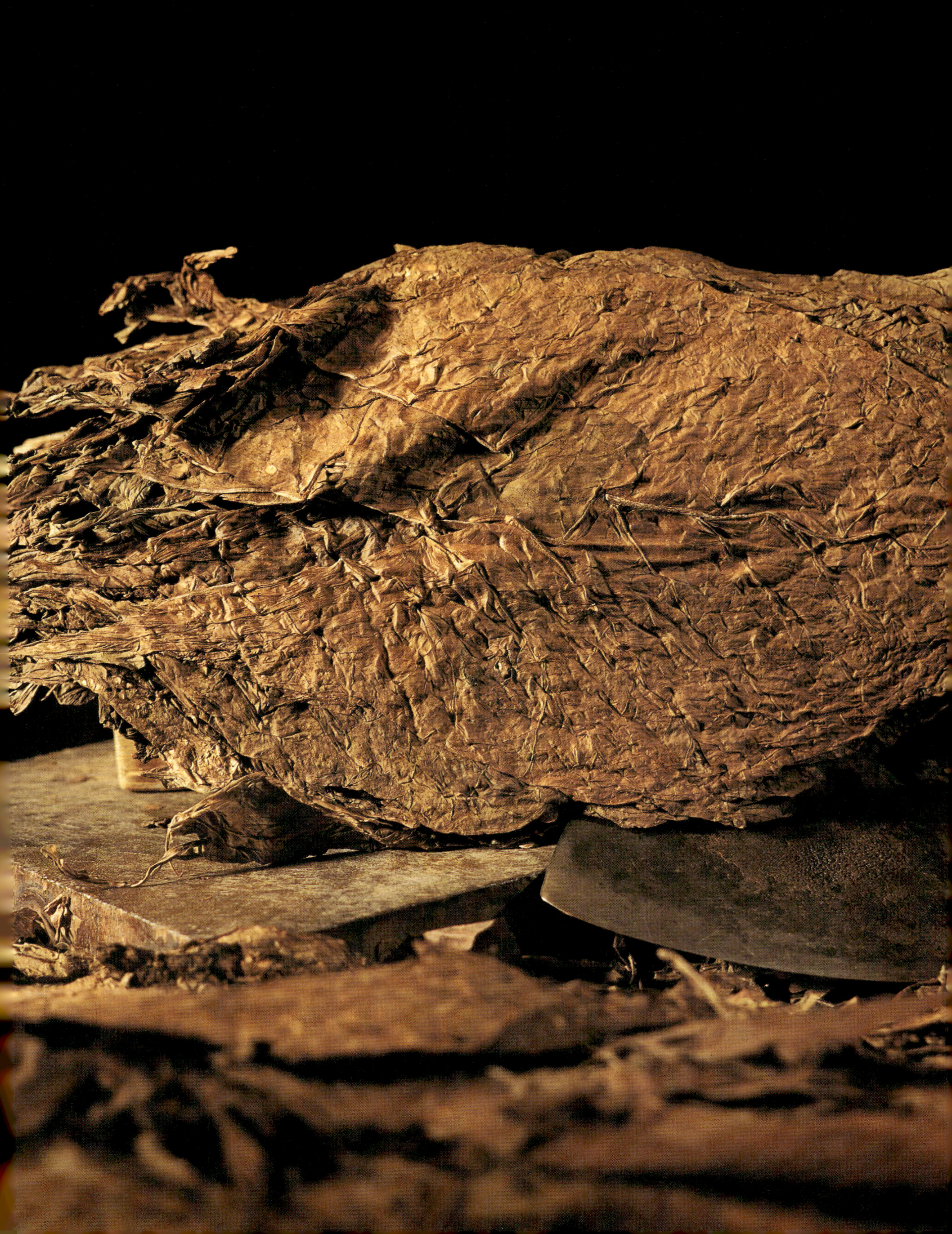

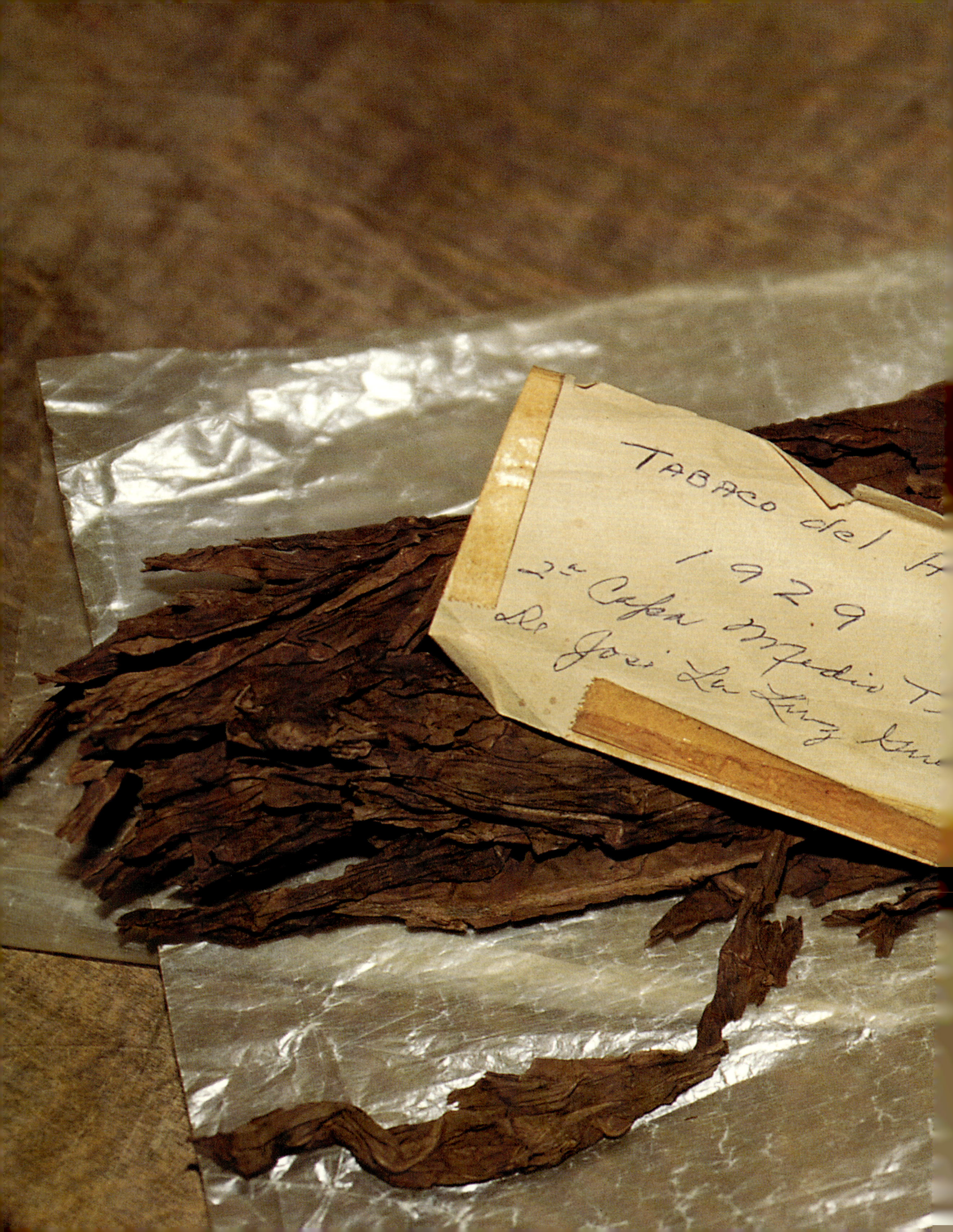
TABACO del
1929

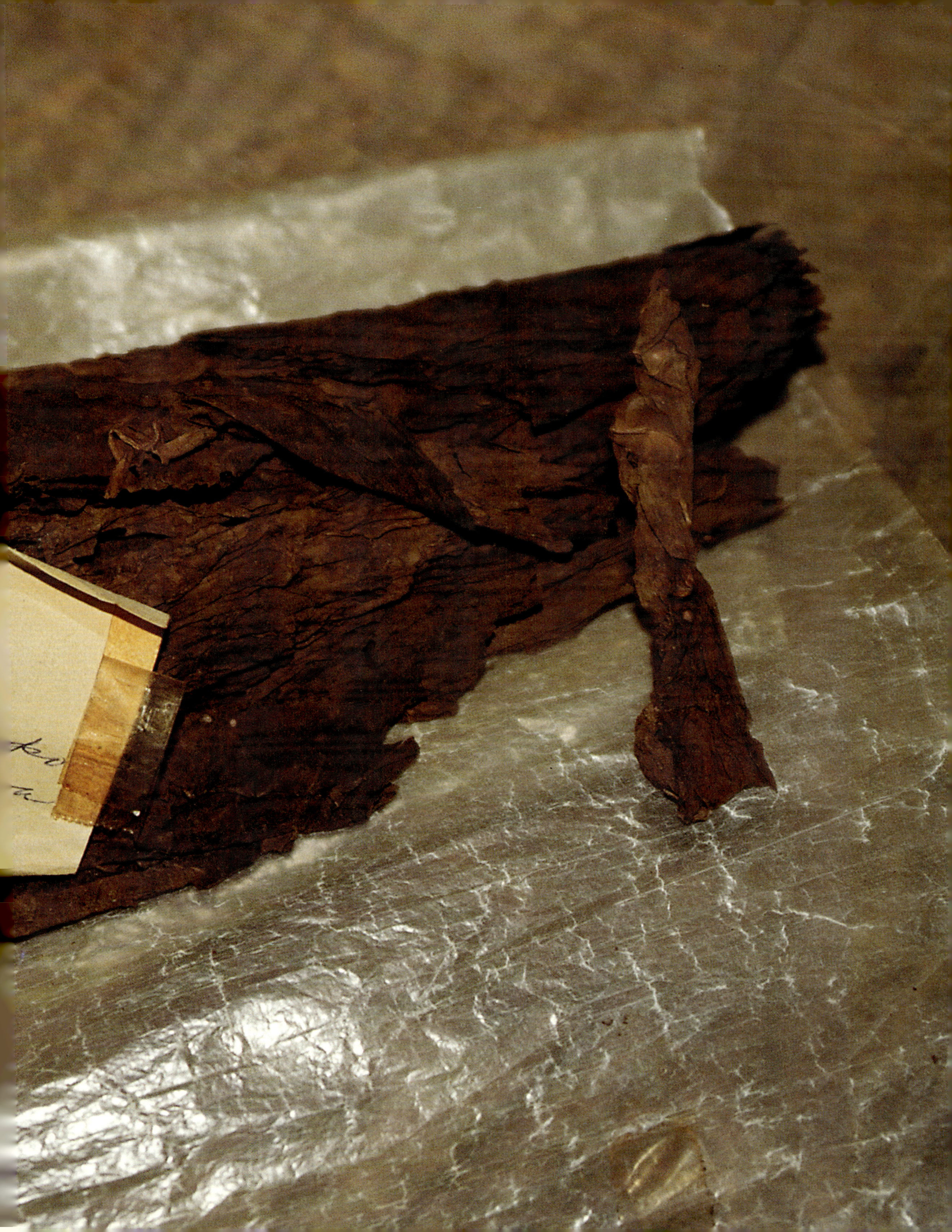

Seit nahezu zweihundert Jahren führen die Fabriken Havannas eine besondere Tradition fort: die Herstellung der Zigarre, die zu hundert Prozent handgemacht ist – *totalmente hecho a mano*.

vier Bündel am unteren Ende, hält die Blätter mit den Spitzen nach unten und läßt aus drei bis vier Zentimetern Entfernung klares Wasser über die Spitzen laufen. Sodann zieht er die Bündel flink zurück und dreht sie herum, als ob er den Tabak wie einen Blumenstrauß präsentieren wollte. Jeder Strauß wird nun mit feinem Dampf bestäubt, den ein unter Druck stehender Wasserzerstäuber liefert. Schließlich legt der *Mojador* die feuchten Blätter auf Metallroste.

Der Schüttler, der *Sacudor*, nimmt jetzt zwei Garben in jede Hand und schüttelt mit einer gleichmäßigen Armbewegung von oben nach unten die Wassertröpfchen ab, da sie sonst auf dem Deckblatt Flecken verursachen könnten. Der Körper des *Sacudors* ist so gut wie reglos, denn nur seine Arme scheinen auf die Einladung der Musik zu antworten. Die Bündel, die auf einem tragbaren Trockengestell ausgebreitet sind, gelangen nun in einen dunklen, feuchten Raum. Hier werden die Deckblätter belüftet, wobei sich die Feuchtigkeit über das ganze Blatt verteilen kann.

Nach der Belüftung folgt eine »Phase der Entspannung«. Die Bündel ruhen nun zwischen zehn und zweiundsiebzig Stunden in Holzkisten, die mit Zink verkleidet sind, unter dem Schutz einer Plastikplane.

Die Blätter sind jetzt weich und biegsam, so daß man sie bearbeiten kann, ohne ständig befürchten zu müssen, sie zu zerbrechen. Es folgt nun der Vorgang der Entrippung *(Despalillo)* bei den Deckblättern – eine Arbeit, die zur reinen Frauendomäne geworden ist, nicht zuletzt deshalb, weil sie größte manuelle Fertigkeit erfordert. Das Entfernen der Blatthälften vom Hauptstiel sieht einfacher aus, als es ist. So geschieht es schon einmal, daß eine unerfahrene Entripperin eine Blatthälfte beschädigt, was bedeutet, daß solch eine Hälfte für eine Havanna nicht mehr zu gebrauchen ist.

In einem Saal mit natürlichen Lichtverhältnissen sitzt die Entripperin bequem auf ihrem Stuhl, nimmt eine Garbe auf und die Blätter heraus. Vorsichtig legt sie die Blätter mit der Spitze nach innen auf die Serviette, die ihre Beine bedeckt, und streicht mit der Hand über die Blätter, um sie geschmeidig zu machen. Die Frau nimmt nun ein Blatt und öffnet es von unten nach oben, so, als handele es sich um einen feinen Seidenstoff. Mit einer Hand nimmt sie die Blattspitze auf, während der Daumen und der Zeigefinger der anderen Hand vorsichtig die Mittelrippe bis zur Blatthälfte herauslösen. Jetzt rollt sie die zweite Hälfte, indem sie die Hand dreht, um ihre Faust. Sanft löst sich die Mittelrippe vom Blatt. Die Entripperin rollt nun die Blatthälften auf, glättet sie und legt sie dann mit beiden Händen über ein halbrundes Holz, das sich ihr gegenüber befindet. Die Augen auf die feinen Naturgewebe vor ihr geheftet, scheint sie die Welt um sich herum zu ignorieren, um sich ganz und gar ihrer anspruchsvollen Arbeit widmen zu können.

Alle Blatthälften einer Garbe werden nun so aufgeschichtet, daß die Spitzen und die Außenränder genau aufeinander zu liegen kommen. Die Entripperin faltet nun die Außenkante nach innen und klappt den Haufen noch einmal in der Mitte zusammen. Die auf diese Weise entstandene Rolle packt sie in eine Schutzfolie, damit die Rollen die kurze Reise zu dem Raum, in welchem die abschließende Klassifikation *(Rezagado)* stattfindet, unbeschadet überstehen.

Die tägliche Aufgabe der *Rezagadora* besteht darin, die Deckblätter nach Größe und Farbe zu klassifizieren. Dabei richtet sich die Klassifikation nach der Anzahl der Formate, die von dem entsprechenden Tabakhaus produziert werden. Die *Rezagadora* sitzt im Rund eines u-förmigen kleinen Tisches. Über den Beinen der Arbeiterin ist eine Serviette ausgebreitet, und nun nimmt sie immer zwei der Garben, die von der Entripperin vorbereitet wurden, auf und legt sie auf die Serviette. Nacheinander nimmt sie jede einzelne Blatthälfte zu sich, zieht sie mit den Fingern etwas auseinander, um eventuelle Fehler zu erkennen, und legt sie vor sich auf den Tisch. So entstehen in Windeseile Haufen von frappierender Gleichförmigkeit. Im Bruchteil einer Sekunde kann die *Rezagadora* die Klasse des Tabaks bestimmen und vor sich eine ganze Palette verschiedener Brauntöne ausbreiten. Zu ihren Füßen befindet sich übrigens ein Eimer mit frischem Wasser und einem Schwamm. Denn sollte einmal ein Blatt zu trocken geworden sein, muß es neu angefeuchtet werden.

Die Haufen, aus denen wieder Garben geformt werden, und zwar zu je fünfundzwanzig Blättern, die nunmehr entrippt und klassifiziert sind, werden nach derselben Methode, die schon die Entripperin angewandt hat, zusammengefaltet und in Holzkästen verstaut, wobei jeder Kasten einer Formatgröße entspricht. Zunächst setzen die Deckblätter ihre Reise in Richtung auf die *Galera* fort, auf die Werkstatt der Zigarrenmacher.

Der Weg der Um- und Einlageblätter nimmt indessen einen anderen Verlauf. Die in Jutesäcken eingewickelten Blätter werden entrollt, wobei streng darauf geachtet werden muß, daß die verschiedenen Klassen nicht vermischt werden. Alsbald füllt sich *La barbacoa*, also der Raum, in dem die Einlagen bearbeitet werden, mit den verschiedensten Brauntönen und den unterschiedlichsten Aromen.

VORHERGEHENDE DOPPELSEITE
Spuren der Vergangenheit. Diese Blätter wurden 1929 geerntet, dem Jahr des großen Börsenkrachs.
GEGENÜBERLIEGENDE SEITE
Bei der Berührung seidig, beim Anblick holzfarben, beim Riechen aromatisch. Ein Havanna-Deckblatt – für den Zigarrenconnaisseur das schönste aller Gewänder.

Bevor der Bearbeitungsprozeß der Blätter beginnen kann, kontrollieren Experten ihre Qualität und überprüfen die Genauigkeit der Angaben auf den Etiketten der Säcke. Festgelegten Normen folgend, werden dann die Blätter gezählt und zu je einem halben Pfund abgewogen; sollte die vorgesehene Anzahl das entsprechende Gewicht nicht erreichen, werden noch Blätter hinzugefügt. Auf diese Weise wird gewährleistet, daß der Zigarrenmacher exakt die Menge an Tabak zugewiesen bekommt, die er benötigt, um sein Tagessoll zu erfüllen. Außerdem wird garantiert, daß der relative Feuchtigkeitsgehalt von Bündel zu Bündel die nahezu gleiche Intensität aufweist.

Falls sich herausstellt, daß die Blätter zu feucht sind, werden sie zuerst auf die Regale einer Entfeuchtungskammer gelegt. Zu trockene Blätter dagegen befeuchtet man; in den führenden Fabriken legt man sie sogar auf Holzregale, die sich in Befeuchtungskammern befinden. Auf diese oder jene Weise entfalten sich nun von neuem die tausend Nuancen, die den speziellen Duft der Blätter ausmachen. Durch die traditionelle Zwischenlagerung in großen Holztruhen kann sich die Feuchtigkeit gleichmäßig verteilen. Nach vierundzwanzig bis zweiundsiebzig Stunden werden die Blätter erneut gewogen und in Fässern aufgeschichtet. Nun können sie in jene einzigartigen Mischungen *(Ligas)* eingehen, die das Besondere einer Havanna ausmachen.

Jede Marke eines jeden Formats zeichnet sich durch den ihr eigenen Geschmack aus. Das Rezept der *Liga* ist das wohlgehütete Geheimnis einer jeden Havanna-Fabrik. Es entsteht aus der Kombination der verschiedenen *Tiempos* und der Klassen der Blätter, die nachher den Körper der Zigarre ausmachen. Von der Mischung hängen Würze und Aroma des Formats ebenso wie ihre Stärke ab. So ist es demnach kein Wunder, warum jedes Rezept streng geheim ist. Gleichwohl sind die Rezepte auf schlichten Papierblättern nachzulesen, die an der Wand der *Barbacoa* ausgehängt sind.

Mit Hilfe einer Waage bereitet zunächst die Mischerin *(La ligadora)* das Gemisch *(La ligada)* vor, indem sie die Menge der *Volado-*, *Seco-* und *Ligero*-Blätter ihrer Größe nach zusammenfügt, und zwar so viel, wie für die Herstellung von fünfundvierzig bis fünfzig Zigarren erforderlich ist. Dabei werden die verschiedenen Blätter nicht vermengt, sondern nebeneinander in ein Bündel gelegt (daher die Bezeichnung *Liga*, was soviel heißt wie »Bund«), dessen Gewicht von der Größe der zukünftigen Zigarre abhängt.

Die Mischungen werden nun in hölzernen Kisten in die *Galera* geschickt, sobald sie vom Produktionsleiter angefordert worden sind. Zuvor hat noch eine letzte Kontrolle der Blätter auf ihre relative Feuchtigkeit hin stattgefunden. Wenn sie nämlich zuviel an Feuchtigkeit verloren haben, ist der Zigarrenmacher nicht mehr in der Lage, die vorgegebene Menge von Zigarren mit dem erforderlichen Gewicht herzustellen.

Die *Galera* ist das Herz der Manufaktur, ist sozusagen die Wiege der Havanna. Hier fügt der Zigarrenmacher *(El torcedor)* die Tabakblätter zusammen. In seinen flinken Fingern vereinigen sie sich nun zu dem einzigen Zweck, sich in wunderbare Zigarren zu verwandeln.

Für seine Arbeit benötigt der Zigarrenmacher (auch Zigarrenroller) nur wenige einfache Werkzeuge, die seit über einem Jahrhundert so gut wie unverändert geblieben sind: Auf dem Tisch des *Torcedors* befindet sich ein kleines Brett aus Holz, *La tabla*; das Schneidemesser mit großer Klinge, *La chaveta*, dient dazu, die Blätter zu beschneiden; dann gibt es die geeichte Guillotine, *(La guillotina)*, mit welcher der *Torcedor* die Zigarre auf jene Länge schneidet, die dem gewünschten Format entspricht. Ferner werden benötigt: ein Eichmaß *(El cepo)*, um Länge und Durchmesser der Zigarre zu kontrollieren; eine Wickelpresse mit fünf bis sieben Mulden; ein Topf mit pflanzlichem Leim *(La goma)*. Nicht zu vergessen ist die feuchte Serviette *(La toalla)*, in welche man die Deckblätter einwickelt, damit sie nicht trocken werden und somit weich und elastisch bleiben.

Die Zigarre besteht aus einem Deckblatt *(La capa)*, einem Umblatt *(El capote)* und den Einlageblättern, die, eingewickelt in das Umblatt, den Wickel bzw. die Puppe *(El bonche)* ergeben. Das reiche Aroma der Blätter und die Meisterschaft des Zigarrenmachers lassen auf diese Weise eine Havanna von gleichmäßiger Färbung und eleganter Form entstehen, mit festem Körper und einem Geschmack, der den Gaumen erfreut.

Ganz so wie ein Maler richtet der Zigarrenmacher seine Farbpalette ein. Statt der Farbtöpfe breitet er allerdings auf seinem kleinen polierten Tisch fünf Blattarten aus: *Capa, Capote, Volado, Seco, Ligero*. Auf einem kleinen Regal, das am Tisch lehnt, befindet sich der Zigarrenmodel.

Während er dem Vorleser lauscht, beginnt der *Torcedor* mit der Herstellung des Zigarrenkörpers. Er nimmt sich ein Umblatt, entfernt die Mittelrippe und teilt das Blatt in zwei Hälften (je nach Zigarrengröße wird er eine oder zwei Hälften pro Zigarre verwenden). Die Blatthälften für die Umblätter legt er auf das Tischchen, und zwar mit der glatten Seite nach unten, damit die Blattadern nachher innen und somit unsichtbar sein werden. An der Ausrichtung der Spitze kann er erkennen, ob es sich um eine linke oder eine rechte Blatthälfte handelt, und dementsprechend wird es später nach links oder nach rechts gerichtete Wickel *(Bonches)* geben.

<small>Gegenüberliegende und folgende Seiten</small>
Momente, in denen der Mensch die Alltagssorgen vergißt.
Der Handwerker wird zum Meister der Zigarre,
und die Tabakblätter verwandeln sich in eine Havanna.

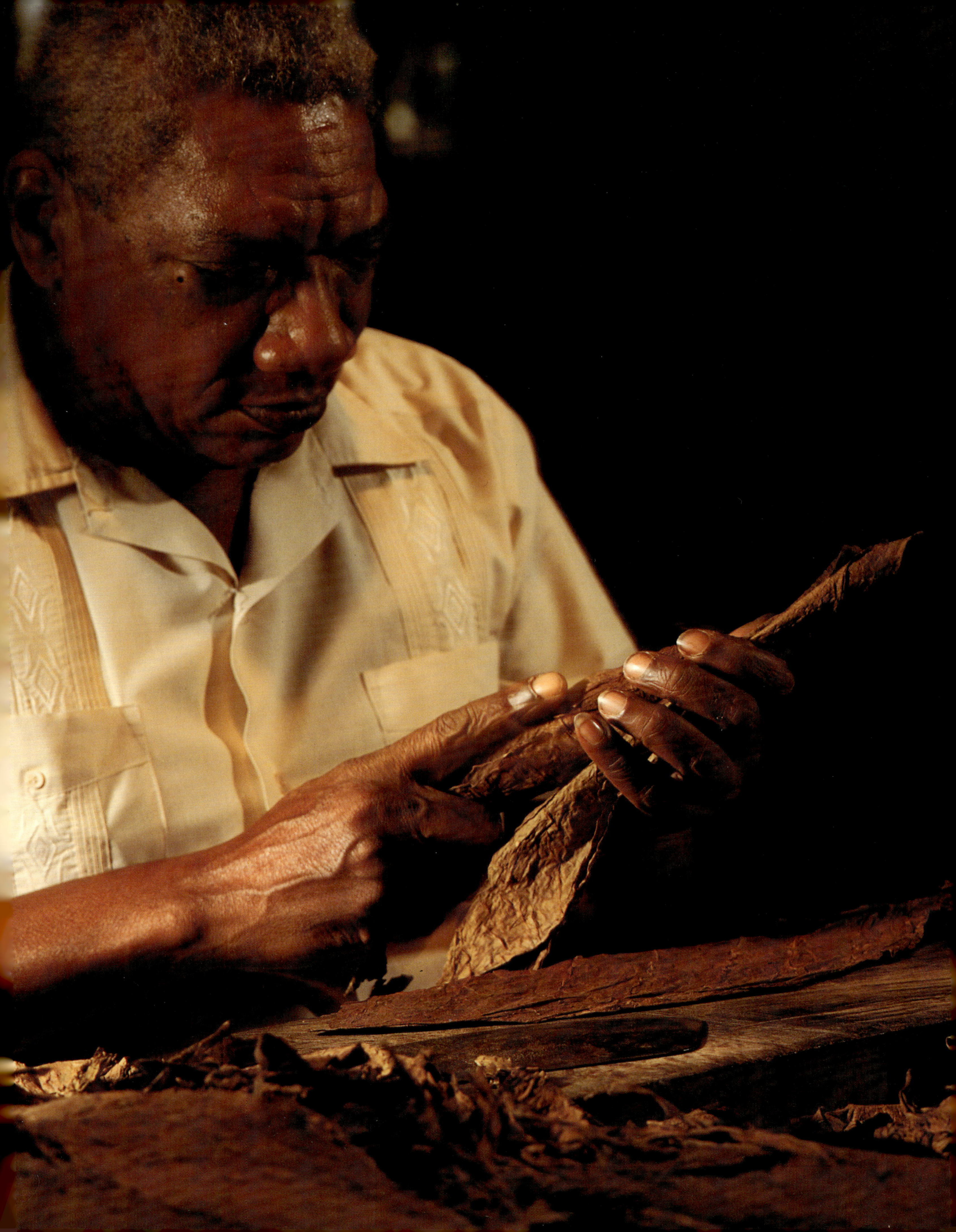

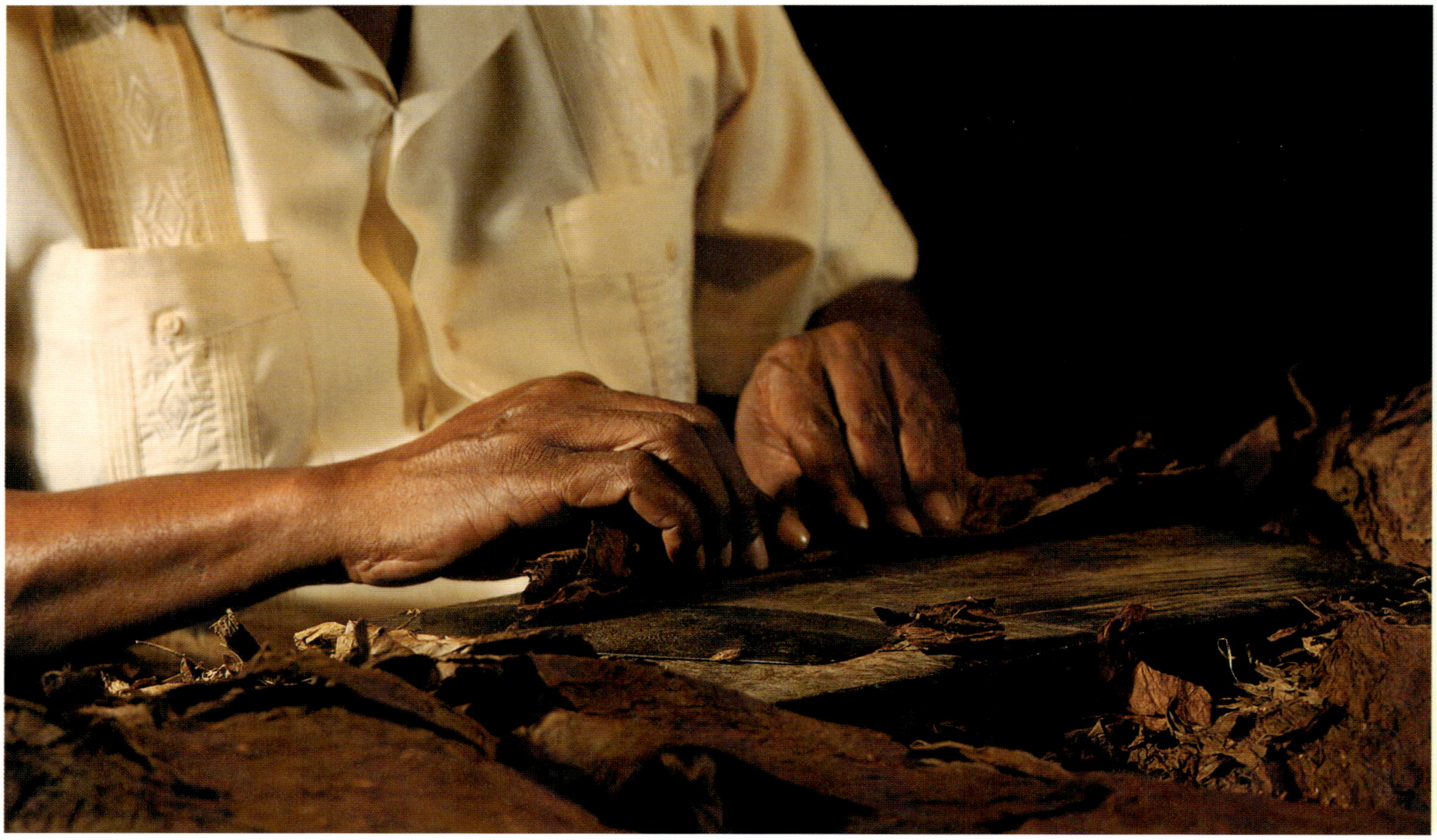

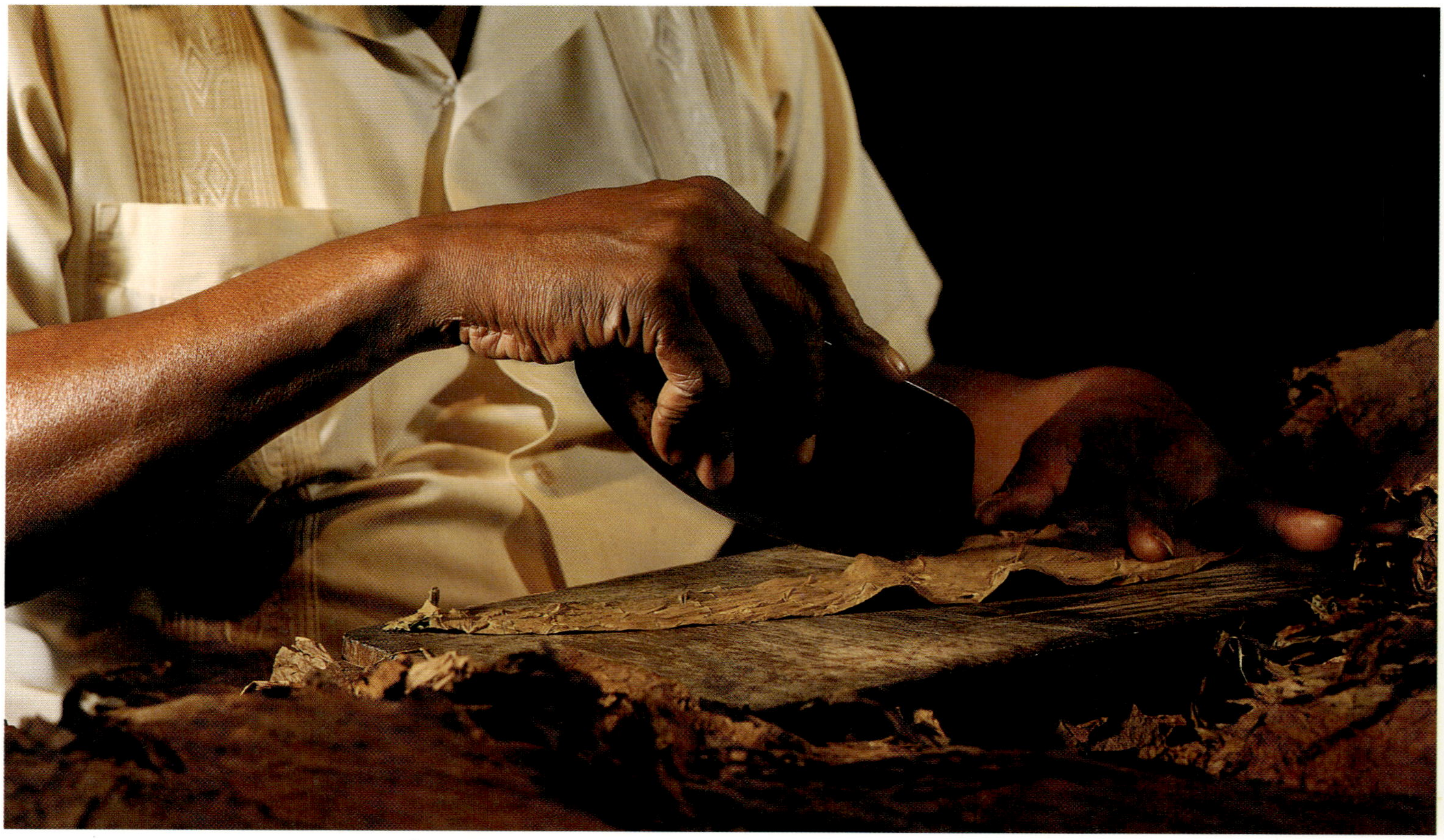

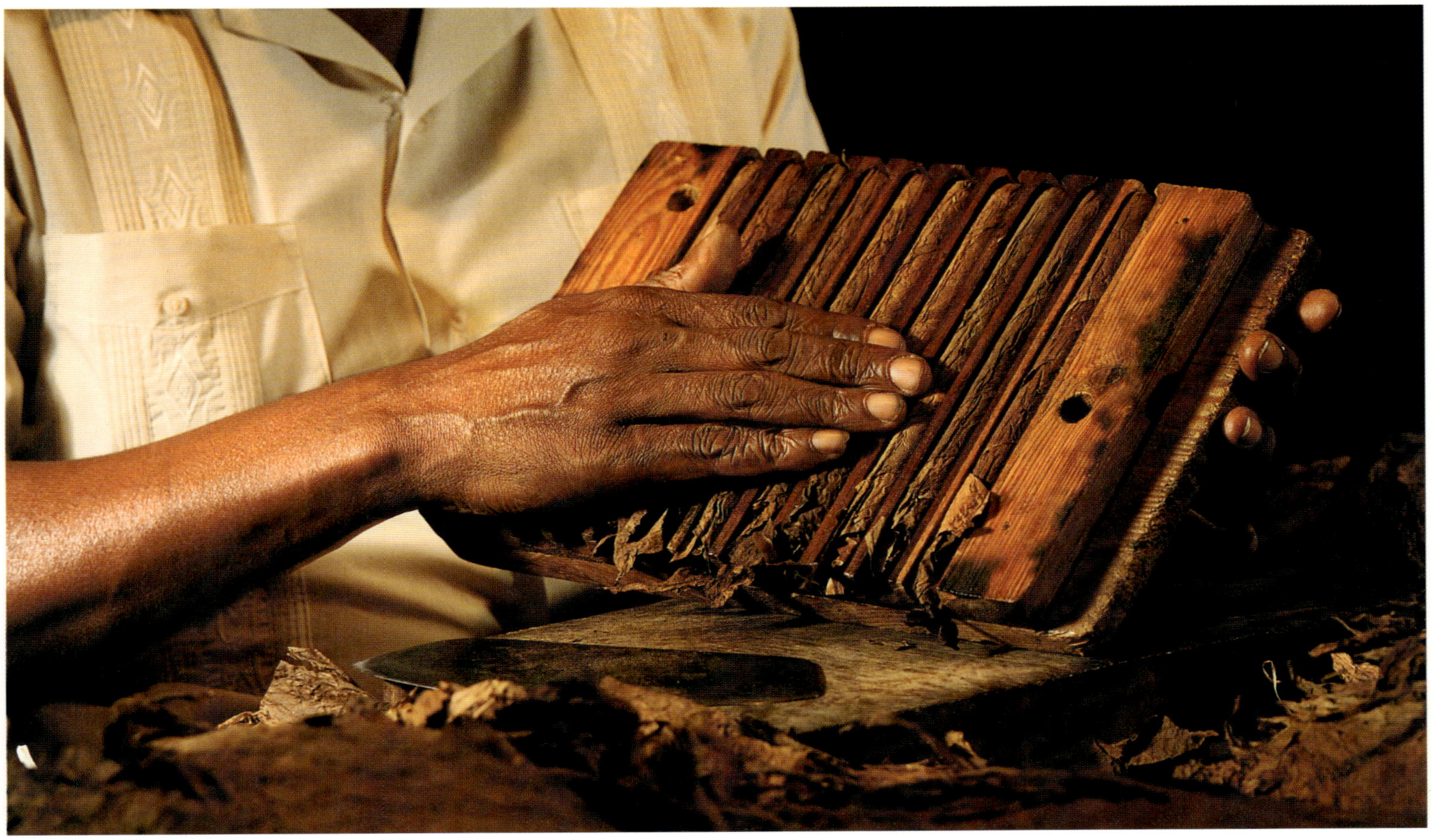

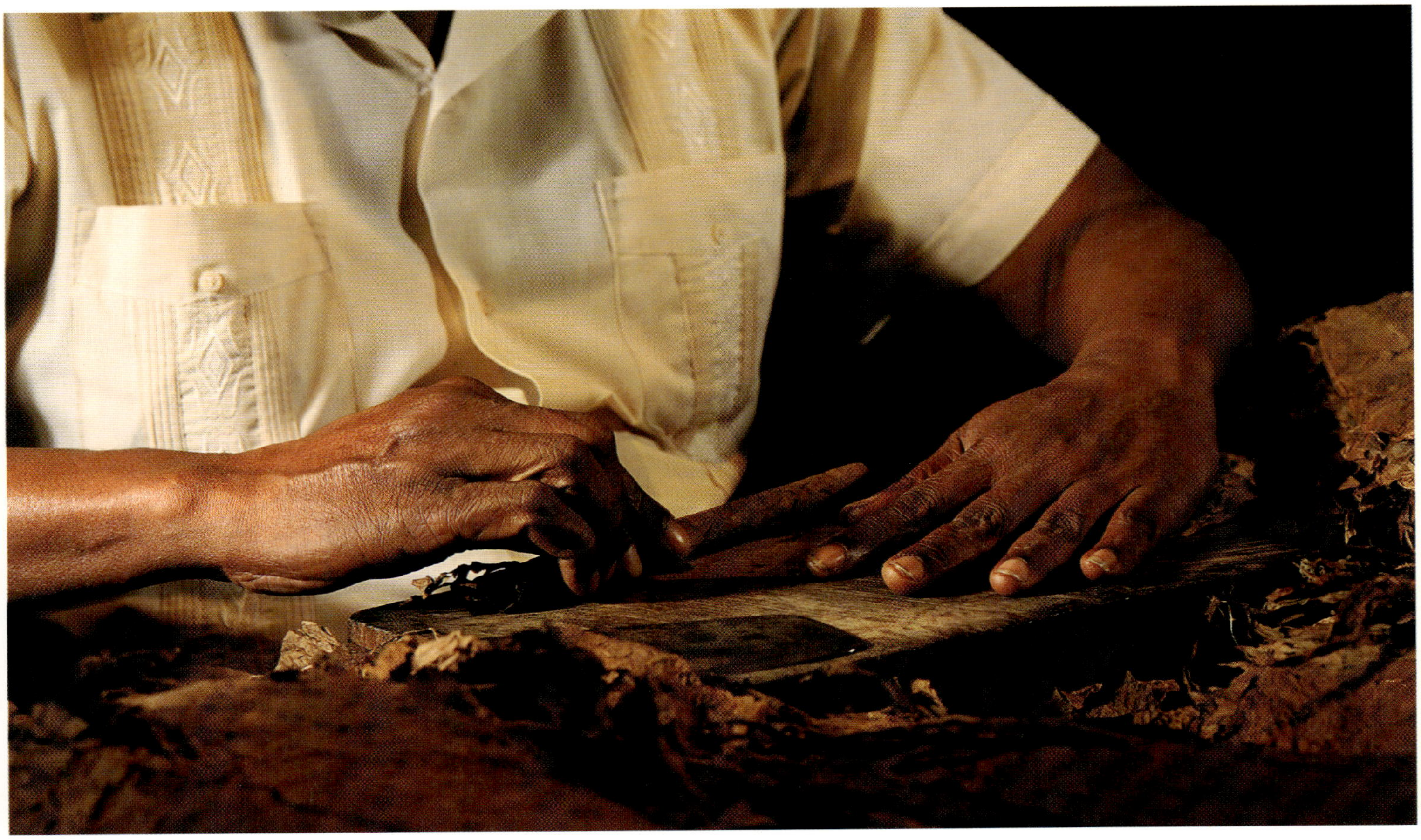

Mit dem Ausbruch der Unabhängigkeitskriege und dem großen Kampf um soziale Gerechtigkeit erhielt der kubanische Zigarrenroller endgültig seinen Beinamen »Intellektueller des Proletariats«.

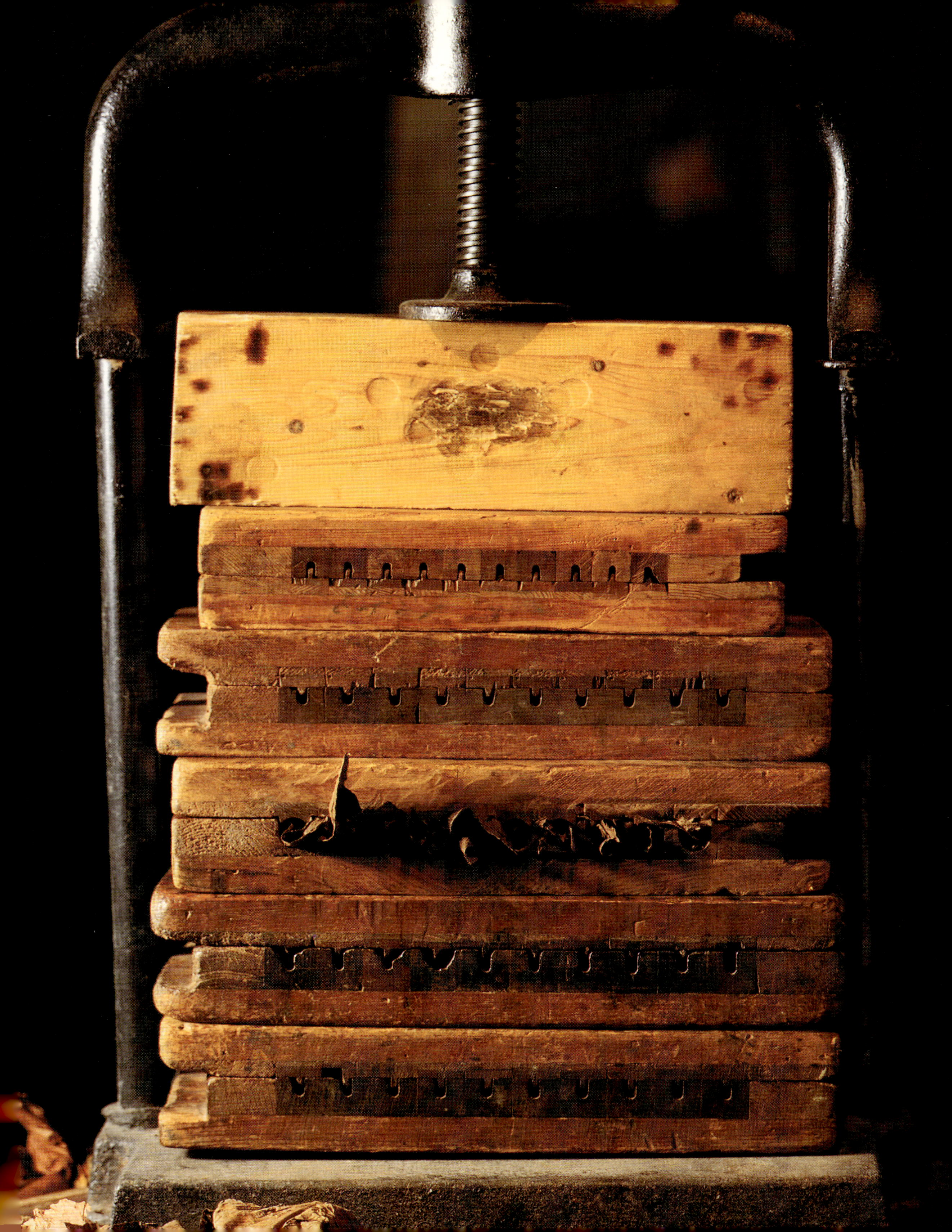

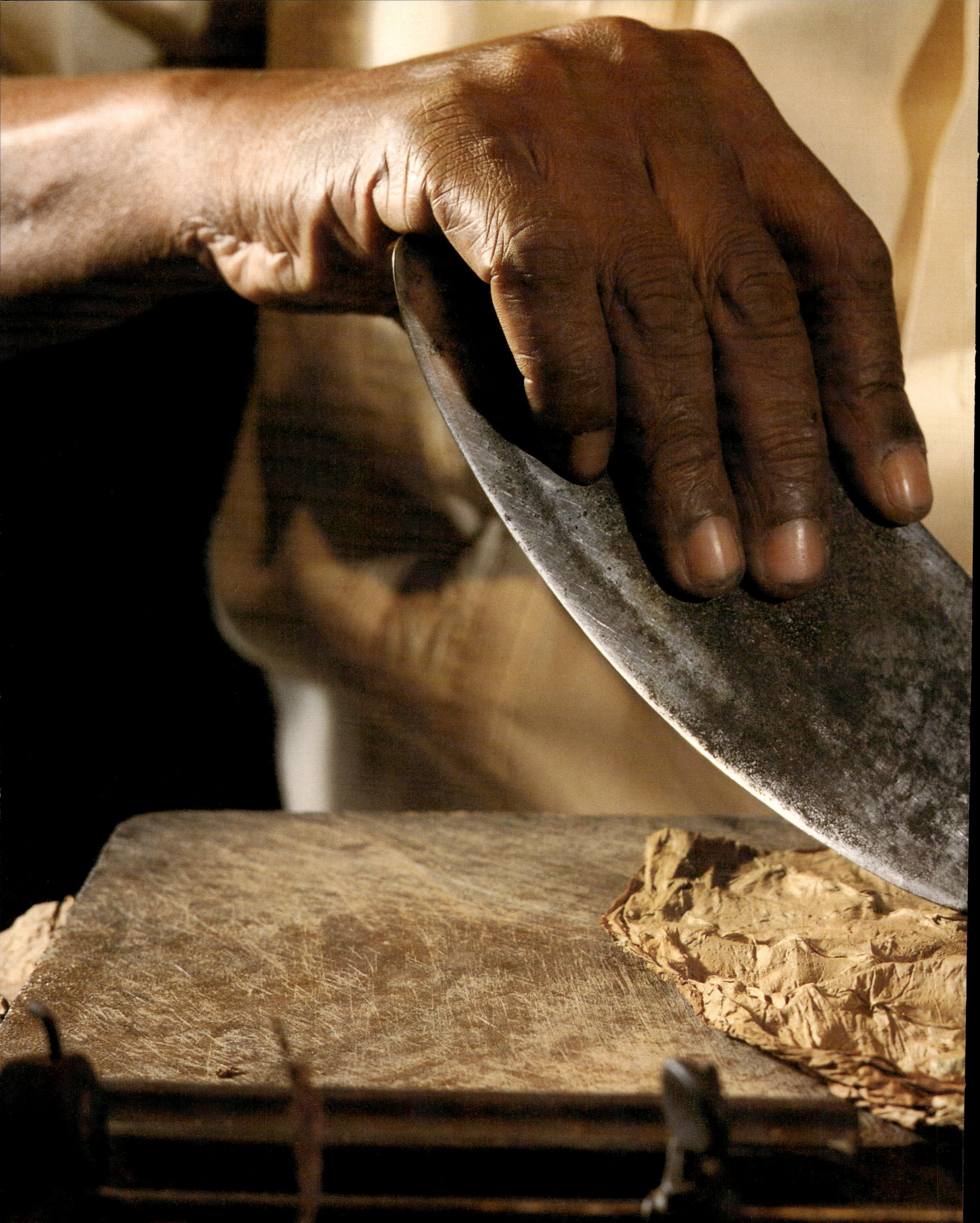

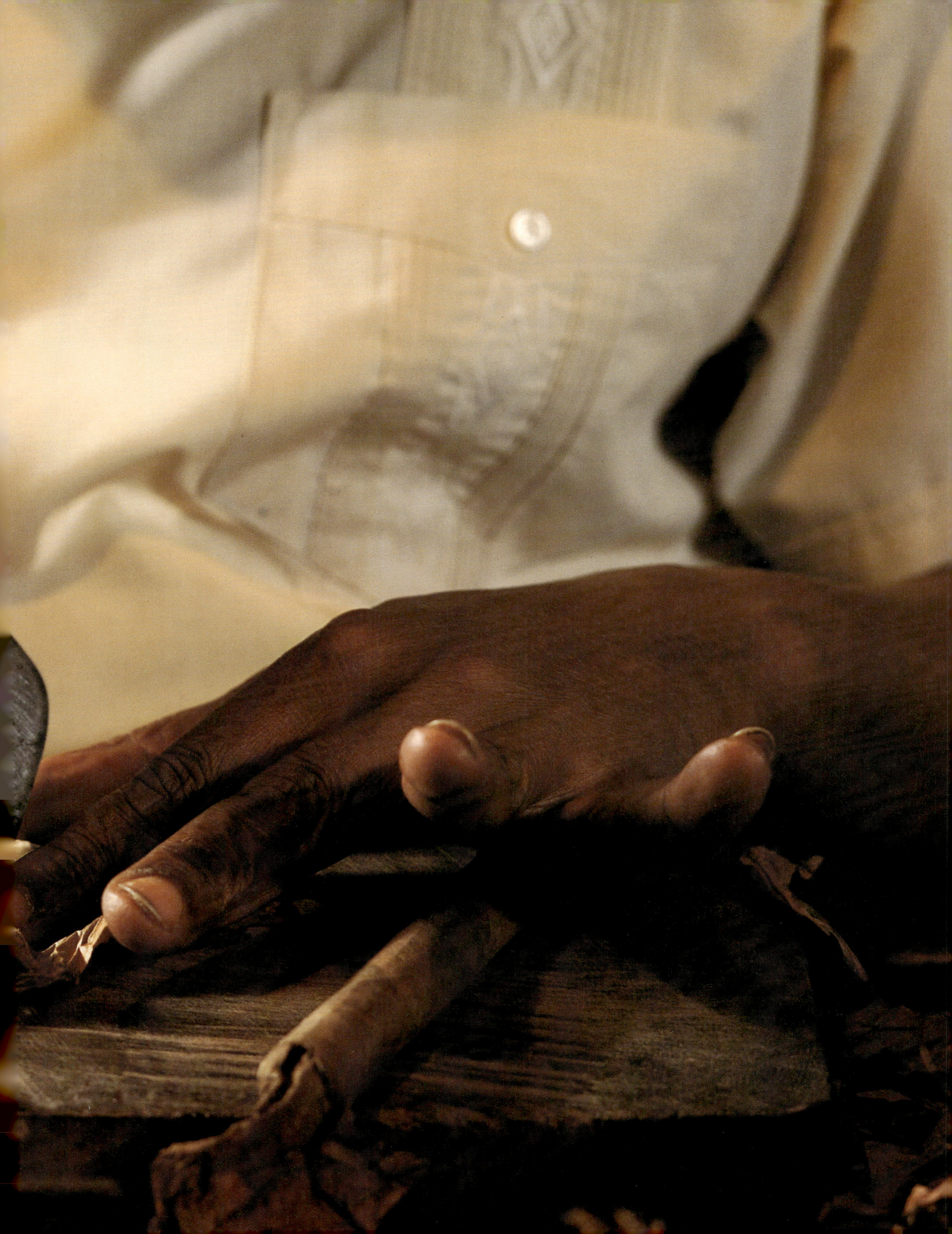

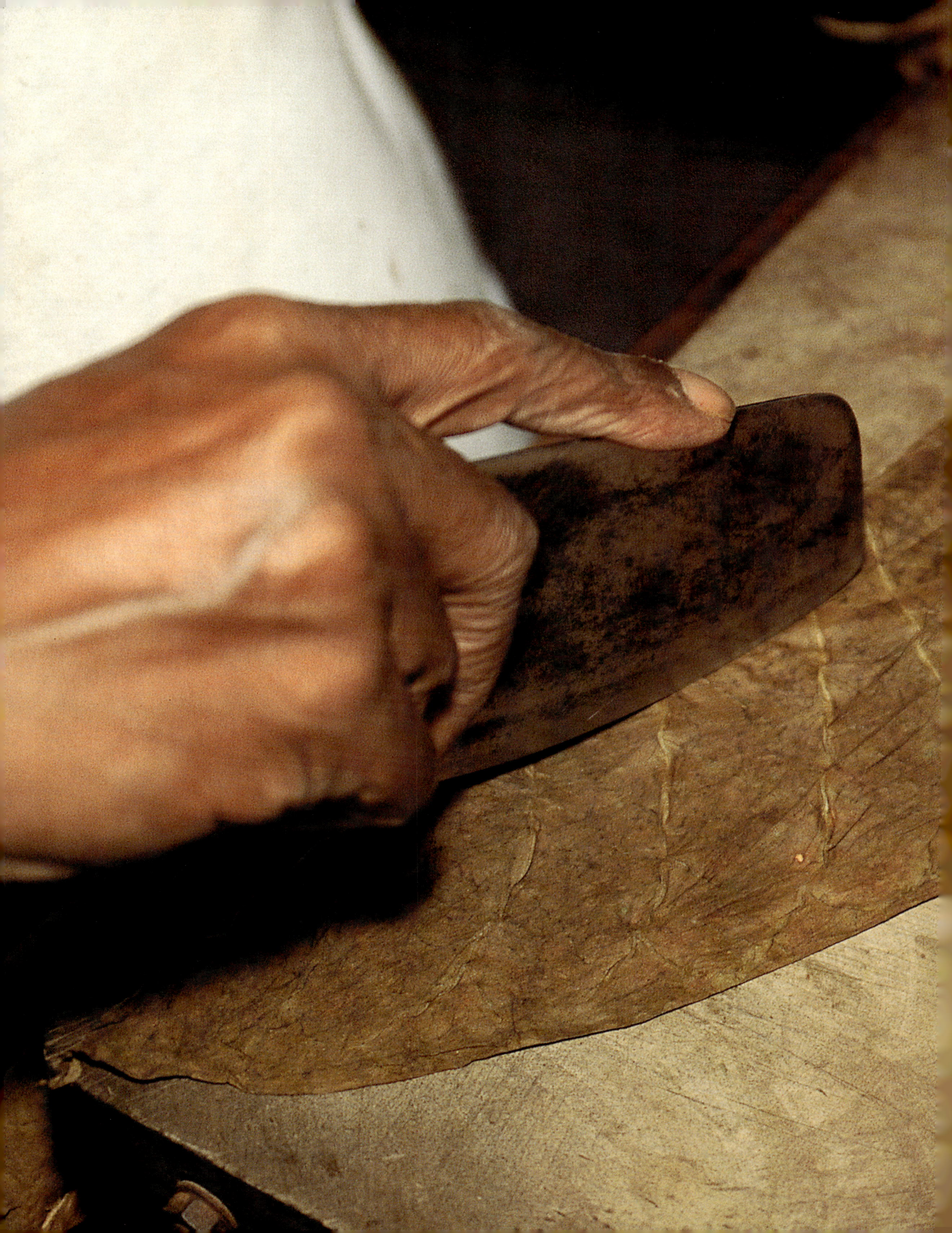

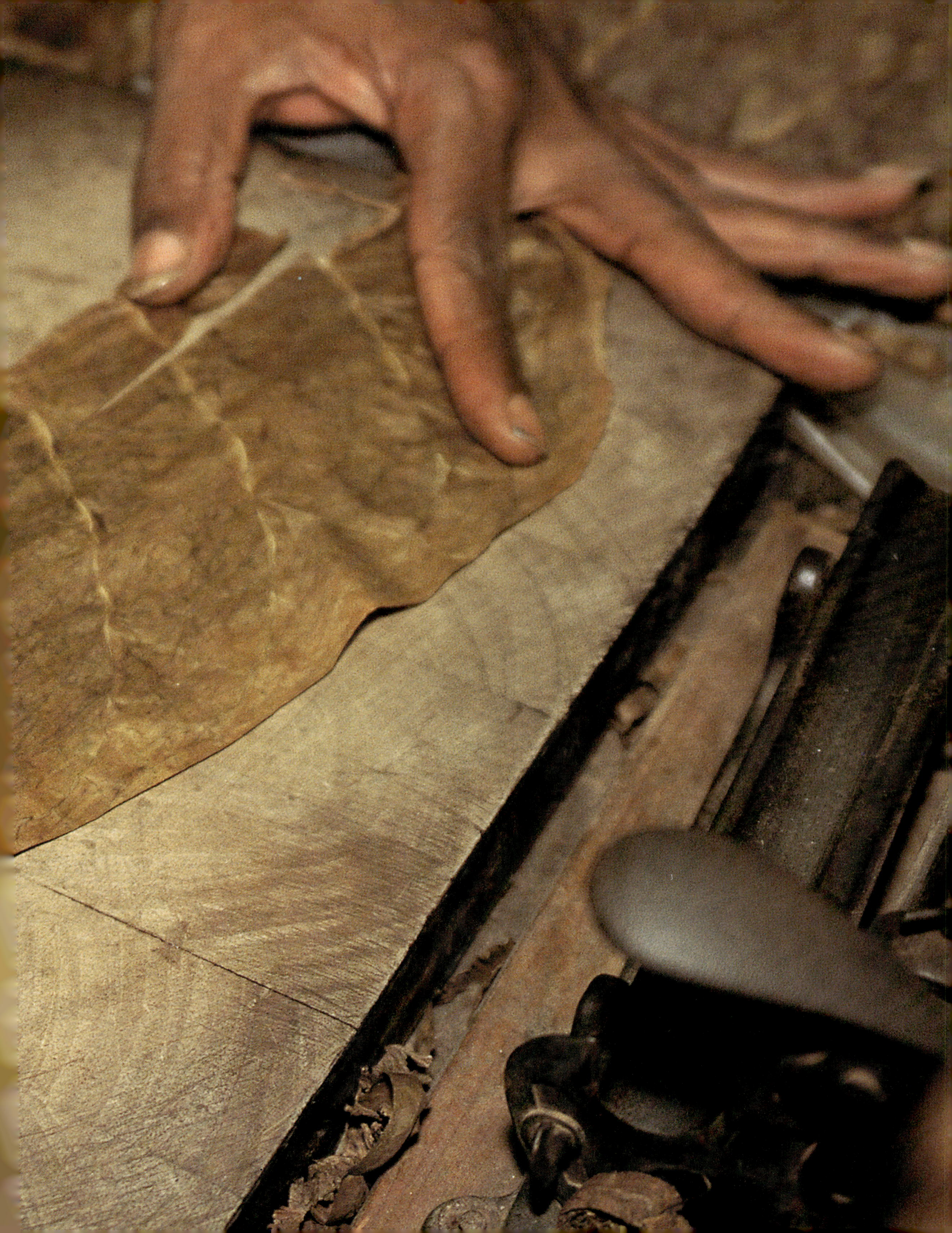

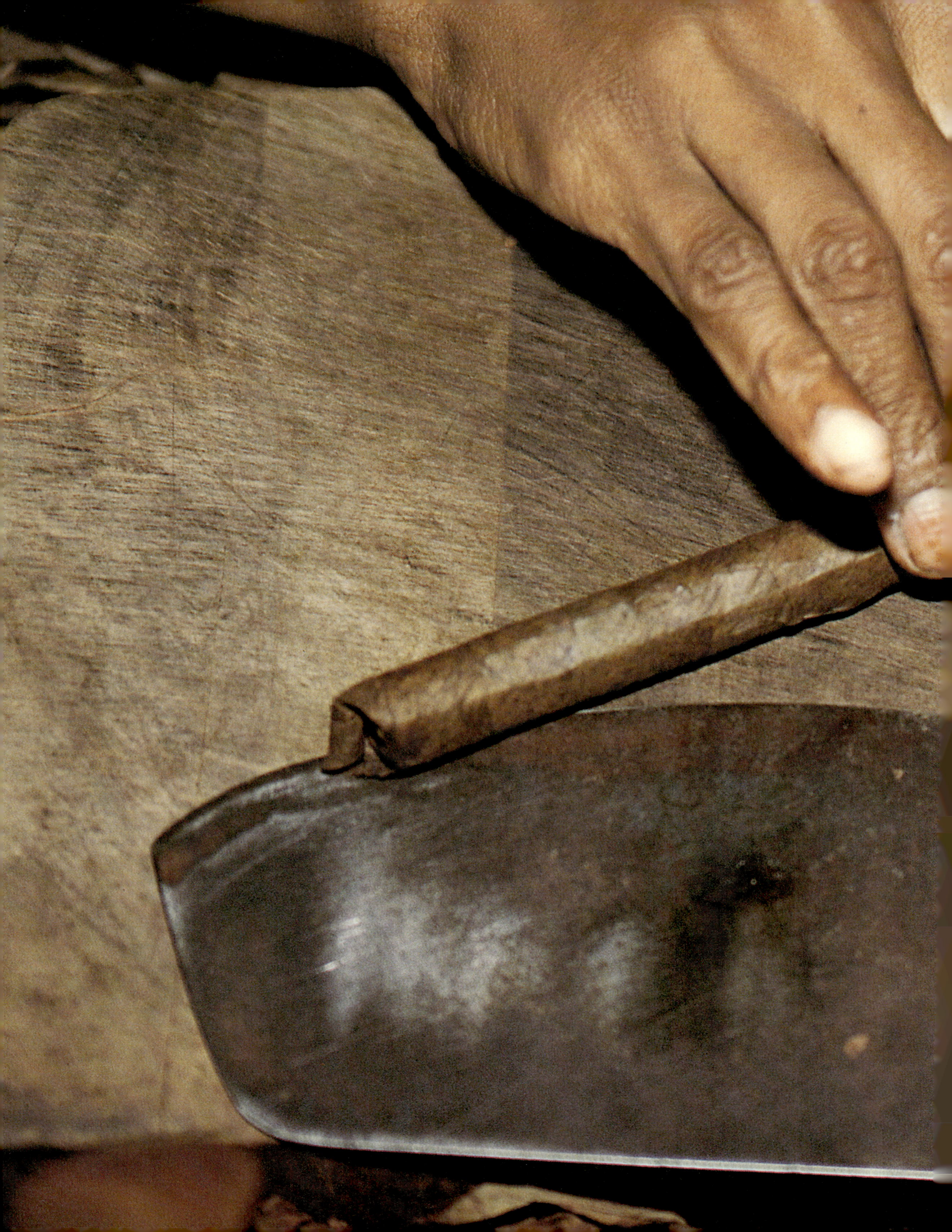

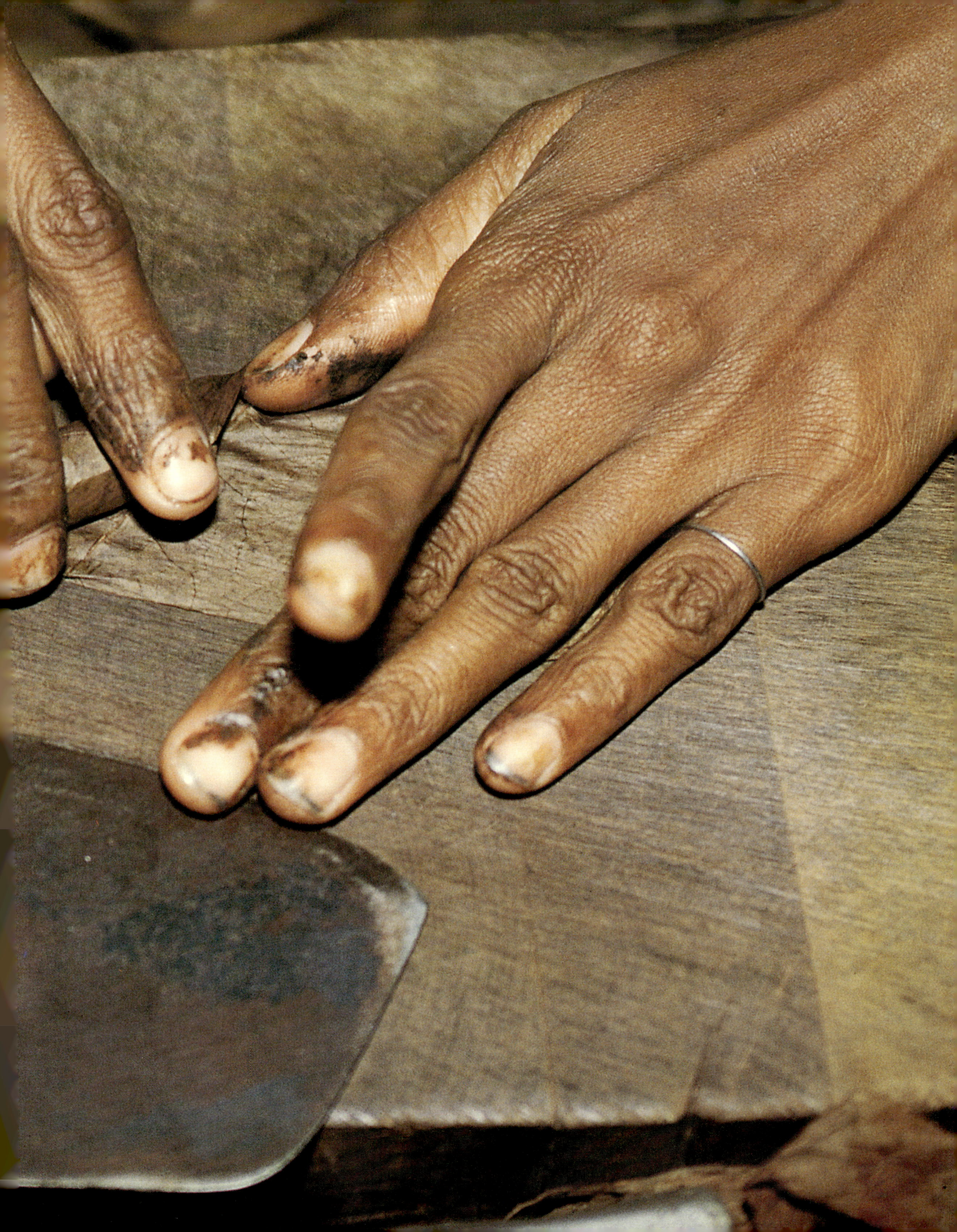

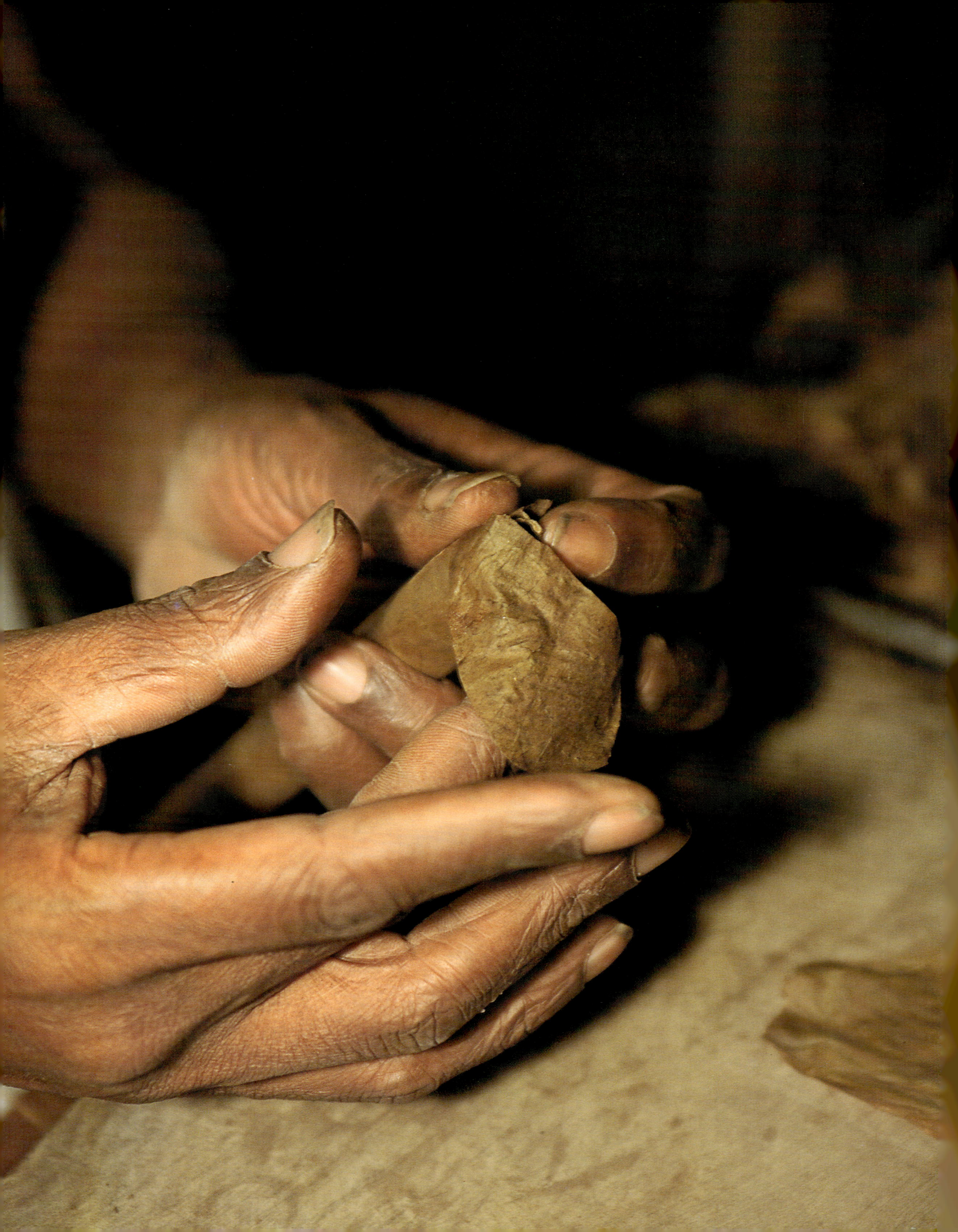

Nun bildet der Zigarrenmacher mit seiner Hand eine Mulde und legt dort die Auswahl an den Blättern hinein, die er benötigt, um das entsprechende Format herzustellen. In der Mitte liegen die *Ligero-*, umhüllt von *Seco-*, die ihrerseits von *Volado-*Blättern umgeben sind. Nur wenn diese Reihenfolge eingehalten wird, ist ein gleichmäßiges Herunterbrennen der Zigarre gewährleistet. Mit einer knappen Bewegung reißt der *Torcedor* jetzt jene Blattenden ab, die über seine Hand hinausragen, und verteilt sie nach Bedarf im Inneren der Zigarre, um Ungleichmäßigkeiten bei Dichte und Durchmesser auszugleichen. Den auf diese Weise entstandenen Wickel kleidet er dann in die Umblätter, wobei diese spiralförmig um den Wickel gedreht werden. Zeigt die Spitze der verwendeten Umblatthälfte nach rechts, zeigt auch der spätere Wickel nach rechts (und umgekehrt).

Ist der Körper der Zigarre fertiggestellt, schneidet der *Torcedor* mit seiner Klinge das äußere Ende des Kopfes *(La perilla)* ab, glättet hervorspringende Adern und legt die Zigarre in einen Holzmodel mit sechs Einheiten. Wenn alle Mulden des Models gefüllt sind, wird das Gerät geschlossen und 15 bis 45 Minuten unter Druck gesetzt. Nach der Hälfte der Zeit öffnet der Zigarrenmacher den Model kurz und setzt die Zigarren einer Vierteldrehung aus, damit die Kanten des Models bei den Zigarren keinen Abdruck hinterlassen. Wenn schließlich die Preßzeit um ist, schneidet der *Torcedor* mit seiner Klinge die Blätter ab, die aus dem geschlossenen Model herausschauen.

Nun fehlt der Zigarre nur noch das äußere Gewand: Braun und geschmeidig, fein und seidig wird es sein. Der *Torcedor* streicht ein Deckblatt auf seinem Tisch glatt und wickelt es dann auf die gleiche Weise, wie er es schon mit dem Umblatt getan hat, um die Puppe. Mit äußerster Präzision führt er nun die Klinge, um die Blatthälfte so nahe wie möglich am oberen Ende zu beschneiden – außerdem entfernt er auf diese Weise soviel wie möglich vom dicksten Teil. Mit einer Hand nimmt er jetzt den Wickel aus dem Model – zeigt der Wickel nach rechts, nimmt er die rechte Hand (und umgekehrt). Danach rollt er die Puppe in das Deckblatt, wobei er an der Spitze *(La boquilla)* beginnt. Dann dreht er mit einer Hand die Zigarre spiralförmig, während er mit der anderen das Deckblatt von Ader zu Ader aufrollt und dabei alle äußeren Unebenheiten ausbügelt. Das Deckblatt umgibt die Puppe nun wie eine Haut – es darf nicht eine Falte aufweisen. Ist der Zigarrenmacher endlich am Kopf der Zigarre angekommen, klebt er das Ende des Deckblatts mit pflanzlichem Leim fest. Jetzt formt er nach freiem Ermessen aus einem Stück Tabak den Kopf der Zigarre. Schließlich erhält die Havanna mit Hilfe der Guillotine die erforderliche Länge. Zum guten Schluß kontrolliert dann der *Torcedor* mit Hilfe des *Cepo* den Durchmesser.

Die Tagesproduktion eines Zigarrenmachers richtet sich nach festgelegten Normen. Entsprechend der Leistungsstufe, der er angehört, muß er mindestens jene Norm erfüllen, die für sein Format festgelegt ist. Je geschickter sich ein *Torcedor* bei der Herstellung einer perfekten Zigarre anstellt, desto höher ist auch seine Leistungsstufe angesiedelt. Bei all dem spielt natürlich die Erfahrung eine wesentliche Rolle. Ein Angehöriger der Kategorie 5 beispielsweise stellt kleine, leicht herzustellende Formate her, so etwa eine ›Demi Tasse‹, während beispielsweise in der Kategorie 7 große Formate, etwa ›Prominente‹ und ›Torpedo‹, gerollt werden, die schon eine enorme Kunstfertigkeit erfordern.

Jeweils fünfzig Zigarren werden jetzt gebündelt und mit einem Zettel versehen, auf dem der Name des Rollers und das Herstellungsdatum vermerkt sind. So gelangen die Havannas zur Qualitätskontrolle. Sie werden nun zum einen äußerst strengen Geschmackskontrollen unterworfen, zum anderen wird ihr Körper genauestens auf kleinste Mängel hin untersucht. Jede, selbst die kleinste Beanstandung führt zur Ausmusterung, da solch ein Exemplar einer Havanna nicht würdig ist.

Um acht Uhr morgens betreten dann die Verkoster den Raum, um die Zigarren auf »Leib und Seele« zu prüfen. Bei den Verkostern handelt es sich um Arbeiter aus verschiedenen Abteilungen der

Die Herstellung der *Perilla*, des Kopfes der Havanna

Perilla montada (angesetzter Kopf): Der *Torcedor* schneidet das Stück des Deckblatts ab, das über den Wickel hinausragt, und klappt es auseinander. Nun schneidet er zwischen den Adern hindurch einen Streifen aus, der zum einen oval, zum anderen halbmondförmig sein kann. Dieses Band klebt er an der Innenseite des Deckblatts fest, um dann die *Perilla* zu schließen. Das geschieht, indem er die Zigarre dreht und das Band spiralförmig anklebt. Nachdem er die *Perilla* mit dem Zeigefinger in Form gedrückt hat, schneidet er mit einem ringförmigen Messer einen Kreis aus dem verbliebenen Stück des abgeschnittenen Deckblatts, bestreicht den Kreis mit Leim und befestigt ihn am Ende der Zigarre. Endlich klebt er die so entstandene Kappe auf der *Perilla* fest und rollt die Zigarre mit der *Chaveta*, um ihr eine regelmäßige Form zu geben.

Perilla natural (natürlicher Kopf): Der *Torcedor* schneidet das Stück Deckblatt ab, das über den Wickel hinausragt. Nun schneidet er zwischen den Adern des abgeschnittenen Deckblattstücks hindurch einen Halbkreis aus, den er am Ende der Zigarre mit Leim festklebt, damit der Kopf der Zigarre gut verschlossen ist. Schließlich gibt er mit Hilfe der *Chaveta* der Zigarre eine regelmäßige Form.

Offene *Perilla*: Der *Torcedor* öffnet das Deckblatt bis zur Höhe des Kopfansatzes und schneidet das überstehende Stück ab. Nun bestreicht er seinen Zeigefinger mit Leim und klebt das Ende der Zigarre spiralförmig zu. Dann schneidet er den Körper der Zigarre so ein, daß die *Perilla* halb offen bleibt. Zum Schluß bringt er mit der *Chaveta* die Zigarre wieder in Form.

Perilla montada con apendice (aufgesetzter Kopf mit Ansatzstück): Der *Torcedor* schneidet das Stück des Deckblatts ab, das über den Wickel hinausragt, und öffnet das obere Ende. Nun schneidet er zwischen den Adern hindurch ein ovales oder halbmondförmiges Band aus und klebt es an die Innenseite des Deckblatts. Dann schließt er die *Perilla*, indem er die Zigarre dreht und das Band kreisförmig anklebt. Anschließend schneidet der *Torcedor* den Rest des Bandes ab und schließt die *Perilla* endgültig, wobei das 3,5 bis 5 Millimeter lange »Schwänzchen« in der Mitte bleibt. Jetzt muß er nur noch die Zigarre in Form bringen. Das geschieht, indem er sie mit der *Chaveta* rollt.

GEGENÜBERLIEGENDE SEITE
Herstellung eines Zigarrenkopfes.
Hier ist große manuelle Geschicklichkeit gefragt.

Fabrik, die aufgrund ihrer hervorragenden Geschmackspapillen und der Qualität ihrer Leistungen hierfür ausgesucht worden sind.

Die »Zigarrenprobe« ist eine im wahrsten Sinne des Wortes delikate Angelegenheit und beruht auf fünf Kriterien:

- Der Zug: sehr ausgeprägt, ausgeprägt, leicht ausgeprägt, befriedigend, etwas unzulänglich, unzulänglich, sehr unzulänglich.
- Die Stärke: sehr stark, stark, weniger stark, mittel, etwas leicht, etwas schwach, leicht, sehr leicht.
- Das Aroma, die Brenneigenschaften und der Geschmack: exzellent, sehr gut, gut, annehmbar, mittel, schlecht, sehr schlecht.

Die Summe der einzelnen Kriterien bildet das Gesamturteil für die Zigarre: exzellent, sehr gut, gut, annehmbar, mittel, schlecht und sehr schlecht. Haben die Verkoster eine Zigarre getestet, füllen sie einen Fragebogen aus und gehen zur nächsten über.

Sobald alle Zigarren verkostet sind, teilt der Leiter der Aktion das allgemeine Testergebnis jedem Verkoster einzeln mit. Die Zigarren werden dann mit einem Buchstaben gekennzeichnet, und nur der Leiter kennt den Namen des entsprechenden Rollers. Diese Anonymität schützt das Urteil der Verkoster, während jeder *Torcedor* ohne weiteres in der Lage ist, die Zigarren, die er gerollt hat, wiederzuerkennen. Erhält eine Zigarre eine schlechte Gesamtbeurteilung, so bittet der Leiter den entsprechenden Verkoster, seine Beurteilung zu begründen. Differieren die verschiedenen Beurteilungen bei ein und demselben Format sehr stark, so testet derjenige, der das schlechtere Urteil abgegeben hat, ein weiteres Exemplar desselben Formats. Wenn er seine Meinung nicht ändert, wird die Zigarre aufgebrochen und die Machart analysiert; so wird auch verfahren, wenn Einigkeit in der schlechten Beurteilung besteht. Schließlich teilt man das Ergebnis der Untersuchung dem Produktionsleiter der entsprechenden *Galera* mit, damit der wiederum den *Torcedor* anhält, seine Arbeit zu verbessern.

Nach der Verkostung findet in einem Raum neben der *Galera* die Beschaffenheitskontrolle statt. Hierbei nimmt der Kontrolleur vorsichtig ein Bündel, eine *Media rueda* (was übersetzt soviel wie »Halbrad« heißt), und dreht es, um die Enden zu kontrollieren; sie müssen voll sein. Daraufhin dreht er das Bündel erneut, um zu überprüfen, ob die Köpfe gleichmäßig gearbeitet sind. Aus jedem Bündel entnimmt er nun vorsichtig je zehn Zigarren, um dann jede einzelne auf gleiche Farbgebung, Regelmäßigkeit der äußeren Form und Makellosigkeit des Deckblatts zu überprüfen. Danach drückt der Kontrolleur die Zigarre ab, um festzustellen, ob ihre Konsistenz gut ist; sie darf weder zu fest noch zu hart sein. Diese Überprüfung ist besonders wichtig, denn jede Zigarre steht

GEGENÜBERLIEGENDE SEITE
Geschmeidiges und glänzendes Deckblatt, ebenmäßiger Körper und gleichmäßige Fülldichte. Eine Havanna ist geboren.
FOLGENDE DOPPELSEITE
Bereit zur Qualitätskontrolle. Fünfhundert feine »Barren braunen Goldes« ruhen auf einem muskulösen Arm.

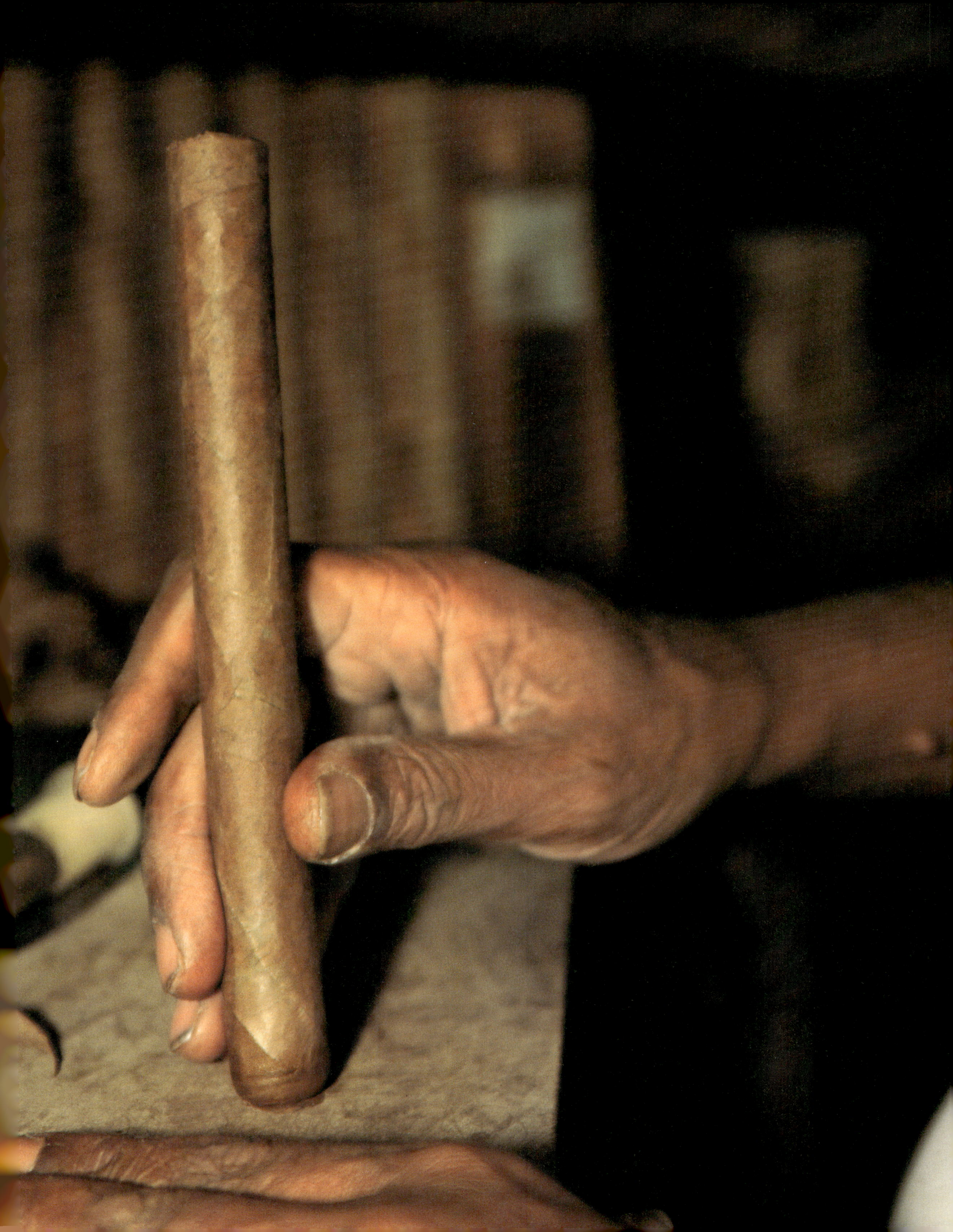

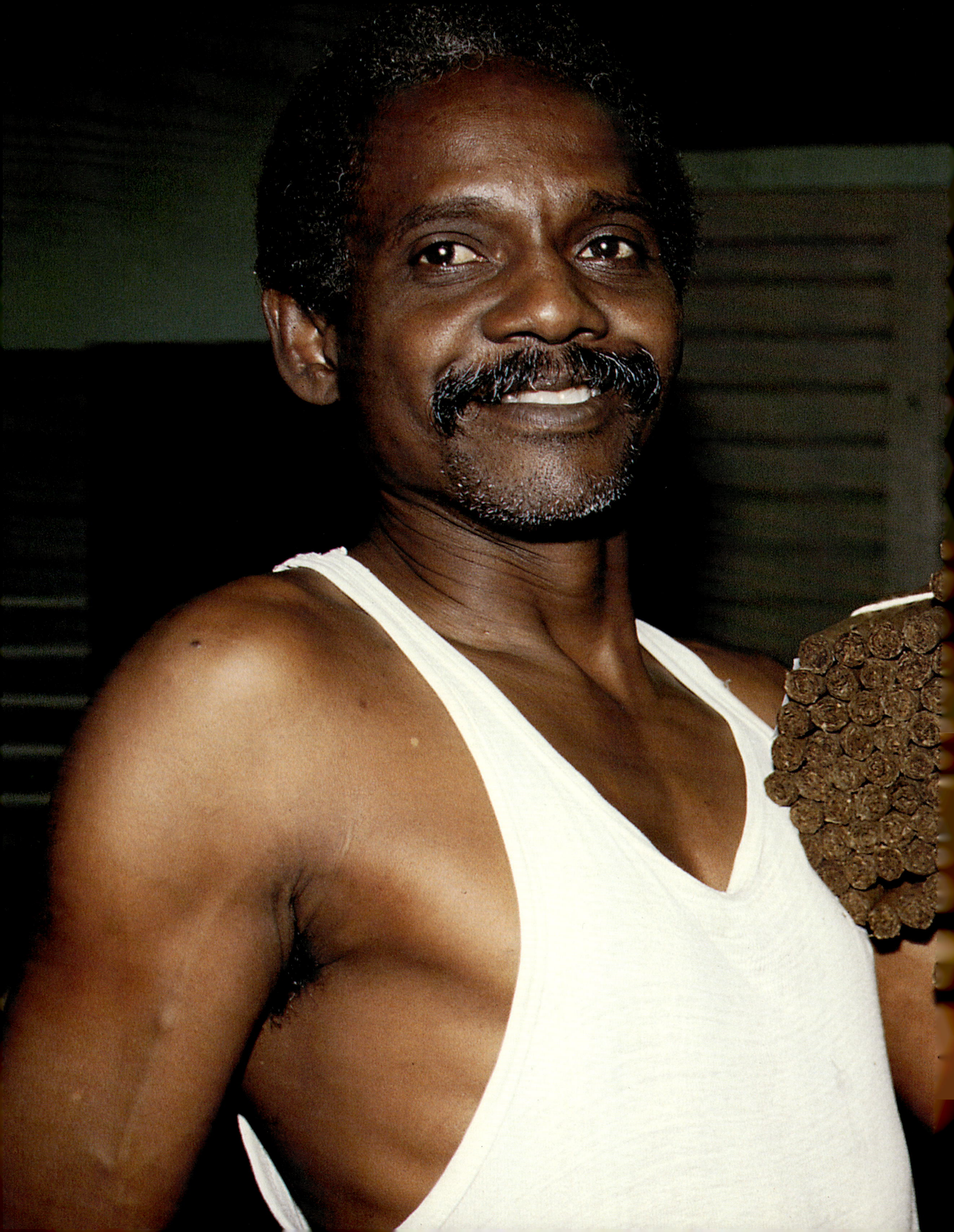

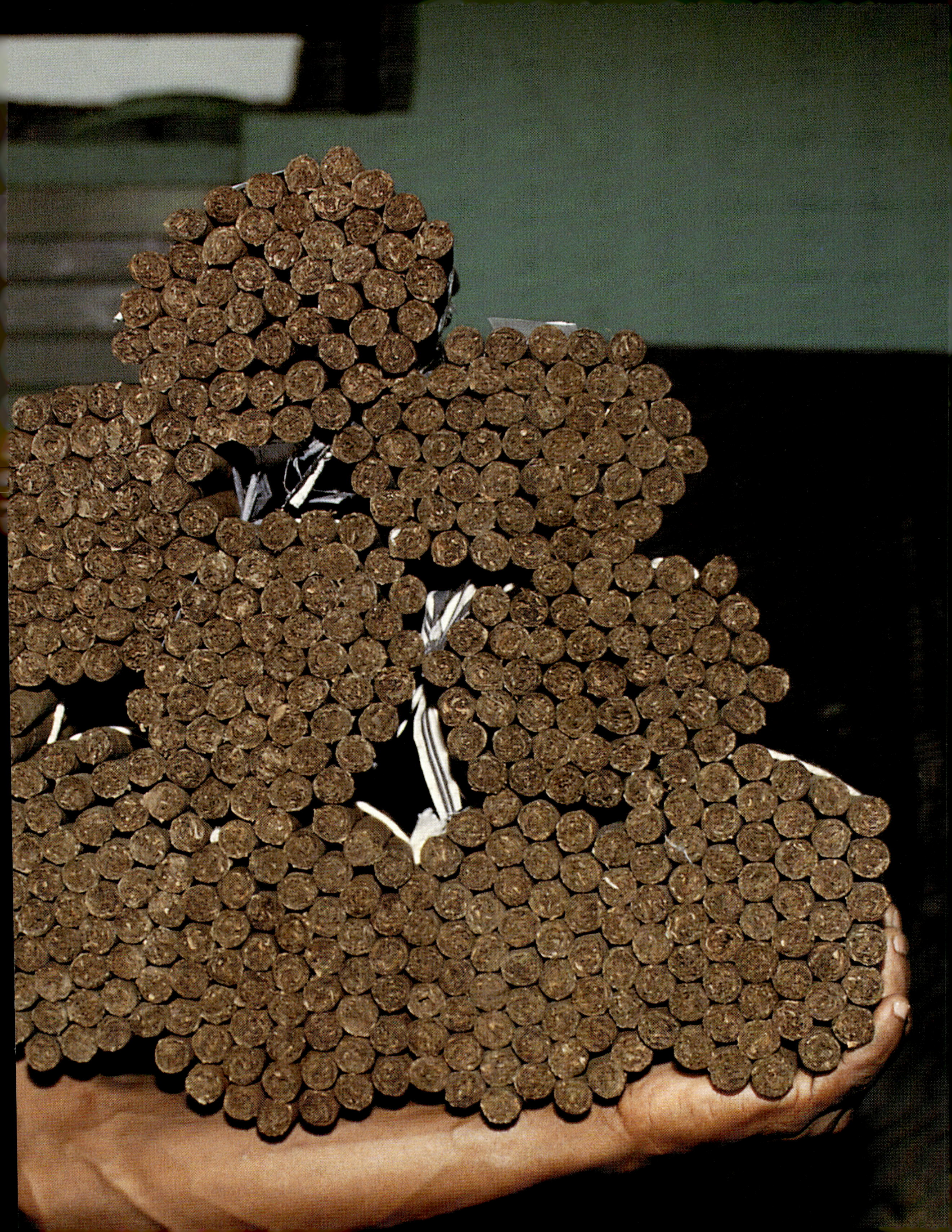

und fällt mit ihrer Konsistenz. Ist sie zu hart, das heißt zu fest gestopft, wird der Zug mangelhaft und unangenehm sein und den Rauchgenuß erheblich beeinträchtigen; ist sie dagegen zu weich, brennt sie zu schnell herunter und wird heiß, und auch hier wird sich ein befriedigender Rauchgenuß nicht einstellen.

Durch das Abfühlen der Zigarre kann der Experte außerdem feststellen, ob die Zigarre vorschriftsmäßig gerollt wurde, also ob sich die Einlageblätter nicht untereinander verdreht haben. Wäre das der Fall, würde sich die Zigarre verhärten, was wiederum den Zug behindern würde. Ist das Mißtrauen des Kontrolleurs geweckt, so öffnet er die Zigarre, indem er Deck- und Umblatt der Länge nach aufschneidet, die Einlageblätter an ihren Enden faßt und sie leicht nach innen drückt. Sind die Blätter nicht verdreht, so müssen sie in diesem Moment in der Mitte ellipsenartig auseinanderfallen.

Auch ein fehlerhaftes Deckblatt kann zur »Disqualifizierung« einer Zigarre führen. Das ist etwa dann gegeben, wenn es eine schlechte Qualität hat, Risse zeigt oder eine ungleichmäßige Farbgebung aufweist. In letzterem Fall nennt man die Zigarre *Bandera* (was soviel wie »Flagge« heißt). Ist das Deckblatt fehlerhaft, so kehrt die Zigarre zurück zu den Rollern, die es zu entfernen und durch ein neues zu ersetzen haben.

Von hundert Zigarren, die ein *Torcedor* herstellt, werden zwanzig kontrolliert. Von diesen zwanzig wiederum dürfen höchstens zwei leichte Fehler aufweisen. Tauchen mehr als zwei schadhafte Zigarren auf, so wird die ganze Produktion von einem zweiten Kontrolleur überprüft, und zwar jede Zigarre einzeln. Mehr als vier Prozent schlecht gemachter Zigarren darf sich ein *Torcedor* nicht erlauben, und alles, was darüber hinausgeht, führt zu Gehaltskürzungen. Die aussortierten Zigarren, die *Rezagos*, werden übrigens den Arbeitern der Fabrik zum Konsum überlassen.

Die Zigarren, die alle Qualitätskontrollen bestanden haben, werden nun in mit Holz ausgekleideten Lagerkästen verstaut, die vorher gegen Parasiten behandelt wurden. Diese Kästen wandern anschließend in die Lagerräume, wahren »Sesam-öffne-dichs«, denn hier befinden sich Zehntausende Zigarren aller erdenklichen Formate.

Auf Kuba ist ein *Escaparate* ein klimatisierter Raum, der bisweilen mit einem Entfeuchter ausgestattet ist. Solch ein Raum ist gleichsam eine jener »Schatzkammern der Havannas«, denn hier befinden sich große Lagerschränke, die eine Vielzahl an

GEGENÜBERLIEGENDE SEITE
Weder zu dick noch zu dünn. Bei allen Formaten muß die Havanna auf ihre »Figur« achten.
FOLGENDE DOPPELSEITE
Ohne die »Werkzeuge« Zettel und Stifte geht es nicht. Arbeiter bei der Produktivitätskontrolle.

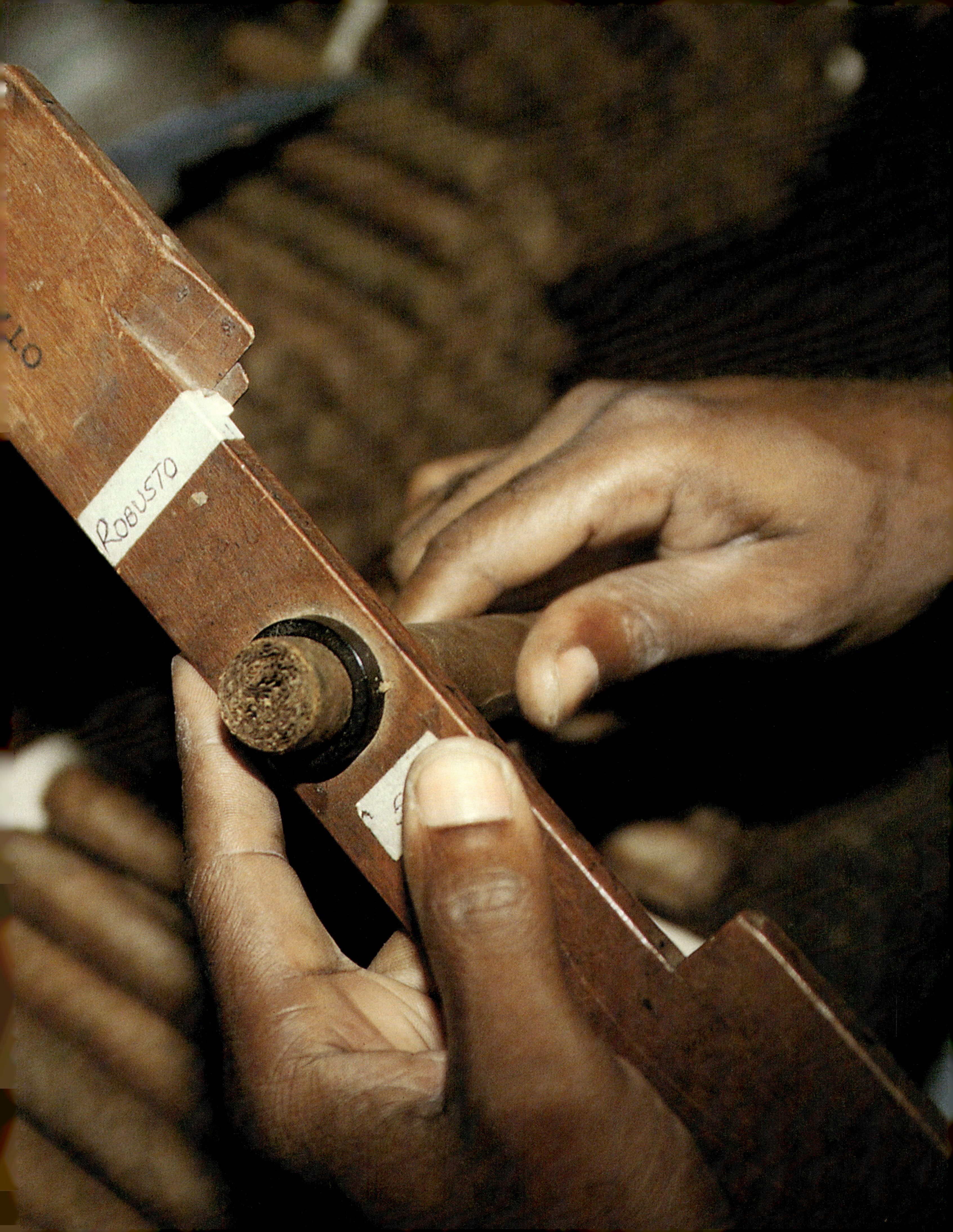
ROBUSTO

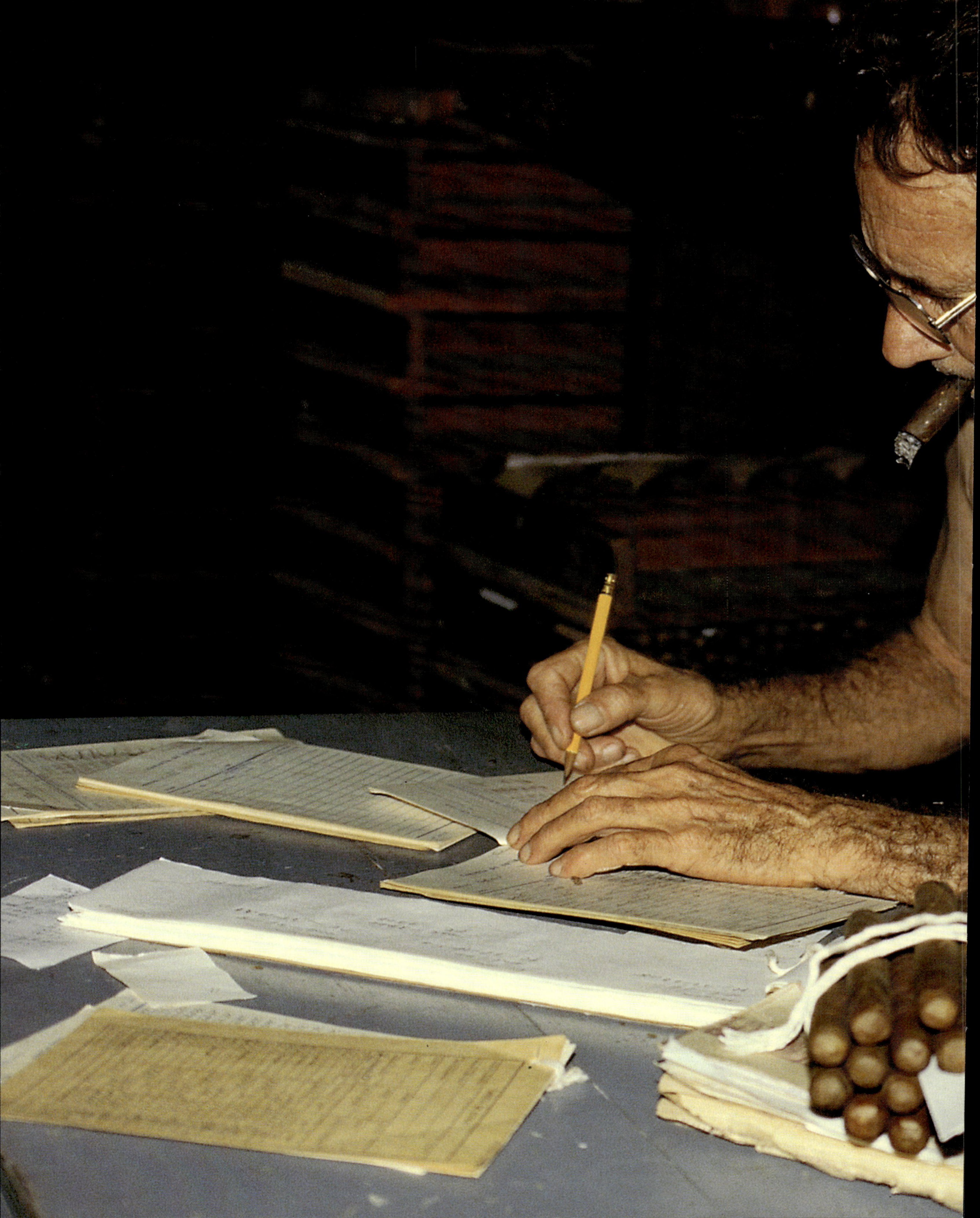

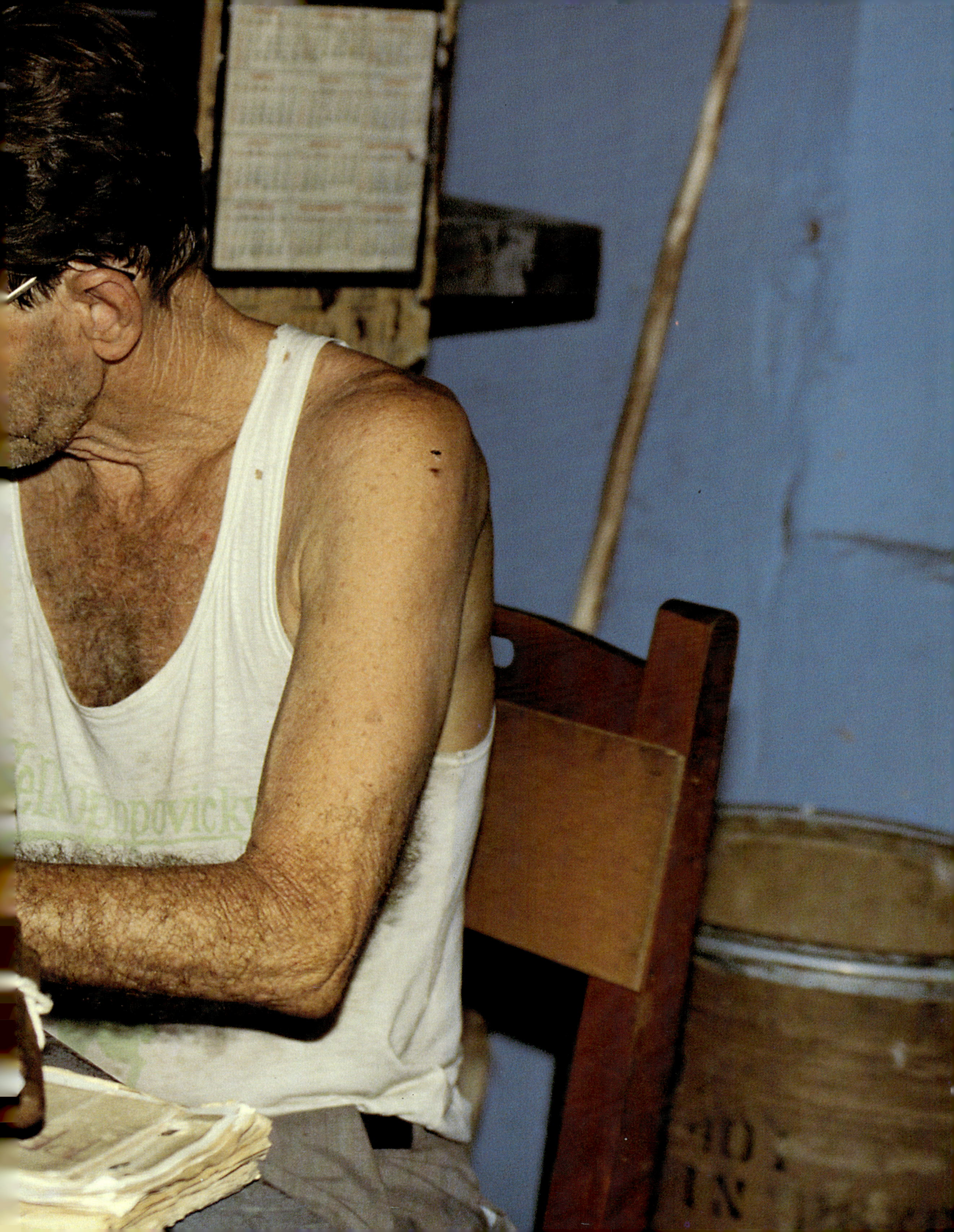

Um acht Uhr morgens beginnen die fabrikinternen Verkoster ihre Arbeit.

wertvollen Zigarren beherbergen und die nach Format, Herstellungsdatum und Tag der Desinfektion eingeteilt sind. Die Zigarren liegen oder stehen auf Gestellen, je nachdem, ob sie groß- oder kleinformatig sind, und ruhen hier zwischen vier Monaten und einem Jahr, je nachdem, wieviel Zeit notwendig ist, um ihnen jene 12 bis 16 Prozent der Feuchtigkeit zu entziehen, die sie bei den verschiedenen Arbeitsgängen zuvor aufgenommen haben. Während dieser Phase nivelliert sich die Farbe der Deckblätter, und es verschwinden die Flecken, gleichsam die Spuren zahlreicher Transporte und Berührungen.

Wenn die »Königin des Rauchgenusses« die Bühne der Welt betritt, so ist es mit einer schlichten Aufmachung nicht getan. Es bedarf schon einer edlen Ausstattung, also einer entsprechenden Bauchbinde und einiger großzügiger Dekorationen – wobei sich eines nahezu von selbst versteht: Ihre Aufmachung darf ihrer aufwendigen Herstellung in nichts nachstehen.

Zuerst erfolgt die Einstufung in einer Abteilung, die *Escogida* genannt wird: Der *Escogedor* steht an einem großen Holztisch und sortiert die Exemplare einer Sorte nach Farbe und Schattierung *(Matice).* Die Farbpalette bietet vier Braunschattierungen: *Claro* (Hellbraun), *Colorado Claro* (Braun), *Colorado Maduro* (Dunkelbraun), *Maduro* (Kastanienbraun). In manchen Fabriken findet man auch sechs Bezeichnungen: *Carmelita* (Braun), *Carmelita Oscuro* (Dunkelbraun), *Carmelita Claro* (Hellbraun), *Carmelita Pajize* (Gelbbraun), *Carmelita Verdoso* (Grünbraun), *Verde* (Grün). Jeder dieser Farbtöne kann noch einmal in zehn bis fünfzehn oder gar mehr Nuancen unterteilt werden.

Der *Escogedor* legt die Zigarren horizontal auf den Tisch und formt dabei ein Mosaik wie aus Holz: Jeweils von unten nach oben und von links nach rechts variieren die Farben und Schattierungen von ganz dunkel bis ganz hell. Das geübte Auge des Sortierers ist in der Lage, alle Nuancen der Farbe Braun sofort einzustufen. Ein kurzer Blick – und er legt die Zigarre auf den entsprechenden Haufen, nachdem sein Auge schnell die verschiedenen Möglichkeiten, die sich ihm geboten haben, geprüft hat. Wenn alle Zigarren zugeteilt sind, sind auf dem Tisch nicht mehr so sehr die Farbskalen (mit ungefähr siebzig Tönen) auszumachen, sondern vielmehr zahlreiche Zigarrenpyramiden. Nochmals wird überprüft, ob die Farbnuancen, die in den Pyramiden enthalten sind, auch wirklich harmonieren. Danach werden die Pyramiden in Gruppen zu zehn, fünfundzwanzig und fünfzig Exemplaren, je nach Kistengröße, auf den Tisch des *Envasadors* gelegt, des Arbeiters, der für die Verpackung zuständig ist.

Die Havanna präsentiert sich in den verschiedensten Aufmachungen: in unverzierten Kisten, in halbverzierten Kisten, in

Nicht nur Männer bekleiden die Arbeit eines Verkosters.
Folgende Seite: *Natürliches Zedernholz. Nach wie vor der beste Schutz für Havannas.*
Anschliessende Seite: *Wohlverdiente Ruhe nach einem langen Bearbeitungsprozeß. Havannas in großen Holzschränken.*

Kistchen zu fünf, zehn, fünfundzwanzig, fünfzig Einheiten, die einmal in Schichten übereinanderliegen, ein andermal in Bündeln, welche mit einem Satinband zusammengehalten werden, und sie finden sich auch in Aluminiumhülsen. Nur eines ist allen Verpackungen gemeinsam: die der Havanna entsprechende Eleganz. So präsentieren sich die Zigarren manchmal in einer Reihe, bilden aber auch manchmal achteckige Pakete (Mazos), doch stets warten sie mit einer unvergleichlichen Harmonie innerhalb des Grundfarbtons auf.

Auf dem Tisch werden die Zigarren in zwei Gruppen eingeteilt. Die eine bildet in der Kiste die obere Schicht, die andere die untere. In jeder Schicht werden dann die Zigarren aufgereiht, und zwar von ganz dunkel (links) bis ganz hell (rechts). Außerdem präsentieren sie sich zum Schluß wortwörtlich »von ihrer besten Seite«, denn die zeigt stets nach oben.

Werden Pakete, also Mazos, gebildet, verpackt man die Zigarren so, daß die äußere Schicht die größtmögliche Homogenität in der Farbe aufweist. Vor dem Zusammenpacken versieht man die jeweilige Marke noch mit der entsprechenden Bauchbinde.

Die Bauchbinde (Anillo), die seit über einem Jahrhundert verwendet wird, ist das Erkennungszeichen einer Marke. Sie ist für jede Zigarre das Tüpfelchen auf dem i, und sie wird nach allen Regeln der Kunst angebracht, was vor allem eines bedeutet: Sie sollte höchsten ästhetischen Kriterien genügen. Vom *Anillador*, dem Arbeiter, der die Bauchbinden anbringt, wird daher erwartet, bei seiner Tätigkeit die Farbfolge in den Kisten und die Ausrichtung einer jeden Zigarre zu berücksichtigen.

Die Herstellungstechnik für die Bauchbinden wurde im 19. Jahrhundert erfunden. In der Regel weist eine Druckform zweiundsiebzig Nutzen auf, und so enthält auch jedes Druckblatt zweiundsiebzig Bauchbinden. Nach dem Druck werden diese im Verlauf des Trocknens mit pulverisiertem Blattgold bestreut, und anschließend wird eine Lage durchsichtigen Lacks über das

Desinfektion

Der Tabak wird deshalb desinfiziert, um schädliche Insekten und Parasiten zu vernichten. Bevor die Zigarren in den Fabriken in ihre Kisten gepackt werden, bringt man sie in spezielle Desinfektionskammern, in denen die Zigarren in Kästen, die mit Tüchern bedeckt sind, aufbewahrt werden. Zuerst wird ein Vakuum in der Kammer erzeugt. Nun werden gasförmige Desinfektionsmittel, die eine gleichbleibende Temperatur von 26,6 bzw. 37,7 Grad Celsius haben, mit Hilfe eines Rohres in die Kammer gepreßt (110 Gramm pro Quadratmeter). Der Tabak bleibt jetzt zwischen sechs und vierundzwanzig Stunden unter Vakuum in der Kammer. Wenn die Zeit um ist, öffnet man die Türen der Kammer, um daraufhin das Gas abzusaugen. Während dieser Vorgang abläuft, wird auf einem Zettel folgendes notiert: Art des desinfizierten Produkts, Datum, Menge der desinfizierten Einheiten, Art des Desinfektionsmittels, verbrauchte Menge, Höhe des Vakuums am Anfang und am Ende des Vorgangs, Desinfektionszeit. Treten später Probleme auf, wird man bei der Analyse auf diese Angaben zurückgreifen.

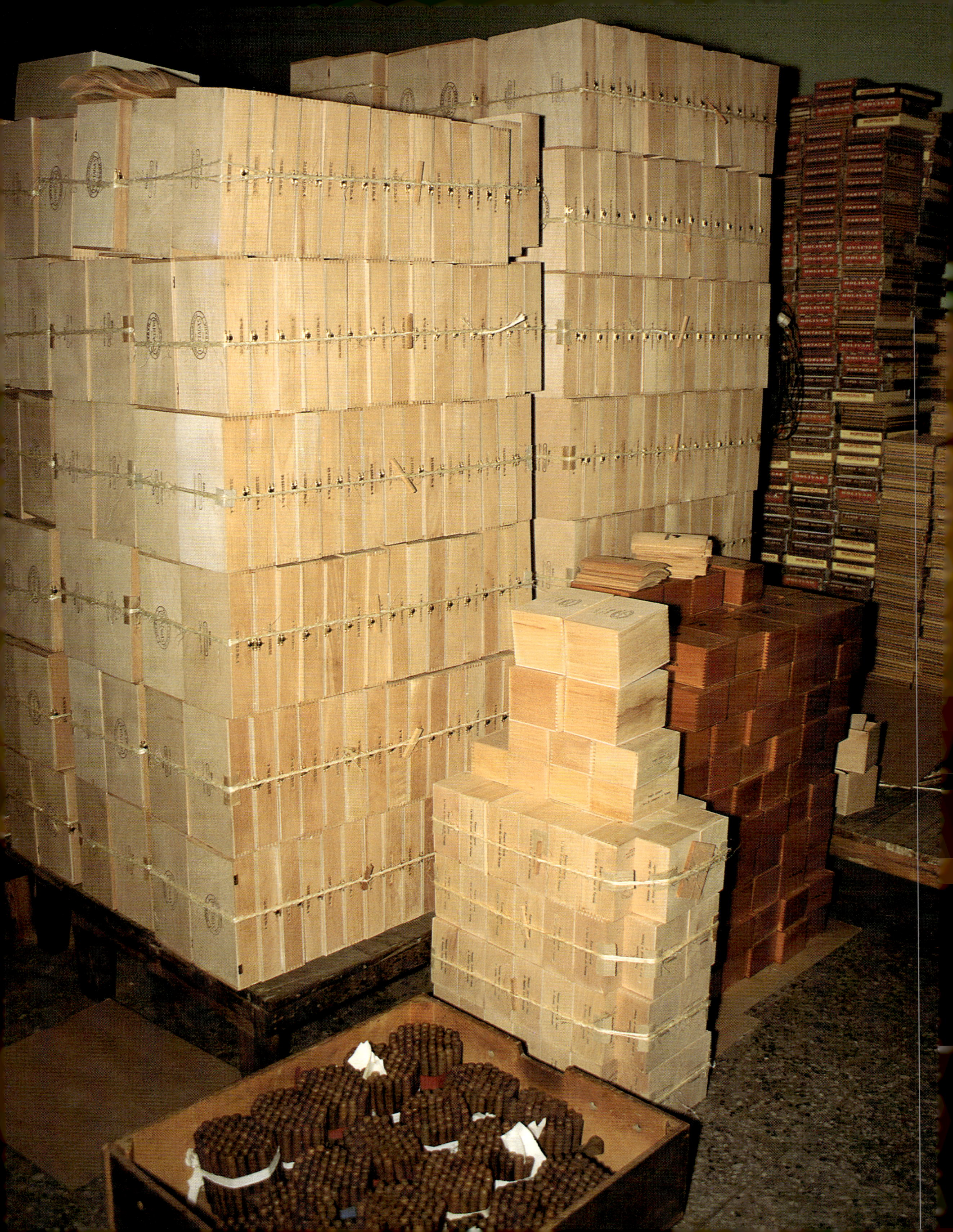

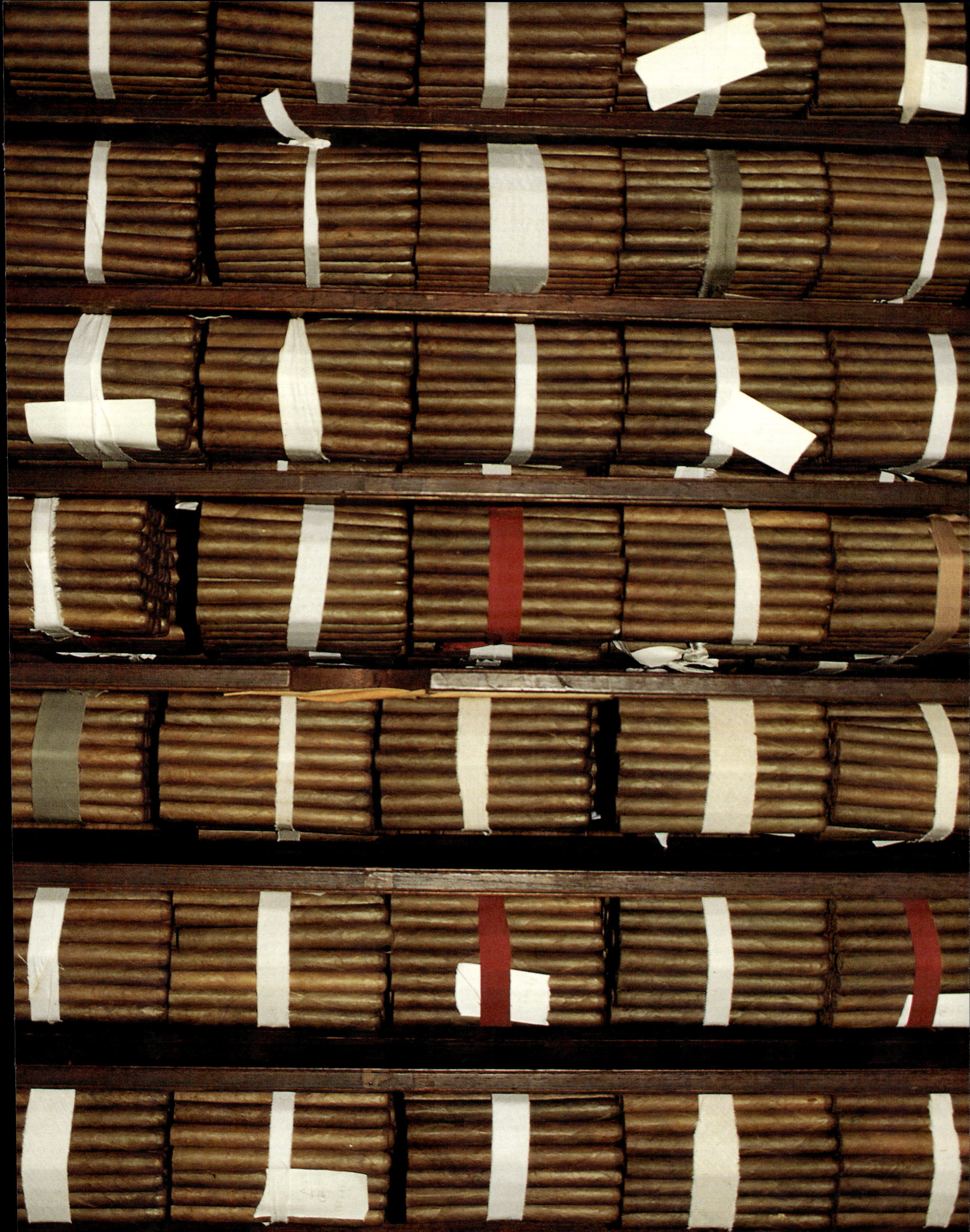

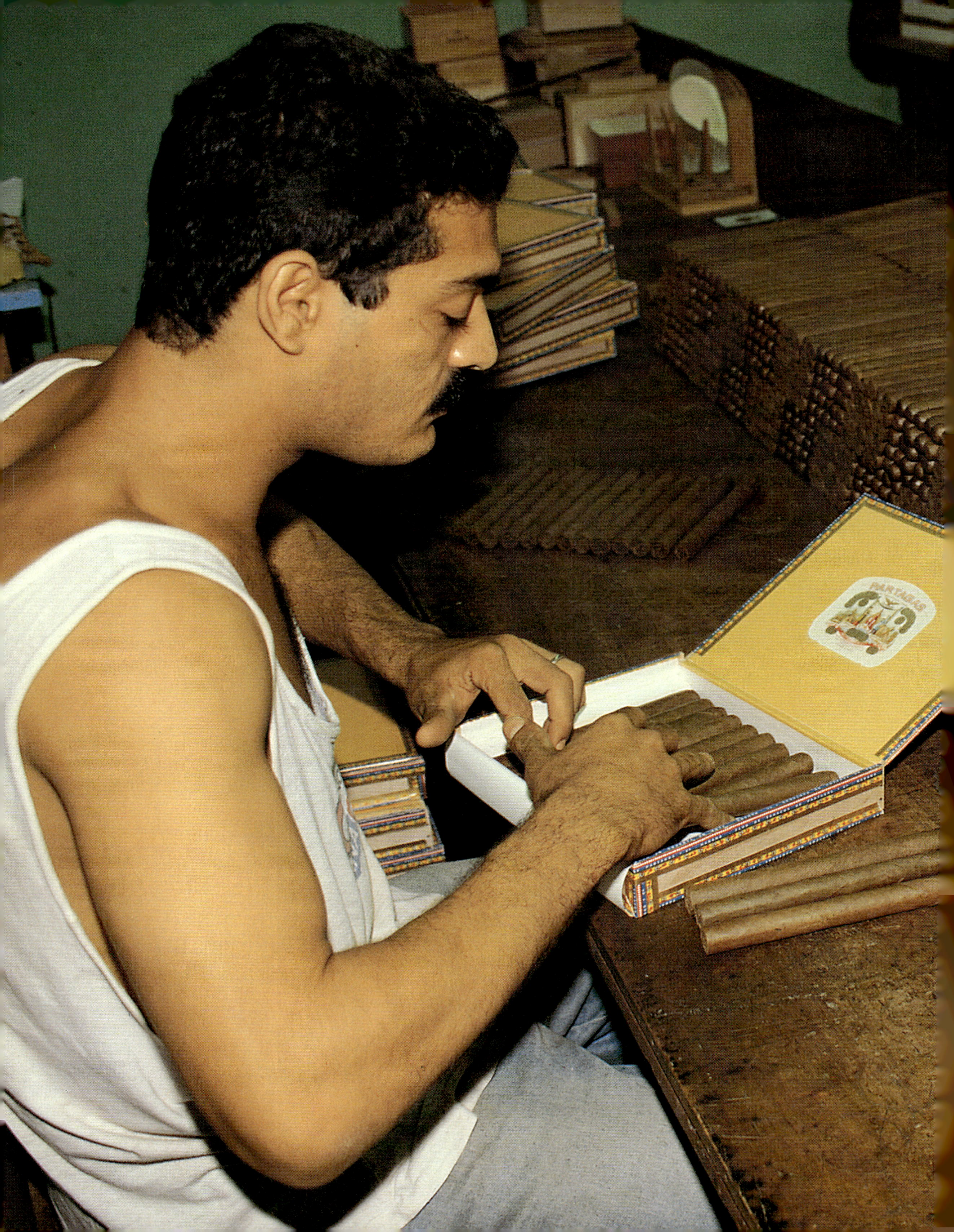
PARTAGAS

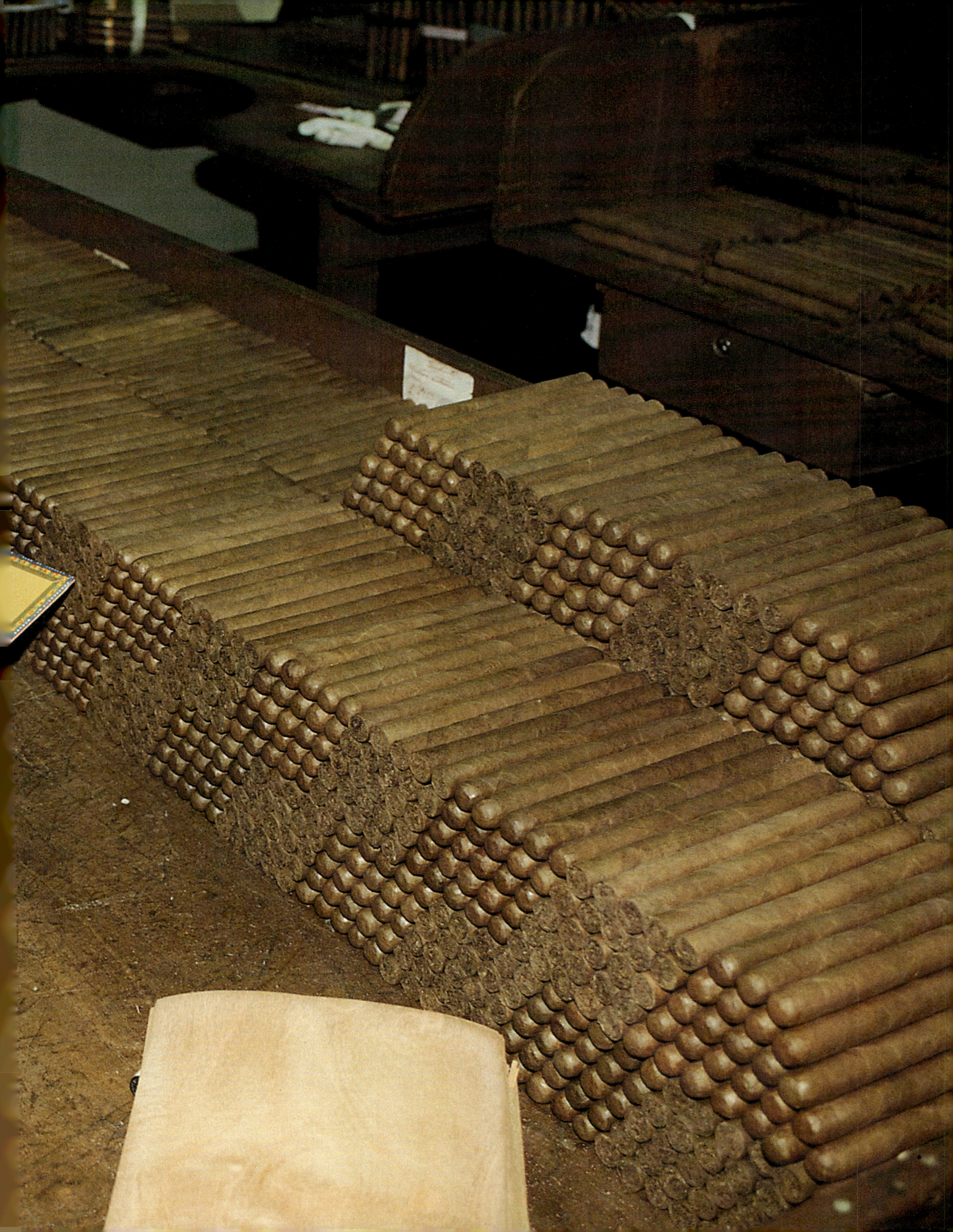

Blatt gestrichen, um den Bauchbinden Glanz zu verleihen. Schließlich werden mittels Prägedruck die verschiedenen erhabenen Motive hergestellt. Nach der Schlußkontrolle versendet dann die Druckerei die einzelnen Bauchbinden in Paketen zu je 500 Stück an die jeweiligen Manufakturen.

Wurden die Havanna-Zigarren schon während des ganzen Herstellungsprozesses immerzu geprüft, so werden sie erneut einer Kontrolle unterzogen, sobald sie in ihren Kisten liegen. Folgende Kriterien sind dabei von Bedeutung: Ist die Verpackung fehlerfrei? Sind die Zigarren frei von Flecken und Bruchstellen? Sind die Enden, die *Boquillas*, voll ausgeprägt? Sind die Deckblätter schön glatt und faltenlos? Gibt es Anzeichen von Schimmelpilzbefall? Des weiteren werden die Ausrichtung der Zigarren sowie Farbfolge, Länge und Durchmesser der Zigarren einer Sorte überprüft. Und die Liste geht weiter: Befinden sich die Bauchbinden alle auf einem Niveau? Läuft Leim über? Kleben die Bauchbinden zusammen? Und, und, und ... Die Kontrolliste ist lang, aber ihre gewissenhafte Befolgung garantiert auch wirklich eine sehr hohe Qualität. Läßt man auch nur eine einzige Qualitätskontrolle aus, etwa unter dem Vorwand, die Gewinnzahlen steigern zu wollen, gerät schon die ganze Macht der »Königin der Zigarren« ins Wanken.
Sind alle Kontrollen durchgeführt, werden die Kisten verschlossen und mit jenem grünen Band versiegelt, das die Herkunft staatlich garantiert. Ferner bringt man Steuermarken an, manchmal auch Warnungen für die Gesundheit. Schließlich werden die Kisten in Kartons verpackt und in Kühlräumen gelagert.
Die Havannas, einzigartig auf der Welt, warten nun nur noch darauf, in alle Himmelsrichtungen verschickt zu werden. Von der Erde zur Asche bedurfte es mehr als ein halbes Jahrtausend Tradition, wurden dreihundert Arbeitsschritte bzw. Manipulationen des Tabaks durchlaufen bzw. vorgenommen, waren Monate der Arbeit sowie die Erfahrung Tausender von qualifizierten Arbeitskräften notwendig – und bedarf es am Ende eines *Aficionado*, damit ihm einige Minuten wunderbaren Rauchgenusses vergönnt sind.

Für die Herstellung der Zigarrenkisten wird ausschließlich Zedernholz verwendet. Einer der Gründe: Es ist den Feinschmeckern unter den Insekten zu bitter.

Vorhergehende Doppelseite
Ein Eindruck von Harmonie und Eleganz.
Die Zigarren sind sorgfältig nach Farbtönen sortiert.
Gegenüberliegende Seite
Königinnenpräsentation: Die Havannas werden ein ums andere
Mal kontrolliert, um später höchsten Ansprüchen zu genügen.

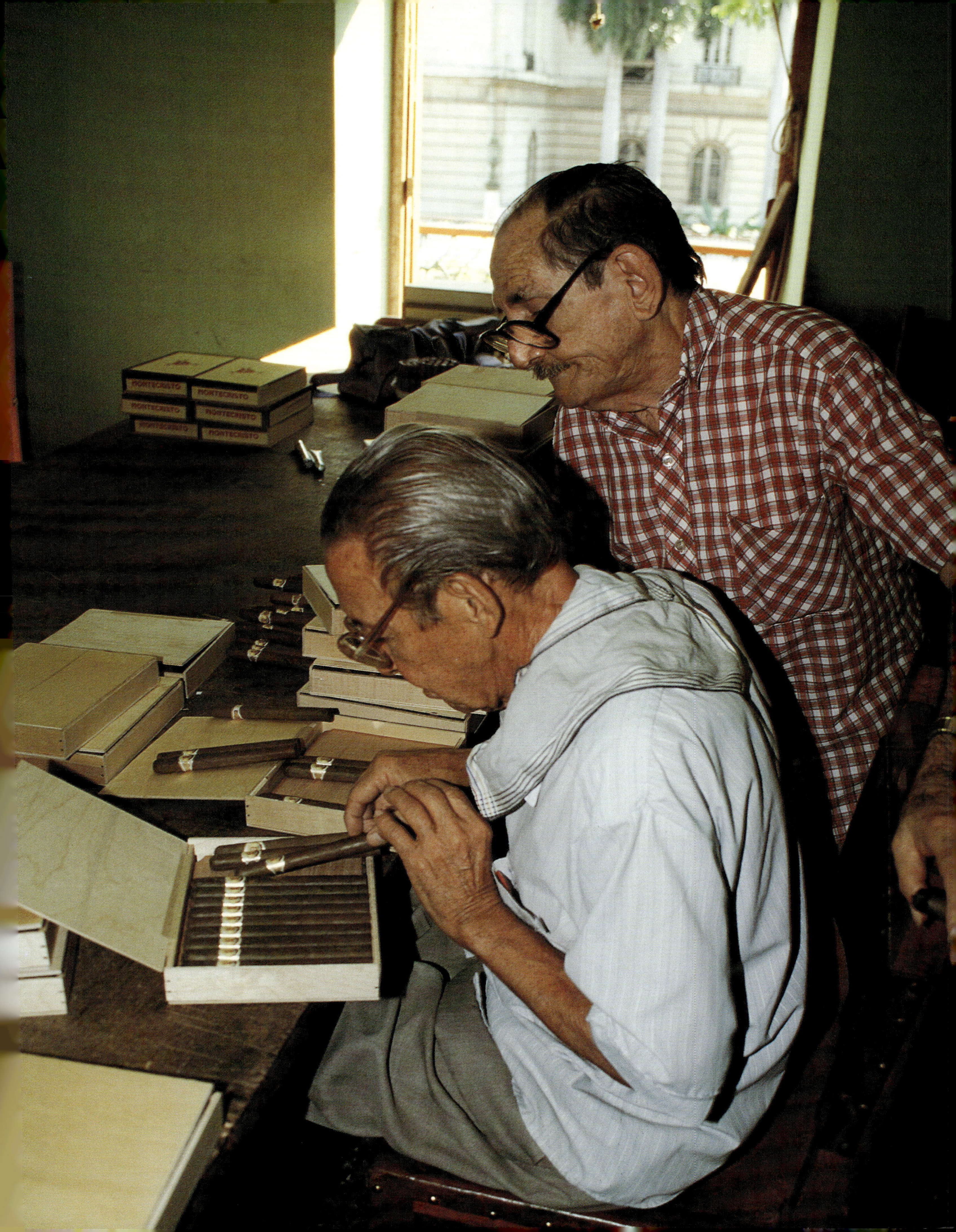
MONTECRISTO

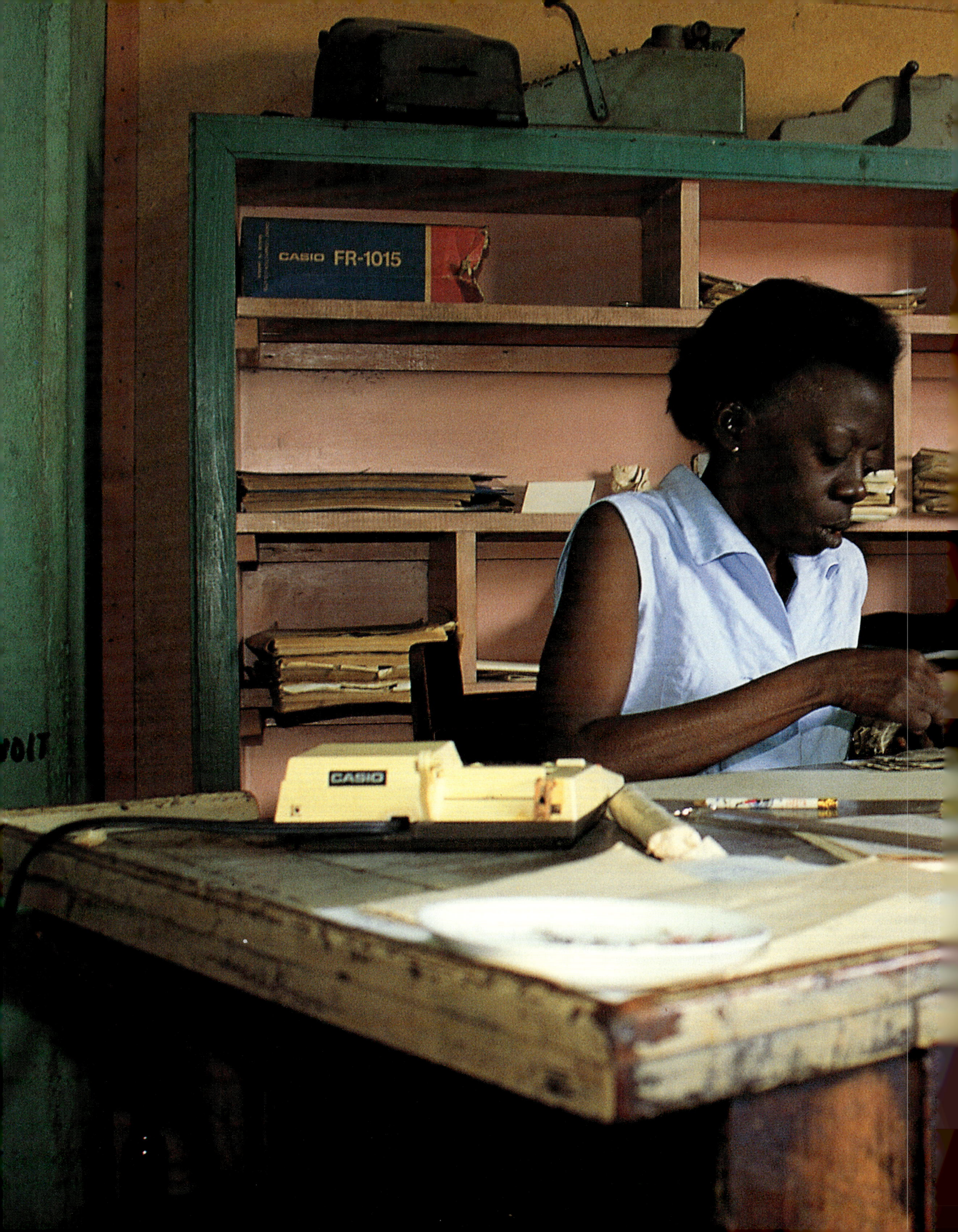
CASIO FR-1015
CASIO

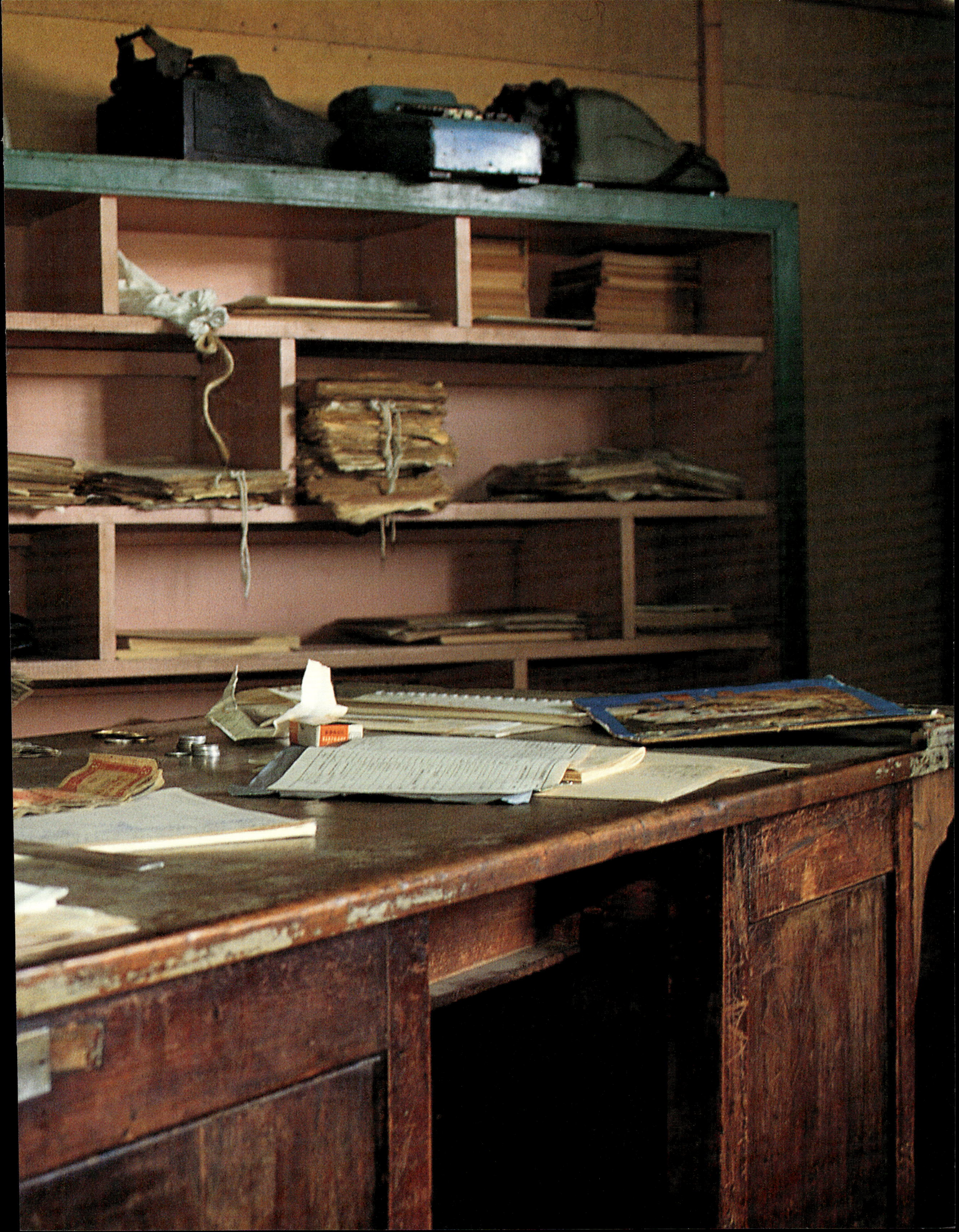

KAPITEL V

Das Auge raucht mit
oder
Eine Zeremonie der Sinne

Auswahl und Verkostung

Im Verlauf der Jahrhunderte hat sich die Havanna zu einem Luxusprodukt gewandelt – und sehr lange mit einer bescheidenen Verpackung und Aufbewahrungsweise vorliebnehmen müssen: Ballen, mit Palmblättern zusammengeschnürt *(La yagua)*, oder Schweinsblasen, mit Vanilleschoten versehen, deren Aroma sich mit dem der Zigarren verband, waren die langjährigen »Begleiter« der »Königin der Zigarren«. Wie bereits erwähnt, tauchten die ersten – und recht primitiven – Holzkisten zu Beginn des 19. Jahrhunderts auf.

Irgendwann waren sich Zigarrenproduzenten und -händler schließlich einig: Der Havanna gebührte ein äußerer Rahmen, der ihrer Qualität angemessen war. Im Jahre 1845 »erfand« dann Ramon Allones für seine Marke ›La Eminencia‹ die ersten Luxuskistchen – »Luxuskistchen« deshalb, weil sie sich, über und über mit bunten Lithographien beklebt, außergewöhnlich farbenprächtig präsentierten. Bald folgte die Konkurrenz dem »Erfinder«, und schon im Jahre 1848 zählte der interessierte Käufer nicht weniger als zweihundertzweiunddreißig verschiedene Etiketten für Zigarrenmarken. Im Laufe der Zeit kamen immer mehr hinzu, und heute gibt es Tausende solcher Etiketten, deren künstlerische Qualitäten außer Frage stehen: Landschaften mit Tabakkulturen, berühmte Persönlichkeiten, imposante Gebäude et cetera stellen sich dem Betrachter. Jede Fabrik hat ihr eigenes Emblem, das sie von denen der anderen unterscheidet. Seit 1880 spricht man von der *Habilitacion*, der kommerziellen Aufmachung der Havanna.

Nur einige wenige Minuten benötigt der *Fileteador*, um die Kisten, die ihm zugereicht werden, zu verkleiden. Dabei klebt er mehrere Etiketten mit Pflanzenleim auf die Kisten: *La cubierta* auf den Deckel, *La vista* auf die Rückseite des Deckels, *La papeleta* auf die kurzen Seitenteile der Kiste, *El larguero* vorne und hinten; *La Contasena* – auch *El tapaclavo* – dient dazu, den kleinen Nagel zu verdecken; *Los filetes* bedecken die Kanten. Schließlich wird noch *El bofetòn*, das Zaubertuch, auf die Zigarren gelegt – und fürwahr: Es ist nicht selten wirklich ein »Zaubertuch«, das da etwas bedeckt, was sich hernach als überaus kostbar erweist. Seit 1912 wird das so entstandene Kunstwerk durch ein grünes Band, das an die linke Seite geklebt wird, vervollständigt. Dieses Band trägt das staatliche Siegel, das die Herkunft garantiert.

VORHERGEHENDE DOPPELSEITE
*Die Zeiten wandeln sich. Seit kurzem befinden sich
japanische Taschenrechner an der Stelle,
an der früher Rechenmaschinen russischer Herkunft standen.*
GEGENÜBERLIEGENDE SEITE
*Außerhalb der Zigarrenmanufakturen. Nur selten haben Kubaner
selbst Gelegenheit, eine Havanna zu genießen.*
ANSCHLIESSENDE SEITE
*Tristesse überwiegt. Die Arkaden lassen verblichene Eleganz
und ehedem zur Schau getragene Monumentalität nur erahnen.*

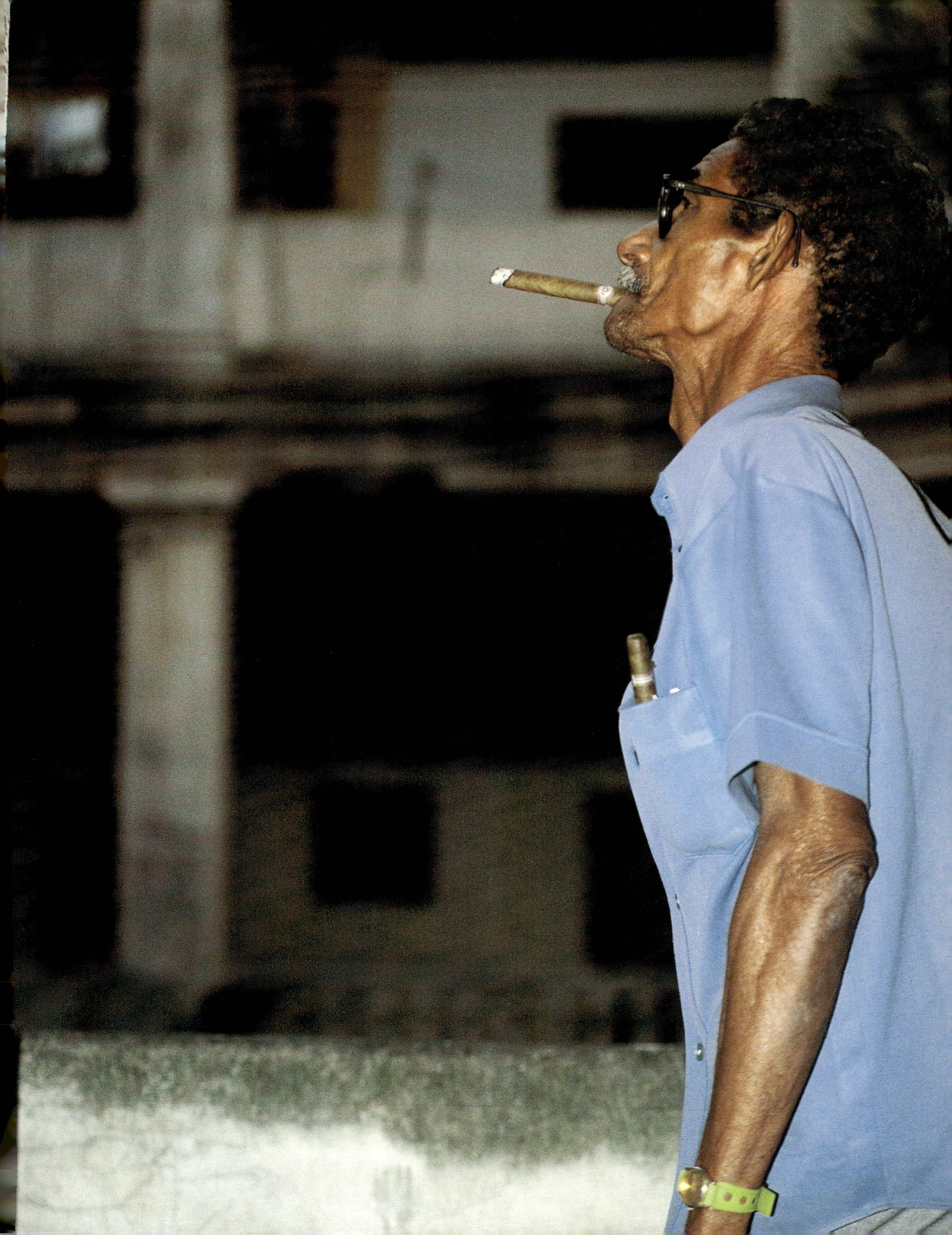

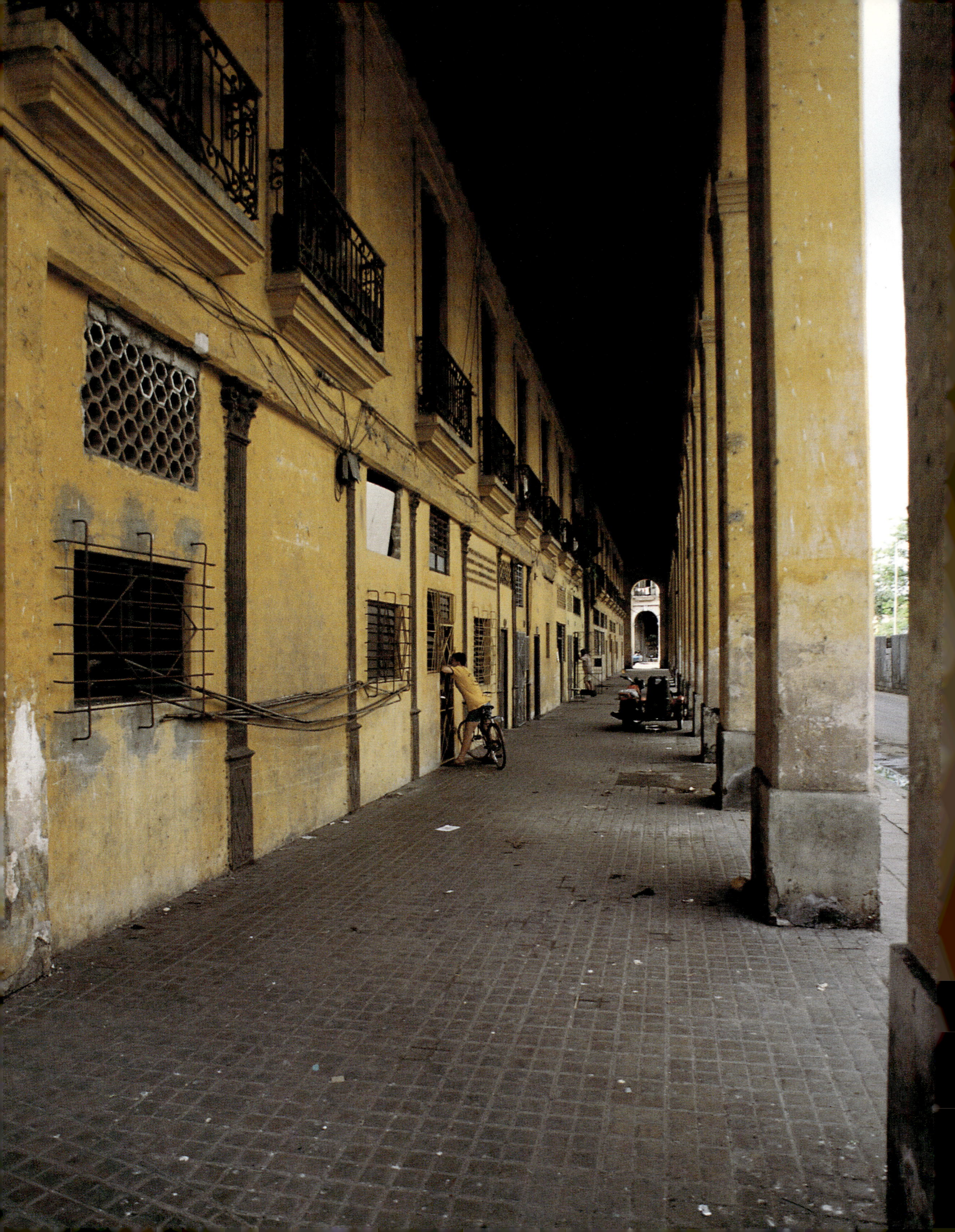

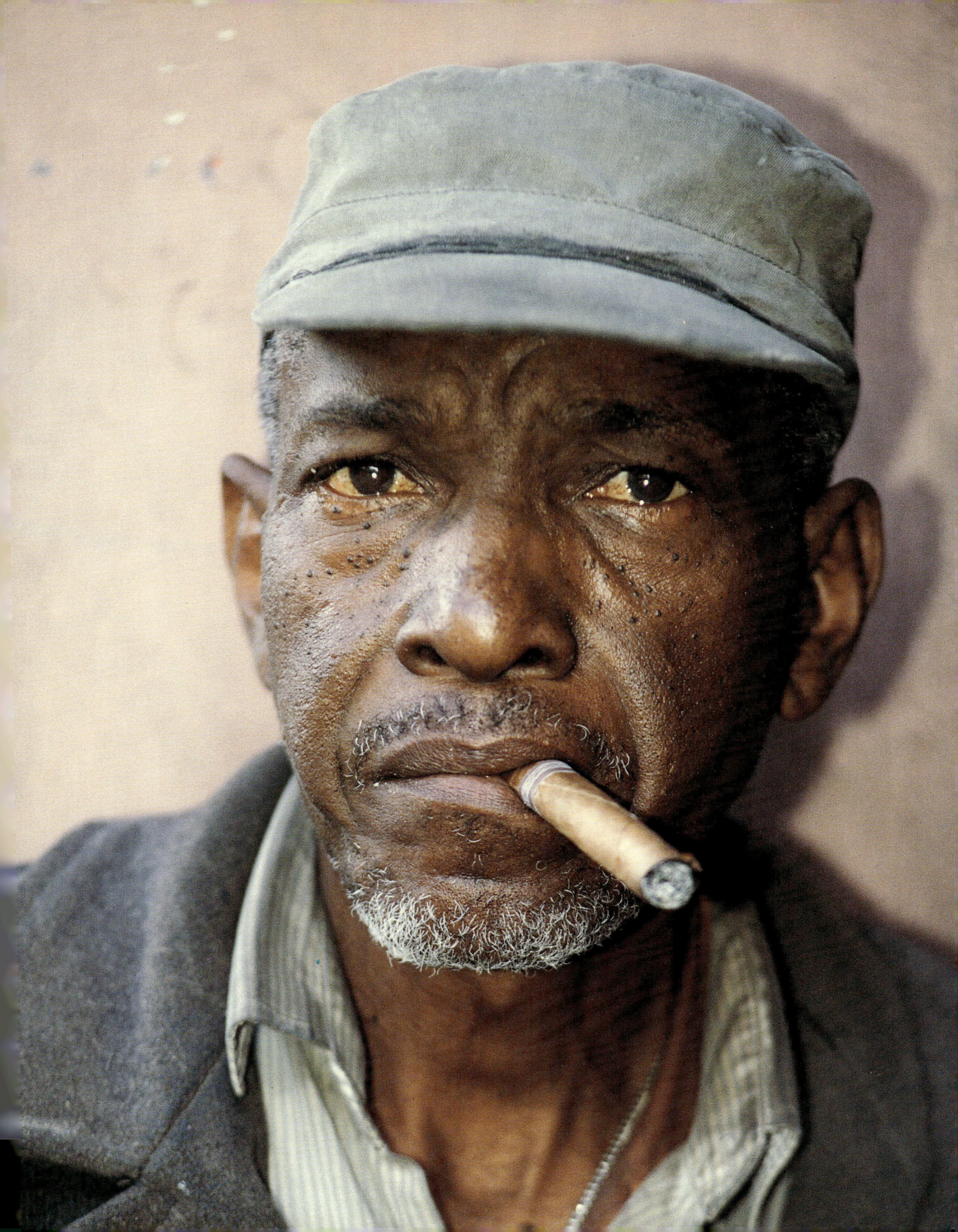

Die Aufbewahrung der Zigarren erfordert äußerste Sorgfalt. Geht die Zigarre auf Reisen, muß das natürliche Klima Kubas, dessen durchschnittliche relative Luftfeuchtigkeit bei 70 Prozent liegt, künstlich erzeugt werden. So bedarf es unbedingt eines Befeuchters und eines Hygrometers; des weiteren ist ein Thermostat erforderlich, da die Temperatur stets zwischen 18 und 20 Grad Celsius liegen muß. Unter idealen Bedingungen kann eine Zigarre schätzungsweise zehn bis zwanzig Jahre lang aufbewahrt werden.

Eine zu hohe Feuchtigkeit ist dem Aroma der Zigarre ebenso abträglich wie zu große Trockenheit. Es gibt zwar einige nützliche Methoden, um zu trockenen Zigarren erneut Feuchtigkeit zuzuführen, jedoch verlangen sie viel Sorgfalt und Präzision. Eine sehr trockene Zigarre beispielsweise ist spröde und brüchig, und wenn sie zu schnell zuviel Feuchtigkeit aufnimmt, kann sie leicht schimmeln. Schließlich muß man wissen: Eine Havanna wird erst in dem Sommer, der ihrer Produktion folgt, genießbar, weil sie in der Zeit von Juni bis August leicht fermentiert.

Der Zigarrenliebhaber unserer Tage hat die Wahl zwischen Havannas ganz verschiedener Kategorien, deren einzigartige Aromen von Generationen von Spezialisten mit großer Geduld erarbeitet wurden und deren Verpackung und Lagerung auf ein hohes Maß an Sorgfalt und Kreativität schließen lassen. Um eine Havanna richtig (ein)schätzen zu können, sind einige Punkte zu beachten – schließlich sollte man bei der Verkostung etwas finden, das alle Sinne befriedigt.

Vor dem Havanna-Liebhaber liegen in der Regel Zigarren, die tadellos der Farbe nach sortiert sind, die weder rauhe Stellen noch Deformationen aufweisen, von denen also keine einzige auch nur den kleinsten äußerlichen Makel aufweist. Um die Zigarre nun näher zu prüfen, kann der Connaisseur sie zwischen Daumen und Zeigefinger nehmen, etwas drücken und wieder loslassen, jedoch nicht zu stark, damit er sie nicht eindrückt oder Dellen erzeugt. Wenn nun das Ohr ohne Schwierigkeiten ein leichtes Knacken vernimmt, weist das auf den perfekten Zustand der Zigarre hin. Gleichzeitig prüfen die Finger des Rauchers, ob sich die Oberfläche des Deckblatts absolut glatt anfühlt. Auch der Geruchssinn ist gefragt, denn schon vor dem Anzünden verbreitet der Tabak verheißungsvolle Düfte. Ist die Zigarre dann angezündet und betört sie bald alle Geschmackssinne, dann ist der Connaisseur im »Zigarrenolymp« angelangt.

Auch wenn die Machart bei allen Havannas gleich ist, so unterscheiden sie sich doch um einiges voneinander, und zwar nicht nur in ihrer äußeren Gestalt, sondern auch in ihrer jeweiligen Stärke. Die Auswahlkriterien richten sich außerdem nach der Erfahrung des Rauchers: Der Anfänger sollte mit den kleinsten und leichtesten Formaten anfangen, zu denen zum Beispiel die ›Coronita‹, die ›Petit‹ und die ›Demi-Tasse‹ gehören. Hat man den Einstieg hinter sich, kann man zu größeren Formaten greifen. Hier empfehlen sich etwa die ›Julieta 2‹, die ›Prominente‹ und die ›Gran Corona‹, deren absolut feines Aroma den Gaumen des Genießers herausfordert.

So wie die Aromen der Zigarren äußerst vielfältig sind, so gibt es auch für jeden Moment des Tages das richtige Zigarrenformat. Nicht wenige gönnen sich schon nach dem Frühstück eine leichte Zigarre (›Demi-Tasse‹, ›Crema‹ oder ›Conchita‹). Ein nicht allzu reiches Mittagsmahl läßt sich durch eine ›Corona‹, eine ›Superior‹ oder eine ›Perla‹ vortrefflich abrunden, während die ›Cervantes‹, die ›Dalia‹ oder die ›Ninfa‹ eher dazu geeignet sind, ein opulentes Mittagsmahl oder ein leichtes Abendessen zu krönen. Einen wie auch immer gelungenen Tag beschließt am besten eine große Zigarre mit komplexem Aroma, so zum Beispiel die ›Julieta 2,‹ die ›Prominente‹ oder die ›Gran Corona‹. Im Vordergrund steht in jedem Fall die gute Zigarre nach einem guten Essen, denn sie verlängert den Genuß eines exzellenten Mahles, ohne dessen Nachgeschmack zu bekämpfen oder zu neutralisieren. Der eine oder andere Raucher schwört auf die Morgenzigarre, da seiner Meinung nach sein Gaumen zu früher Stunde am aufnahmefähigsten für das Aroma des Tabaks ist.

Eine Zigarre, die sich in der Kiste befindet, wählt man zunächst einmal nach äußeren Gesichtspunkten aus, das heißt nach ihrem Erscheinungsbild und ihrer Farbe. Obwohl zwei »Nachbarinnen« von demselben Zigarrenmacher hergestellt sein könnten, werden sich beide Zigarren in Nuancen voneinander unterscheiden und jede ihr eigenes Aroma entfalten – obwohl sie also nicht identisch sein werden, ist die Geschmacksprobe Teil der Zeremonie des Verkostens.

Vor dem Rauchen muß der Kopf der Zigarre beschnitten werden, und hier stehen sich mehrere Methoden gegenüber. Zum ersten gibt es den V-Schnitt (*La perilla*). Es ist jedoch besser, einen kleinen, sauberen Schnitt durchzuführen, wodurch man die Unannehmlichkeit eines zu heftigen oder eines ungenügenden Zuges vermeidet. In Kuba selbst »schneiden« nicht wenige »Könner« den Kopf mit den Zähnen ab und nässen dann das Ende der Zigarre während des Rauchens tüchtig ein.

Vorhergehende Seite
Männlicher Stolz. Caballero und Havanna –
sie gehören einfach zusammen ...
Gegenüberliegende Seite
... auch wenn die feinsten Gaumen häufig den Damen gehören.
Weibliche Anmut.
Anschliessende Seite
Genuß kennt kein Alter. Weiße Haare, »braunes Gold« und vom
Wetter gegerbte Haut bilden eine außergewöhnliche Harmonie.

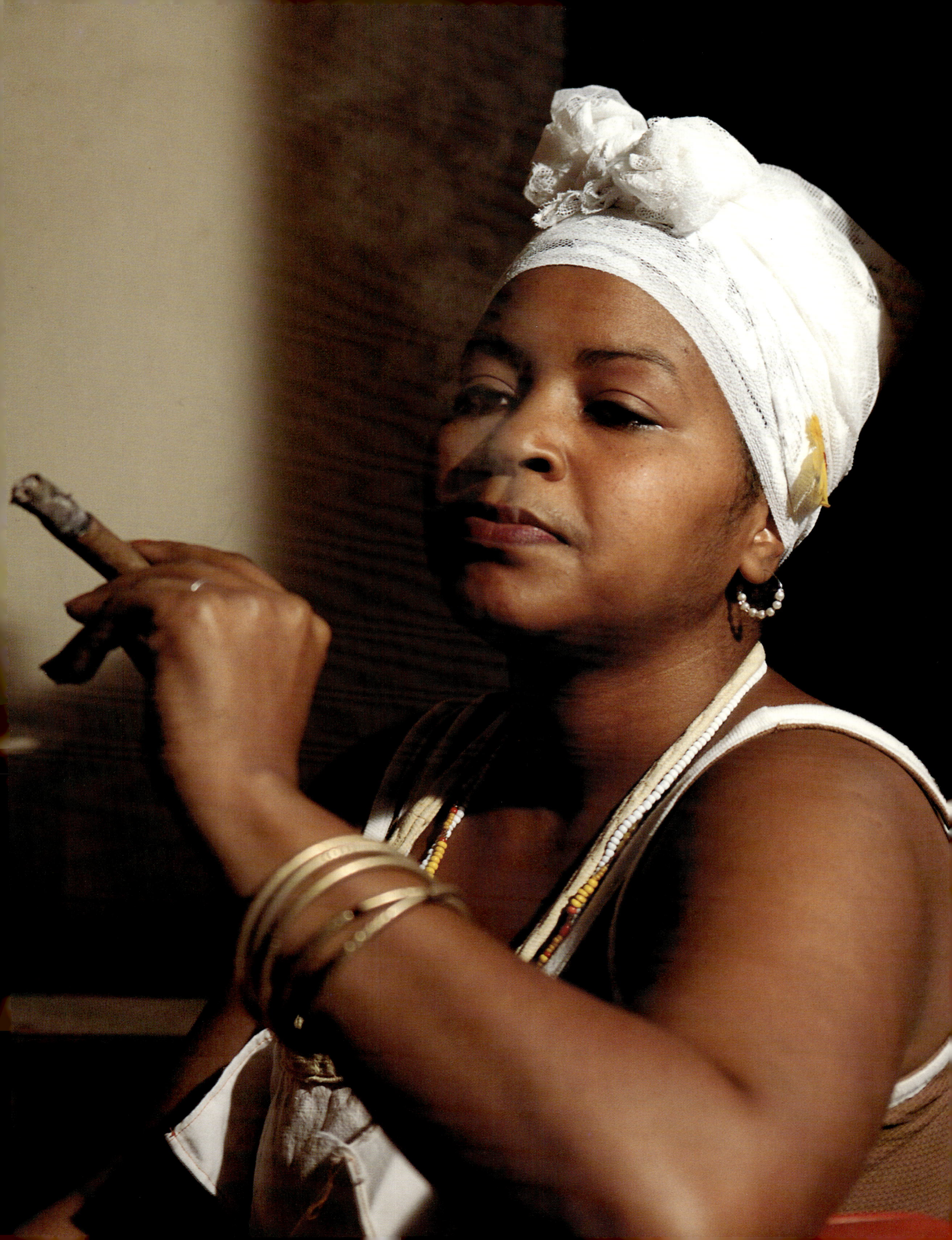

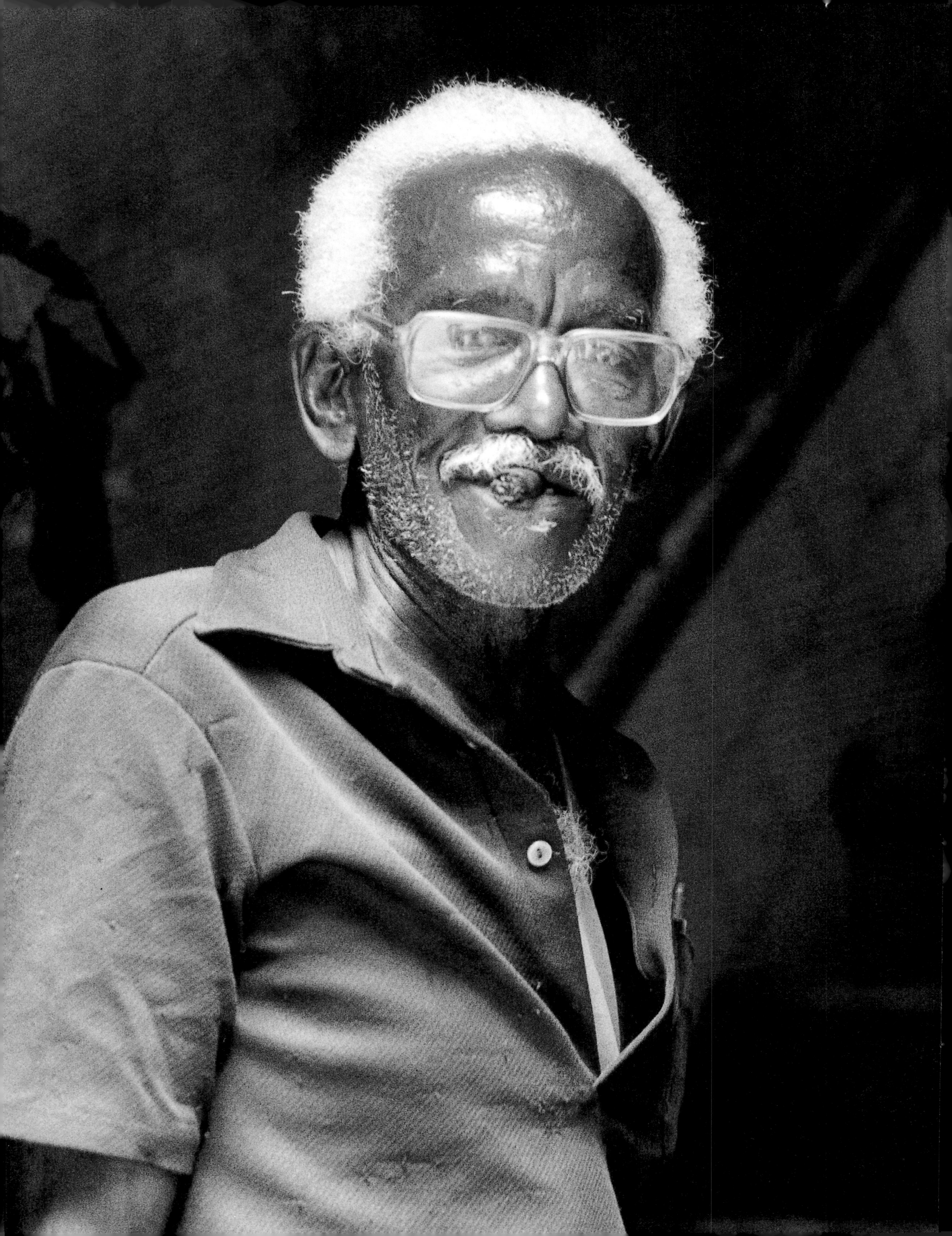

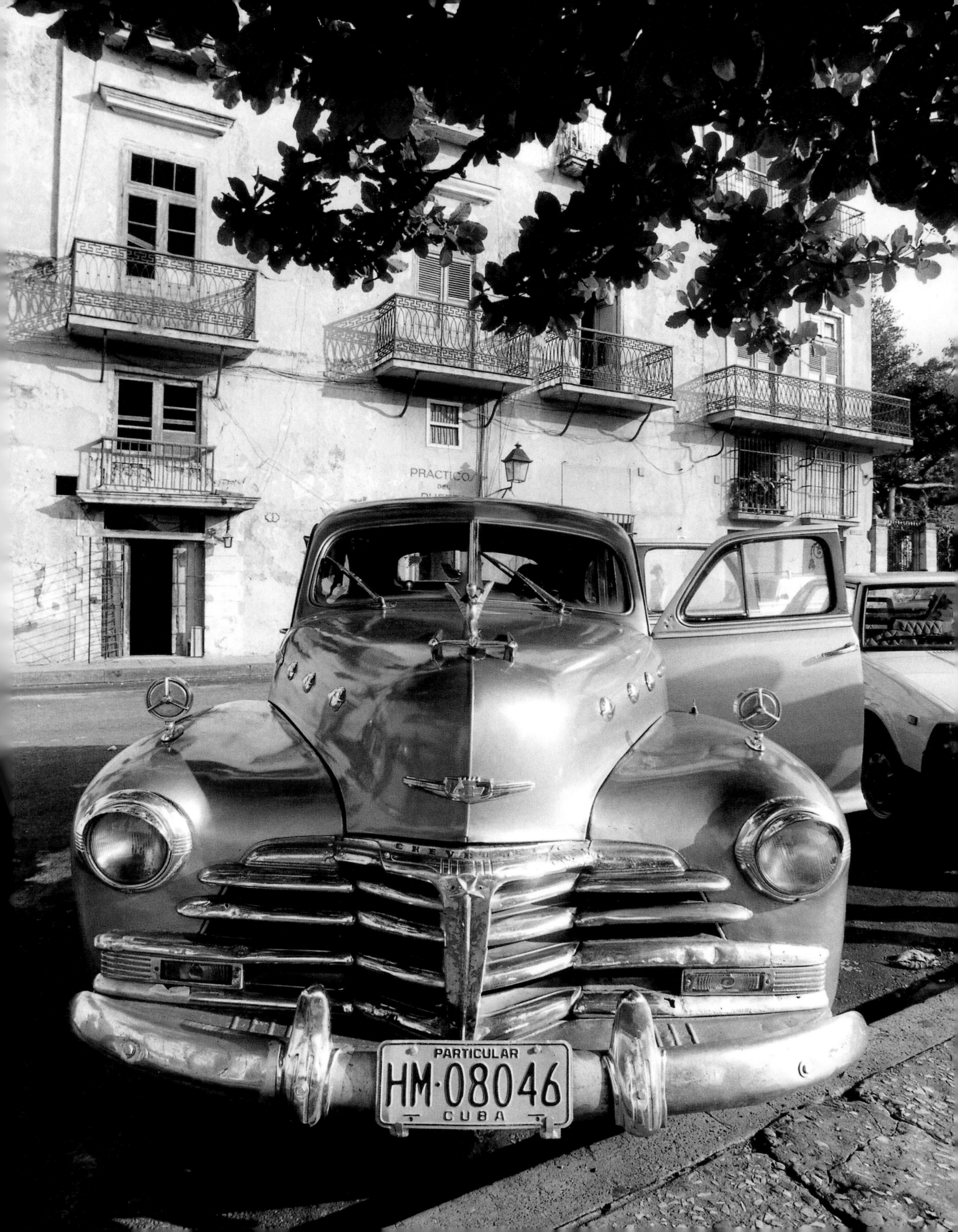
PRACTICOS
PARTICULAR
HM-08046
CUBA

Es stellt sich nun die alte Frage: Sollte man die Bauchbinde dort lassen, wo sie sich befindet, oder nicht? Das Entfernen birgt eine gewisse Gefahr in sich, denn oft werden die Bauchbinden mit einem Tropfen Naturleim am Deckblatt befestigt; so besteht die Gefahr, beim Entfernen der Bauchbinde das Deckblatt zu beschädigen. Es ist daher besser, erst einmal ein paar Züge zu machen; wenn dann die Zigarre leicht erhitzt ist (und somit der eventuelle Leim auch), ist es in der Regel ein leichtes, die Bauchbinde abzustreifen.

Bevor man nun das Ende der Zigarre anzündet, empfiehlt es sich, zunächst einige »kalte« Züge zu machen, um das Aroma vorzukosten. Sodann entfacht man eine kurze und kräftige Flamme, die geruchsfrei sein sollte (am besten mit einem Streichholz, wobei die Betonung auf »Holz« liegt). Heute ist es nicht mehr notwendig, die Zigarre vor dem Anzünden anzuwärmen – dieser Brauch stammt noch aus der Zeit, als für die Zigarrenverarbeitung Leim aus Sevilla benutzt wurde (und der hatte einen unangenehmen Beigeschmack). Der pflanzliche Leim, der nun auf Kuba verwendet wird, ist dagegen völlig geruchs- und geschmacksneutral.

Um ein regelmäßiges Herunterbrennen zu garantieren, dreht man die Havanna zwischen den Fingern. Mitunter ist es hilfreich, wenn man sie etwas in der Luft schwenkt, um so die Glut zu entfachen. Die Zigarre wird nun nicht sofort an die Lippen geführt, sondern man wartet ab, bis sich am Brandende etwas Asche gebildet hat. Je größer die Zigarre ist, desto mehr Zeit muß man ihr gönnen, um sich zu entzünden.

Den Rauch behält man zunächst im Mund, um ihn dann in kleinen blauen Wölkchen auszustoßen, ohne zu inhalieren. Während dieses Vorgangs umschmeicheln die Aromen Gaumen und Nase des Rauchers in ihrer ganzen Qualität. Um seine Lungen muß sich der Havanna-Liebhaber nicht allzu viele Sorgen machen, denn die Havannas sind die Zigarren mit dem geringsten Nikotingehalt.

Widmet man der Zigarre während des Rauchens zuwenig Aufmerksamkeit, kann es geschehen, daß sie ausgeht. In diesem Fall genügt es, die Außenränder neu anzuzünden, damit sich der ganze Körper entfacht. Keinesfalls klopft man die Asche ab wie bei einer Zigarette, denn bei der Zigarre fällt er bei der Berührung mit dem Aschenbecher ganz von selbst ab. Man sollte aber darauf achten, stets einige Millimeter Asche vor dem Brandende zu haben, denn die Asche modifiziert das Abbrennen und verhindert das Heißwerden der Zigarre.

Von einer Havanna raucht man wenig mehr als drei Viertel. Man versetzt ihr jedoch nicht den »Todesstoß«, indem man sie ausdrückt wie eine gewöhnliche Zigarette. Eine Zigarre sollte man auf den Rand des Aschenbechers legen, auf dem sie nach kurzer Zeit von selbst erlischt.

Für die Havanna gibt es äußerst strenge Bewertungskriterien (was gerade in dem Abschnitt über die Arbeit mit den Kontrollen in den Manufakturen gut nachzuvollziehen ist). Dennoch: für den Raucher zählt letztlich nur eines, zählt sein ganz persönlicher Geschmack. Haben Sie erst einmal die notwendigen Grundkenntnisse erworben, so entscheidet einzig und allein Ihr eigener Geschmack, welche Zigarre Sie bevorzugen, und Ihre Entscheidung wird von der Berühmtheit einer Marke, von ihrem allgemeinen Erscheinungsbild und davon, ob sie vielleicht gerade »im Trend liegt«, gänzlich unabhängig sein.

VORHERGEHENDE SEITE
Kapitalistischer »Chevi« im sozialistischen Kuba.
Über manches legt sich ein verklärter Schleier.
GEGENÜBERLIEGENDE SEITE
Straßenkreuzer und Palastsäule – Symbole vergangener Herrlichkeit. Für die Kubaner ist die Zeit bisweilen zu schnell vergangen.

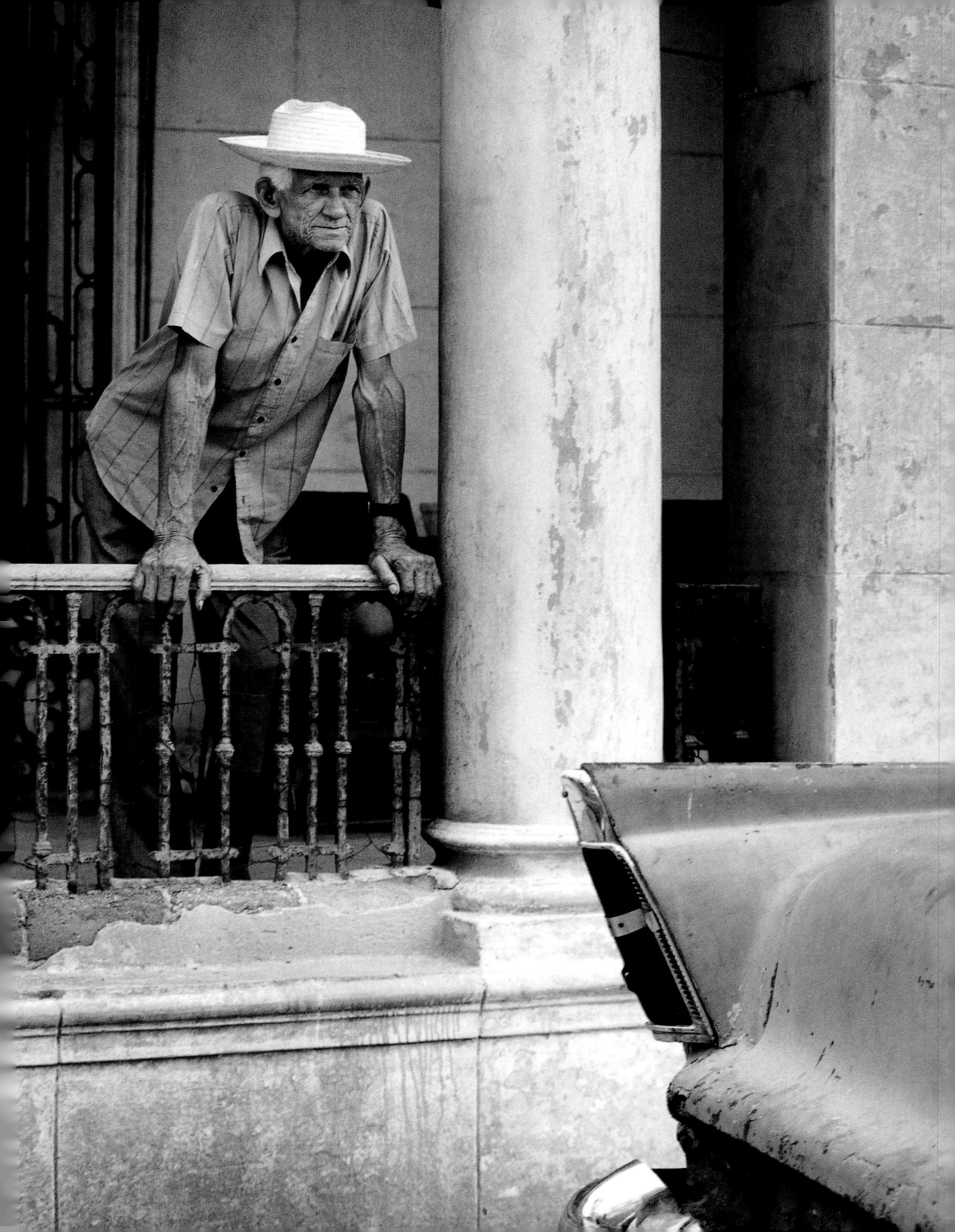

HABANA CUBA

CORONA

LOS REYES DE ESPAÑA.

REGIAS

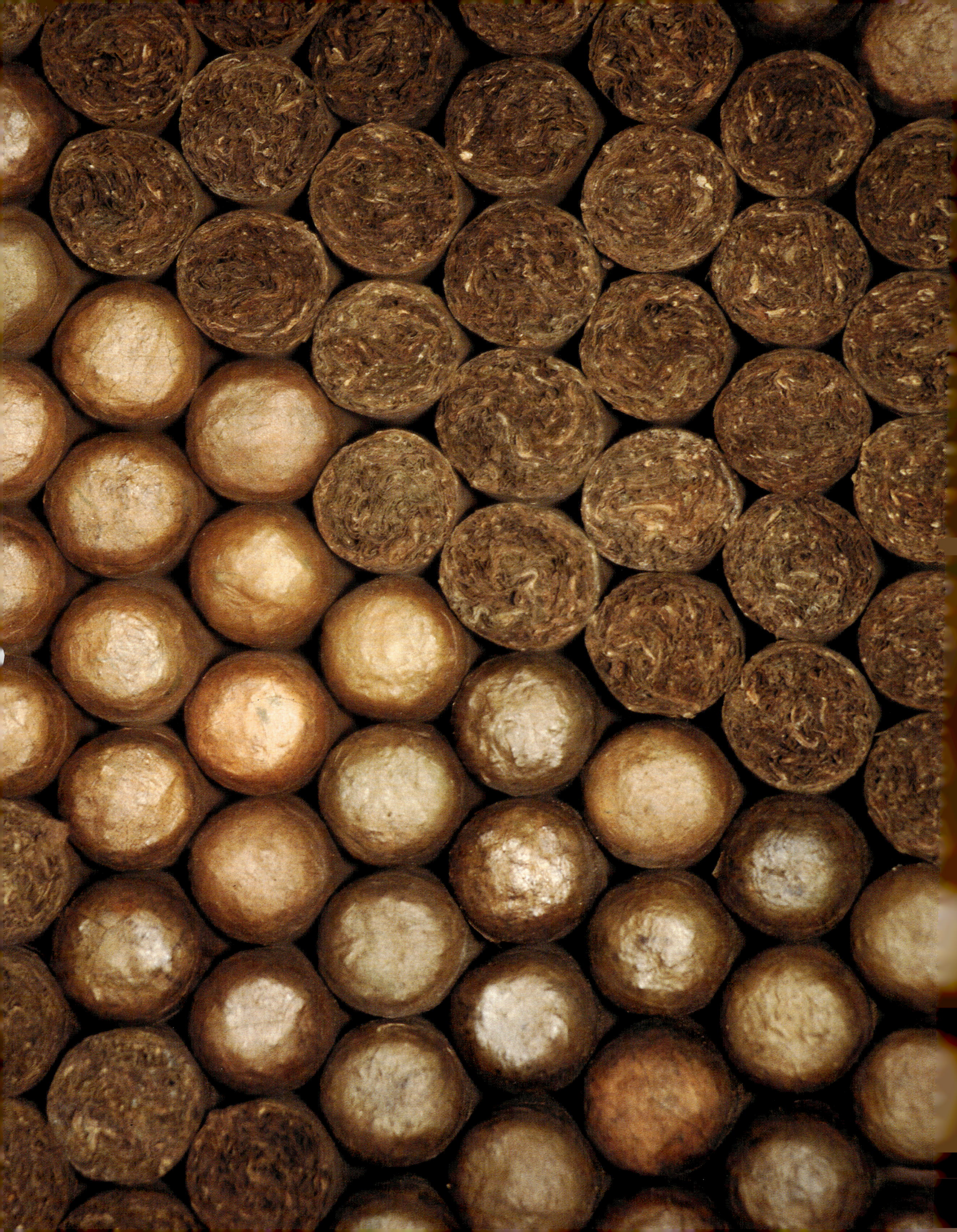

Der »Havanna-Guide«

Marken und Formate

Vorwort

Auf den folgenden sechsundsechzig Seiten ist jede Zigarre in ihrer Originalgröße abgebildet. Wenn man so will, handelt es sich hier um einen *Katalog der Havannas*.

Es werden alle wichtigen kubanischen Marken, die offiziell im Handel sind, vorgestellt und beurteilt, wenngleich einige dieser Marken des einen oder anderen Jahrgangs aufgrund der Unwägbarkeiten, die in der Natur der Zigarrenproduktion liegen, mitunter schwer zu finden sind.

Die Verteilung der Zigarren auf die Exportländer wird von ›Habano S.A.‹ zentral gesteuert. ›Habano S.A.‹, der autonome kommerzielle Zweig von ›Cubatabaco‹, nimmt die Verteilung einer jeden Marke aufgrund exakter Marktanalysen vor. So kann es geschehen, daß einige Havanna-Marken in bestimmten Ländern zum Verkauf kommen, in anderen wiederum nicht.

Die Bewertung einer jeden Zigarre ist notwendigerweise subjektiv. Sie ist bestimmt durch die Qualität der jeweiligen Ernte, die Erhältlichkeit des Produkts und den persönlichen Geschmack des Rauchers. Die Kommentare zu einigen ausgefallenen Formaten stammen von »alten Hasen« des Rauchgenusses auf Kuba und anderswo, und so beruhen diese Einschätzungen eher auf der Erinnerung als auf einer methodischen Verkostung.

Belinda

| Coronas | Panetelas | Petit | Petit Coronas | Preciosas | Princess | Super Finos |

Handels- name	Produktions- name	Länge	Durchmesser	Ringmaß	Bewertung
Coronas	Crema	140 mm	15,87 mm	40	Es fehlt eine gewisse Feinheit im Aroma. Niedrige Produktionsmenge.
Panetelas	Sports	117 mm	13,89 mm	35	Etwas aggressiv und erdig. Rustikal.
Petit	Petit	108 mm	12,30 mm	31	Kleine Zigarre mit wenig Feinheit, jedoch ohne Aggressivität.
Petit Coronas	Petit Corona	129 mm	16,67 mm	42	Wenig Aroma. Auf halber Höhe entwickelt die ›Petit Coronas‹ einen krautartigen Geschmack.
Preciosas	Demi-Tasse	100 mm	12,70 mm	32	Zigarre ohne viel Charakter. Eignet sich für den morgendlichen Genuß.
Princess	Epicure	110 mm	13,89 mm	35	Sehr mild im Geschmack. Nicht gerade interessant.
Super Finos	Coronitas	117 mm	15,87 mm	40	Wenig Feinheit. Kann den Eindruck einer echten Havanna nicht vermitteln.

Bolivar

Belicosos Finos | Belvederes | Bonitas | Coronas Extra

Handels- name	Produktions- name	Länge	Durchmesser	Ringmaß	Bewertung
Belicosos Finos	Campana	140 mm	20,64 mm	52	Nur leicht aggressiv, mit vollem Körper. Das Aroma entwickelt sich nach und nach. Für Eingeweihte.
Belvederes	Belvederes	125 mm	15,48 mm	39	Die Aromen entwickeln sich recht schnell. Gleichmäßiges Brandverhalten. Niedrige Produktionsmenge.
Bonitas	Londres	126 mm	15,87 mm	40	Vergleichbar mit der ›Belvederes‹, jedoch aggressiver.
Coronas Extra	Franciscos	143 mm	17,46 mm	44	Kräftig, reiches Aroma. Setzt sich auch nach einer gehaltvollen Mahlzeit durch. Für Kenner.

Bolivar

Coronas Gigantes   Coronas Junior   Coronas   Champion   Chicos

Handels- name	Produktions- name	Länge	Durchmesser	Ringmaß	Bewertung
Coronas Gigantes	Julieta 2	178 mm	18,65 mm	47	Recht starke Zigarre mit leichtem Aroma, die lange nachschmeckt. Für Liebhaber.
Coronas Junior	Minuto	110 mm	16,67 mm	42	Das relativ kleine Format wartet mit einem vielfältigen Aroma auf. Der ›Coronas‹ sehr ähnlich.
Coronas	Corona	142 mm	16,67 mm	42	Stark, mit erdigem Geschmack. Für Eingeweihte.
Champion	Crema	140 mm	15,87 mm	40	Gegen Ende etwas zu aggressiv.
Chicos	Chicos	106 mm	11,51 mm	29	Wenig eindrucksvolles Aroma.

Bolivar

| Demi-Tasse | Gold Medal | Inmensas | Lonsdales | Palmas | Panetelas |

Handels- name	Produktions- name	Länge	Durchmesser	Ringmaß	Bewertung
Demi-Tasse	Entreacto	100 mm	11,91 mm	30	Die geringe Länge trügt. Der Geschmack ist sehr ausgeprägt und dominant.
Gold Medal	Cervante	165 mm	16,67 mm	42	Stark und aromatisch. Nur für Kenner und Liebhaber starker Zigarren. Niedrige Produktionsmenge.
Inmensas	Dalia	170 mm	17,07 mm	43	Stark, geringe Feinheit, bisweilen rauh im Geschmack. Für Liebhaber einer traditionellen Havanna.
Lonsdales	Cervante	165 mm	16,67 mm	42	Von leichtem Geschmack und Aroma sowie lockerem Körper. Für Anfänger gut geeignet.
Palmas	Ninfas	178 mm	13,10 mm	33	Bei diesem langen, dünnen Format mit wenig Raffinesse dominiert die aggressive Seite. Schwierig zu rauchen.
Panetelas	Conchitas	127 mm	13,89 mm	35	Wenig Feinheit. Sehr würziger Geschmack.

Bolivar

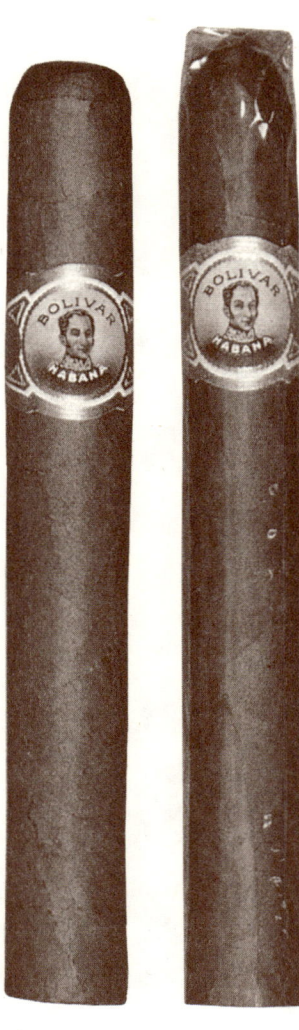

Petit Coronas | Petit Coronas Especiales | Regentes | Royal Coronas | Suprema Churchills

Handels- name	Produktions- name	Länge	Durchmesser	Ringmaß	Bewertung
Petit Coronas	Mareva	129 mm	16,67 mm	42	Ohne Feinheit, vermittelt einen komplexen Geschmack, der während des Abbrennens nicht nachläßt.
Petit Coronas Especiales	Eminentes	132 mm	17,46 mm	44	Entwickelt im ersten Drittel Geschmack, ist jedoch für ihre Größe insgesamt etwas zu aggressiv.
Regentes	Placeras	125 mm	13,49 mm	34	Der sehr erdige Geschmack könnte den einen oder anderen Liebhaber abschrecken.
Royal Coronas	Robusto	124 mm	19,84 mm	50	Keine Aggressivität, vorzügliches Aroma, ausgewogener Geschmack, gutes Brandverhalten.
Suprema Churchills	Julieta 2	178 mm	18,65 mm	47	Stark und aromatisch. Für Liebhaber einer traditionellen Havanna.

Cifuentes

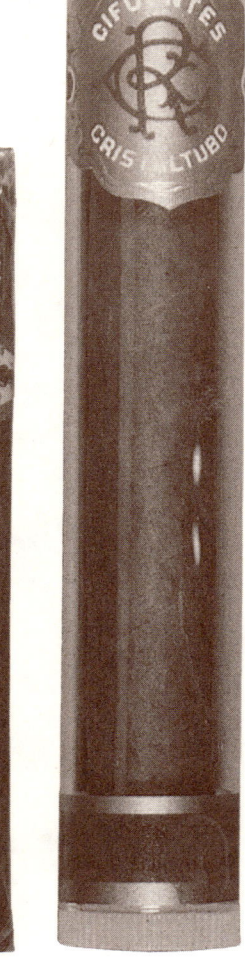

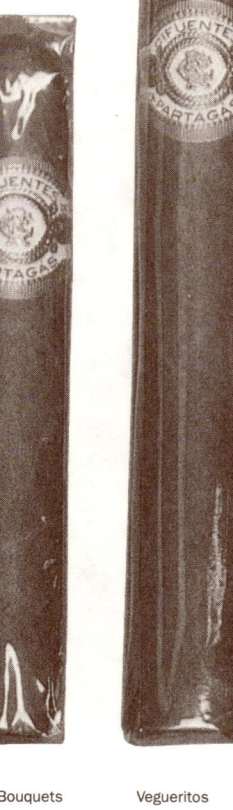

| Cubanitos | Cristal Tubo | Emboquillados | Habanitos | Petits Bouquets | Vegueritos | Super Estupendo |

Handels- name	Produktions- name	Länge	Durchmesser	Ringmaß	Bewertung
Cubanitos	Chicos	106 mm	11,51 mm	29	Aromatisch. Niedrige Produktionsziffer – wie bei allen Formaten dieser alteingesessenen Marke.
Cristal Tubo	Conservas	145 mm	17,46 mm	44	Eine Rarität, die nicht in Vergessenheit geraten sollte.
Emboquillados	Demi-Tip	126 mm	11,51 mm	29	Feine und leichte Zigarre ohne große Ansprüche.
Habanitos	Chicos	106 mm	11,51 mm	29	Sehr kleines, leicht zu rauchendes Format, das schon fast im Cigarillo-Bereich liegt.
Petits Bouquets	Infante	98 mm	14,68 mm	37	Relativ starke Zigarre. Ohne große Feinheiten im Aroma.
Vegueritos	Vegueritos	127 mm	14,68 mm	37	Etwas gewaltig. Hat jene rustikale Aggressivität, die kleine Formate nicht selten auszeichnet.
Super Estupendo	Gran Corona	235 mm	18,65 mm	47	Kräftig. Schmeckt nach ihrer Heimaterde. Das Format ist so gut wie nicht aufzutreiben.

Cohiba

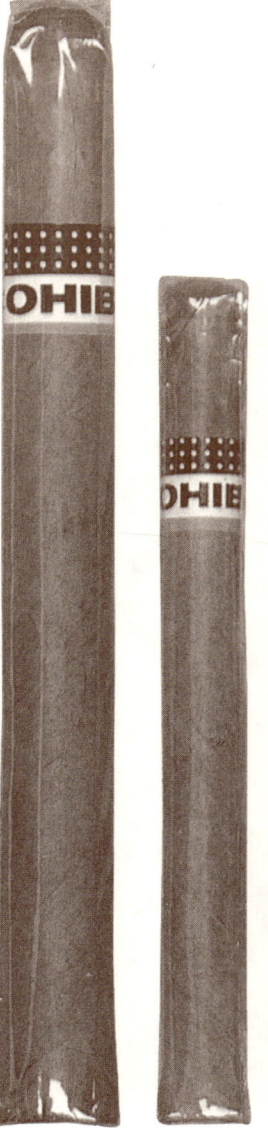

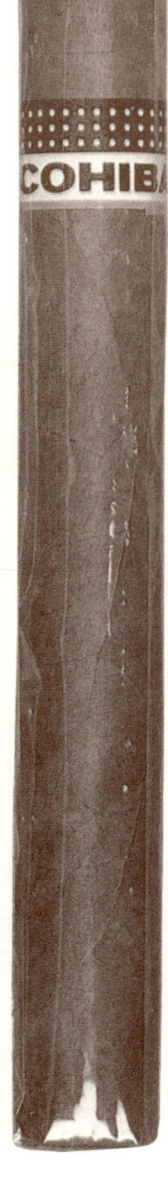

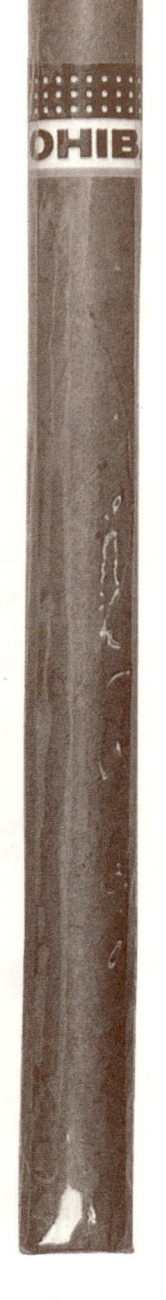

| Coronas Especiales | Panetelas | Esplendidos | Exquisitos | Coronas | Robustos | Lanceros |

Handels- name	Produktions- name	Länge	Durchmesser	Ringmaß	Bewertung
Coronas Especiales	Laguito No. 2	152 mm	15,08 mm	38	Nicht aggressiv, waldiges Aroma, mild. Angenehm. Gut geeignet, den Gaumen zu trainieren.
Panetelas	Laguito No. 3	115 mm	10,32 mm	26	Aggressiv, mit einem Aroma, das sich behauptet. Schmeckt besonders nach dem Kaffee. Für Kenner.
Esplendidos	Julieta 2	178 mm	18,65 mm	47	Nicht aggressiv, mit kräftigem Aroma. Reich und ausgewogen. In Ruhe zu genießen. Für Liebhaber.
Exquisitos	Seoane	126 mm	13,10 mm	33	Leichtes Aroma, waldiger Geschmack, der zwar Feinheit entbehrt, sich aber auf den Gaumen legt.
Coronas	Corona	142 mm	16,67 mm	42	Ziemlich mild und ausgewogen. Gut tagsüber zu rauchen. Sehr schwer zu finden.
Robustos	Robusto	124 mm	19,84 mm	50	Ölig. Der reiche Geschmack entfaltet sich während des Herunterbrennens und bleibt lange am Gaumen haften.
Lanceros	Laguito No. 1	192 mm	15,08 mm	38	Sehr (manchmal übertrieben) aromatisch. Gleichbleibend würzig. Lieblingszigarre Fidel Castros.

Cohiba

Siglo I   Siglo II   Siglo III   Siglo IV   Siglo V

Handels- name	Produktions- name	Länge	Durchmesser	Ringmaß	Bewertung
Siglo I	Perla	102 mm	15,87 mm	40	Nur leicht aggressiv, sehr angenehm. Brennt schnell und gleichmäßig. Vor allem von Damen sehr geschätzt.
Siglo II	Mareva	129 mm	16,67 mm	42	Zigarre mit Charakter. Ein hervorragender Reisebegleiter.
Siglo III	Corona Grande	155 mm	16,67 mm	42	Eine sehr angenehme Zigarre, die sich sehr gut für den Genuß nach Tisch eignet.
Siglo IV	Corona Gorda	143 mm	18,26 mm	46	Voller Körper, voller Geschmack. Der Durchmesser erlaubt ein perfektes Brandverhalten.
Siglo V	Dalia	170 mm	17,07 mm	43	Mit die beste Havanna dieses Formats, mit dem Aroma ihrer Heimaterde. Wird bei großen Anlässen geraucht.

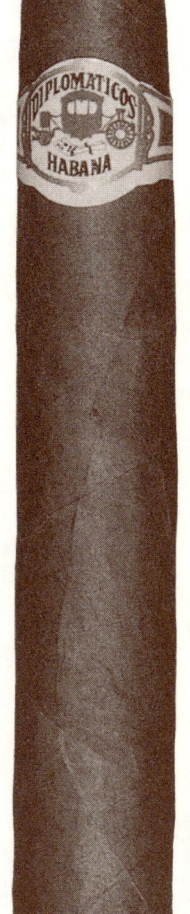

Diplomaticos

Diplomaticos No. 1 Diplomaticos No. 2 Diplomaticos No. 3 Diplomaticos No. 4 Diplomaticos No. 5 Diplomaticos No. 6 Diplomaticos No. 7

Handels- name	Produktions- name	Länge	Durchmesser	Ringmaß	Bewertung
Diplomaticos No. 1	Cervante	165 mm	16,67 mm	42	Wenig ausgeprägter Geschmack, aber angenehm.
Diplomaticos No. 2	Piramide	156 mm	20,64 mm	52	Reicher und kräftiger Geschmack. Eignet sich vor allem für Eingeweihte.
Diplomaticos No. 3	Corona	142 mm	16,67 mm	42	Zigarre für alle Gelegenheiten. Kann den ganzen Tag über geraucht werden.
Diplomaticos No. 4	Mareva	129 mm	16,67 mm	42	Zigarre von einiger Atmosphäre. Eignet sich gut für den morgendlichen Genuß.
Diplomaticos No. 5	Perla	102 mm	15,87 mm	40	Kann leicht aggressiv wirken, ohne jedoch sonderlich aromatisch zu sein.
Diplomaticos No. 6	No. 1	192 mm	15,08 mm	38	Elegante Zigarre, ohne jedoch die Finesse einer ›Montecristo Especial‹ zu besitzen.
Diplomaticos No. 7	No. 2	152 mm	15,08 mm	38	Der ›No. 6‹ sehr ähnlich, jedoch ist der Geschmack nicht sehr nachhaltig.

(La) Flor de Cano

Handels- name	Produktions- name	Länge	Durchmesser	Ringmaß	Bewertung
Coronas	Mareva	129 mm	16,67 mm	42	Mild und leicht, mit wenig markantem Aroma. Das richtige für »Noch-nicht-Eingeweihte«.
Gran Coronas	Corona Gorda	143 mm	18,26 mm	46	Fein und mild. Falls nicht zu fest gerollt, offenbart sich ein gutes Brandverhalten. Für tagsüber.
Petit Coronas	Standard	123 mm	15,87 mm	40	Leichte Zigarre. Für den morgendlichen Genuß zu empfehlen.
Predilectos Tubulares	Standard	123 mm	15,87 mm	40	Frisch und angenehm. Gut bei sich zu tragen.
Preferidos	Veguerito	127 mm	14,68 mm	37	Zigarre ohne jede Aggressivität. Eignet sich gut für Anfänger.
Selectos	Cristales	150 mm	16,27 mm	41	Mild. Gut geeignet für die Abrundung einer leichten Mahlzeit.
Short Churchills	Robusto	124 mm	19,84 mm	50	Kaum aggressiv. Subtile, aber wenig markante Aromen. Der Geschmack entwickelt sich sofort.
Diademas	Julieta 2	178 mm	18,65 mm	47	Mild und frisch. Eignet sich als Vorbereitung auf Formate wie ›Julieta 2‹ und ›Churchills‹.

(La) Flor de Juan Lopez

Coronas Patricias Petit Coronas Panetela Superba

Handels- name	Produktions- name	Länge	Durchmesser	Ringmaß	Bewertung
Coronas	Corona	142 mm	16,67 mm	42	Mild und leicht. Einfach zu rauchen. Kann gut tagsüber geraucht werden und eignet sich für Anfänger.
Patricias	Franciscano	116 mm	15,87 mm	40	Leicht und frisch, jedoch wenig markanter Geschmack. Leicht zu rauchen. Für tagsüber.
Petit Coronas	Mareva	129 mm	16,67 mm	42	Unauffälliges Aroma. Sehr angenehm. Ein Vergnügen für denjenigen, der die Havannas erst noch entdeckt.
Panetela Superba	Placera	125 mm	13,49 mm	34	Mild. Leicht zu rauchen. Durch das regelmäßige Brandverhalten einfach zu bewältigen.

(La) Flor del Caney

| Bouquet Finos | Canapé | Delgados | Especiales | Predilectos | Selectos | Vegueros |

Handels- name	Produktions- name	Länge	Durchmesser	Ringmaß	Bewertung
Bouquet Finos	Veguerito	127 mm	14,68 mm	37	Wie bei allen Formaten dieser Marke hängt die Produktion weitgehend von den Ernten ab. Schwer zu finden.
Canapé	Chicos	106 mm	11,51 mm	29	Kleine Zigarre, welche die Aromen ihrer Heimaterde in sich trägt.
Delgados	Veguerito	127 mm	14,68 mm	37	Feine Aromen, grober Geschmack.
Especiales	Culebra	146 mm	15,48 mm	39	Das rustikale Aroma erinnert an den Geschmack der Havannas aus vergangener Zeit.
Predilectos	Standard	123 mm	15,87 mm	40	Dieses Format ist nicht besonders edel und wird die Liebhaber kräftiger Aromen enttäuschen.
Selectos	Nacionales	140 mm	15,87 mm	40	Ihr offener Angriff überrascht. Wenig Feinheit im Geschmack.
Vegueros	Preferido	127 mm	15,08 mm	38	Wie alle Formate dieser Marke bleibt auch dieses eine Idee unter dem Niveau der großen Havanna-Marken.

Fonseca

| Cosacos | Delicias | Fonseca No. 1 | Invictos | K.D.T. Cadetes |

Handels- name	Produktions- name	Länge	Durchmesser	Ringmaß	Bewertung
Cosacos	Cosaco	135 mm	16,67 mm	42	Sehr leicht, ohne Raffinesse. Für Havanna-Einsteiger gut geeignet.
Delicias	Standard	123 mm	15,87 mm	40	Hinterläßt kaum Spuren am Gaumen, hat aber dennoch viel Geschmack.
Fonseca No. 1	Cazadores	162 mm	17,46 mm	44	Kaum aggressiv, mild. Entfaltet gut ihr Bouquet. Geeignet zum Einstieg in die Welt der großen Formate.
Invictos	Especial	134 mm	17,86 mm	45	Leicht und angenehm. Schon im ersten Drittel würzig im Geschmack.
K.D.T. Cadetes	Cadete	115 mm	14,29 mm	36	Viel Aggressivität, wenig Raffinesse. Unangenehm im Geschmack. Nicht repräsentativ für eine Havanna.

Gispert

Coronas   Habaneras No. 2   Petit Coronas de luxe

Handels- name	Produktions- name	Länge	Durchmesser	Ringmaß	Bewertung
Coronas	Corona	142 mm	16,67 mm	42	Mild und leicht, fast schon fade. Für Anfänger.
Habaneras No. 2	Standard	123 mm	15,87 mm	40	Diesem Format fehlt es etwas an Charakter. Allerdings für Anfänger gut geeignet.
Petit Coronas de luxe	Mareva	129 mm	16,67 mm	42	Kaum aggressiv, leicht. Gut geeignet für Anfänger.

(La) Gloria Cubana

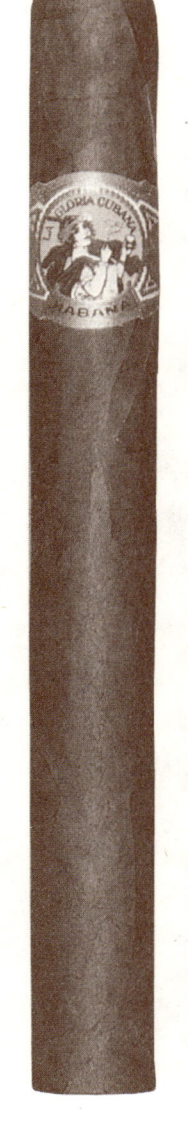

Cetros	Tapados	Minutos	Sabrosos	Médaille d'Or No. 1	Tainos	Médaille d'Or No. 4	Médaille d'Or No. 3	Médaille d'Or No. 2

Handels- name	Produktions- name	Länge	Durchmesser	Ringmaß	Bewertung
Cetros	Cervante	165 mm	16,67 mm	42	Kaum aggressiv, sehr leicht, aromatisch. Dennoch bleibt der Geschmack in der Erinnerung haften.
Tapados	Cosaco	135 mm	16,67 mm	42	Leicht. Durch das regelmäßige Brandverhalten entfaltet sich nach und nach das Bouquet.
Minutos	Franciscano	116 mm	15,87 mm	40	Leicht, mit angenehmem Nachgeschmack. Gutes Brandverhalten.
Sabrosos	Corona Grande	155 mm	16,67 mm	42	Kräftige Zigarre mit wenig Aroma. Vollmundig.
Médaille d'Or No. 1	Delicado Extra	185 mm	14,29 mm	36	Volle Entfaltung der Aromen durch gutes Brandverhalten. Die Aggressivität nimmt im letzten Drittel zu.
Tainos	Julieta 2	178 mm	18,65 mm	47	Ölig und nur leicht aggressiv, mit feinem Geschmack. Regelmäßiges Brandverhalten.
Médaille d'Or No. 4	Palmita	152 mm	12,70 mm	32	Kaum aggressiv, mild. Bietet sich für den morgendlichen und nachmittäglichen Rauchgenuß an.
Médaille d'Or No. 3	Panetela Largas	175 mm	11,11 mm	28	Zu Beginn leicht, im letzten Drittel jedoch etwas aggressiv. Regelmäßiges Brandverhalten.
Médaille d'Or No. 2	Dalia	170 mm	17,07 mm	43	Nicht aggressiv. Milder, runder Geschmack, der sich nach und nach entfaltet. Für erfahrene Raucher.

Hoyo de Monterrey

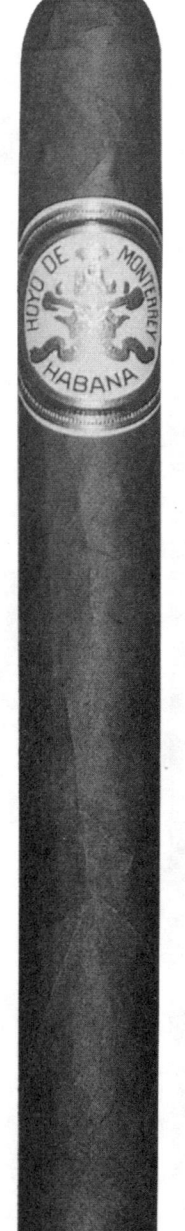

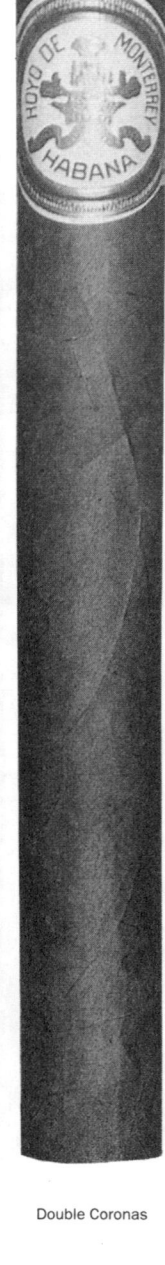

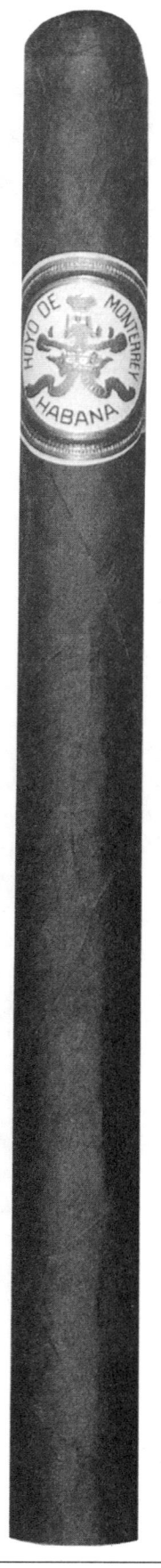

Concorde — Coronation — Churchills — Épicure No. 1 — Double Coronas — Particulares

Handels-name	Produktions-name	Länge	Durchmesser	Ringmaß	Bewertung
Concorde	Julieta 2	178 mm	18,65 mm	47	Feines und leichtes Bouquet. Für jeden geeignet. Schwerer zu finden als die ›Churchills‹.
Coronation	Mareva	129 mm	16,67 mm	42	Leicht und daher für den morgendlichen Genuß geeignet.
Churchills	Julieta 2	178 mm	18,65 mm	47	Kaum aggressiv, mild. Zum Ende hin sehr würzig. Leicht zu rauchen. Für jeden geeignet.
Épicure No. 1	Corona Gorda	143 mm	18,26 mm	46	Mild, unauffällig, aber angenehm. Langer Nachgeschmack. Leicht zu rauchen.
Double Coronas	Prominente	194 mm	19,45 mm	49	Nur leicht aggressiv, mild, aromatisch. Der ölige Geschmack bleibt durchgängig erhalten.
Particulares	Gran Corona	235 mm	18,65 mm	47	Unauffällige Zigarre ohne viel Charakter. Gutes Brandverhalten – etwa zwei Stunden Brennzeit.

Hoyo de Monterrey

Epicure No. 2 Exquisitos Hoyo Coronas Humidor No. 1 Jeanne d'Arc

Handels-name	Produktions-name	Länge	Durchmesser	Ringmaß	Bewertung
Epicure No. 2	Robusto	124 mm	19,84 mm	50	Ihre Leichtigkeit besticht, der mangelnde Charakter kann aber enttäuschen. Vorstufe zur ›Robusto‹.
Exquisitos	Petit Cetro	129 mm	15,87 mm	40	Leicht im Aroma. Einfach zu rauchen und für jeden geeignet.
Hoyo Coronas	Corona	142 mm	16,67 mm	42	Harmonischer Geschmack durch das regelmäßige Brandverhalten. Niedrige Produktionsmenge.
Humidor No. 1	Conserva	145 mm	17,46 mm	44	Mild und von leichtem Aroma. Das Format verschwindet jedoch nach und nach vom Markt.
Jeanne d'Arc	Carlota	143 mm	13,89 mm	35	Elegant. Eignet sich gut zur Abrundung einer leichten Mahlzeit. Leider ist die Zigarre schwer zu finden.

Hoyo de Monterrey

Le Hoyo des Dieux   Le Hoyo du Dauphin   Le Hoyo du Gourmet   Le Hoyo du Député   Le Hoyo du Maire   Le Hoyo du Prince

Handels- name	Produktions- name	Länge	Durchmesser	Ringmaß	Bewertung
Le Hoyo des Dieux	Corona Grande	155 mm	16,67 mm	42	Großer Geschmacksreichtum mit sehr ausgewogenem Bouquet, dessen Nuancen stets präsent sind.
Le Hoyo du Dauphin	Laguito No. 2	152 mm	15,08 mm	38	Aggressiv, ohne Feinheiten. Schwer zu rauchen.
Le Hoyo du Gourmet	Palma	170 mm	13,10 mm	33	Wird die Zigarre zu heiß, wird sie schnell aggressiv, ist dabei wenig aromatisch. Langsam zu rauchen.
Le Hoyo du Député	Trabuco	110 mm	15,08 mm	38	Sehnige Zigarre mit wenig markanten Aromen. Für Eingeweihte.
Le Hoyo du Maire	Entreacto	100 mm	11,91 mm	30	Zu klein, um die Qualitäten einer typischen Havanna entwickeln zu können. Für zwischendurch.
Le Hoyo du Prince	Almuerzo	130 mm	15,87 mm	40	Relativ aggressiv, ölig, reiche Aromen. Brennt schnell herunter, ohne jedoch heiß zu werden.

Hoyo de Monterrey

Le Hoyo du Roi · Longos · Margaritas · Odéon · Opéra

Handels-name	Produktions-name	Länge	Durchmesser	Ringmaß	Bewertung
Le Hoyo du Roi	Corona	142 mm	16,67 mm	42	Ausgewogener Geschmack, leicht säuerlich. Erdiges Aroma.
Longos	Ninfas	178 mm	13,10 mm	33	Nur leicht aggressiv, fein und elegant. Eine Zigarre von ganz und gar femininer Sanftheit.
Margaritas	Carolina	121 mm	10,32 mm	26	Mild, mit wenig markanten Aromen. Für jeden geeignet.
Odéon	No. 2	152 mm	15,08 mm	38	Mit ihrer Milde und ihren leichten Aromen enttäuschend für diejenigen, d e Stärkeres gewohnt sind.
Opéra	Corona	142 mm	16,67 mm	42	Leicht. Die Feinheit des Geschmacks macht diese Zigarre sehr angenehm.

Hoyo de Monterrey

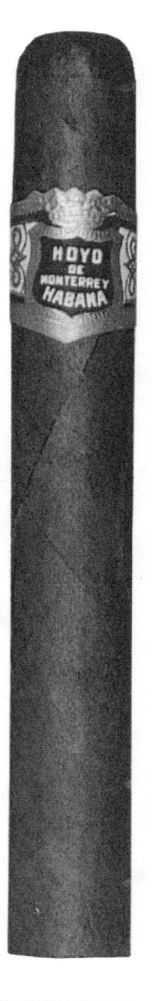

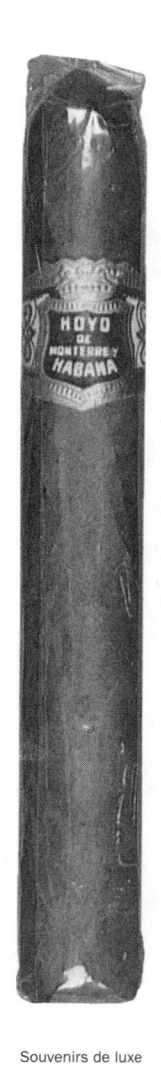

Palmas Extras · Petit Coronations · Royal Coronations · Short Hoyo Coronas · Souvenirs de luxe · Versailles

Handels- name	Produktions- name	Länge	Durchmesser	Ringmaß	Bewertung
Palmas Extras	Crema	140 mm	15,87 mm	40	Leicht und aromatisch. Für jeden geeignet.
Petit Coronations	Franciscano	116 mm	15,87 mm	40	Wenig markante Zigarre. Zu jeder Tageszeit unproblematisch zu rauchen.
Royal Coronations	Corona	142 mm	16,67 mm	42	Von subtiler Milde und leichtem Aroma.
Short Hoyo Coronas	Mareva	129 mm	16,67 mm	42	Angenehm, gute Ausgewogenheit in Geschmack und Aroma. Zu jeder Tageszeit rauchbar.
Souvenirs de luxe	Petit Corona	129 mm	16,67 mm	42	Eine milde Zigarre, die sich gut für den Nachmittag eignet. Schwer zu finden.
Versailles	Palma	170 mm	13,10 mm	33	Leicht in Geschmack und Aroma. Wird leider nur in sehr kleinen Stückzahlen hergestellt.

José Gener   José L. Piedra

| Belvederes | Cazadores | Excepcionales | Longos | Perfectos | Super Finos | Superiores |

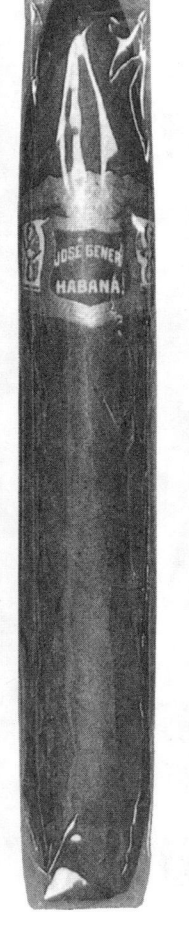

Handels- name	Produktions- name	Länge	Durchmesser	Ringmaß	Bewertung
Belvederes	Belvederes	125 mm	15,48 mm	39	Wenig Feinheit. Auf dem Markt kaum zu finden.
Cazadores	Cazador	162 mm	17,46 mm	44	Kräftig, mit würzigem Geschmack. Für Liebhaber.
Excepcionales	Standard	123 mm	15,87 mm	40	Sehr ausgeprägter Geschmack. Wird leider nur in kleinen Stückzahlen hergestellt.
Longos	Ninfas	178 mm	13,10 mm	33	Sehr ausgeprägter Geschmack mit viel Schwere. Nur für Liebhaber aggressiver Zigarren geeignet.
Perfecto	Perfecto	127 mm	17,46 mm	44	Brennt sehr langsam. Daher für Nichteingeweihte manchmal schwer zu rauchen. Fast vom Markt verschwunden.
Super Finos	Coronita	117 mm	15,87 mm	40	Sehr stark. Dieses ohnehin schwer zu erhaltene Format wird nur Liebhaber zufriedenstellen.
Superiores	Superior	146 mm	15,87 mm	40	Taucht zwar noch in den kubanischen Katalogen auf, wird jedoch fast gar nicht mehr produziert.

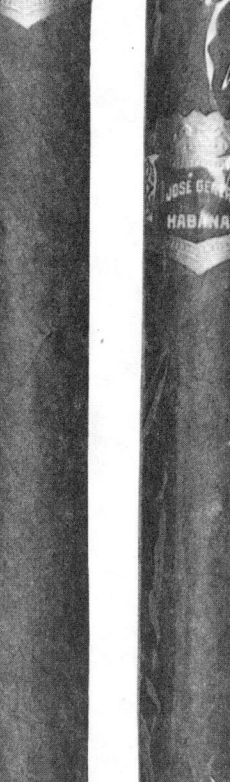

Montecristo

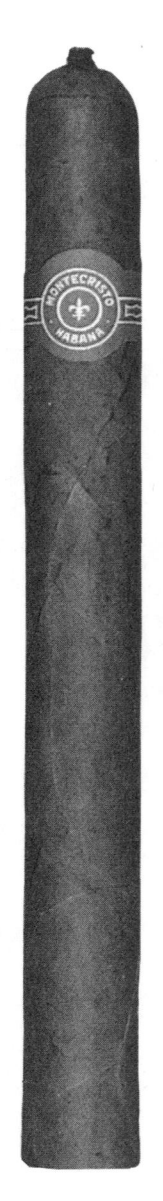

Joyitas | Montecristo B | Montecristo Especial No. 2 | Montecristo Tubos | Montecristo No. 1 | Montecristo Especial

Handels-name	Produktions-name	Länge	Durchmesser	Ringmaß	Bewertung
Joyitas	Languito No. 3	115 mm	10,32 mm	26	Kleine Zigarre mit wenig Aroma und Geschmacksnuancen. Nicht repräsentativ für eine Havanna.
Montecristo B	Cosaco	135 mm	16,67 mm	42	Kaum aggressiv, leicht. Milder, aromatischer Geschmack. Von sehr hoher Qualität.
Montecristo Especial No. 2	Languito No. 2	152 mm	15,08 mm	38	Von durchgängiger Milde. Das kaum aggressive Aroma verschafft einen angenehmen Rauchgenuß.
Montecristo Tubos	Corona Grande	155 mm	16,67 mm	42	Unauffälliges Aroma, wenig Geschmack. Nicht angenehm im Rauchgenuß. Gut bei sich zu tragen.
Montecristo No. 1	Cervante	165 mm	16,67 mm	42	Kein besonderes Aroma, kein spezieller Geschmack. Für alle Gelegenheiten. Hohe Produktionsmenge.
Montecristo Especial	Languito No. 1	192 mm	15,08 mm	38	Starke Aromen, dennoch geschätzt wegen ihrer Eleganz. Bisweilen schwer zu rauchen.

Montecristo

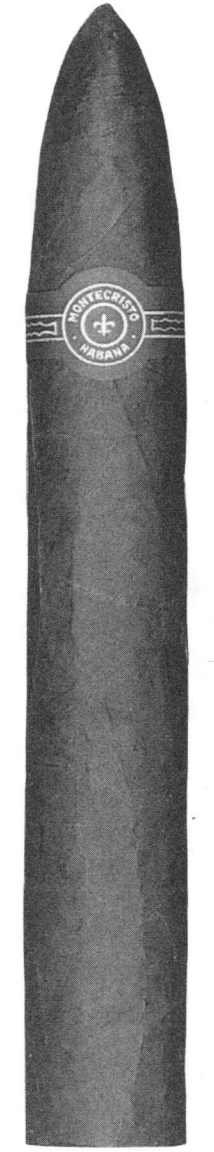

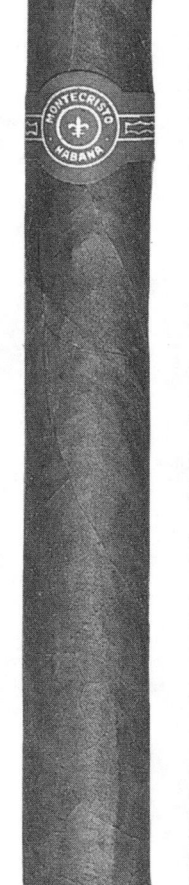

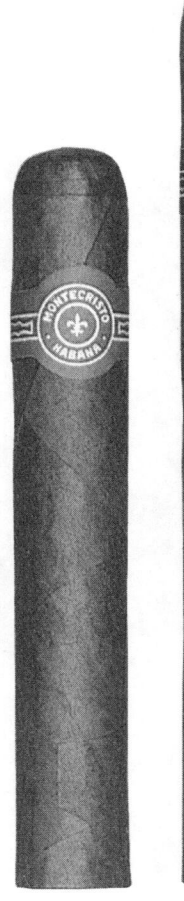

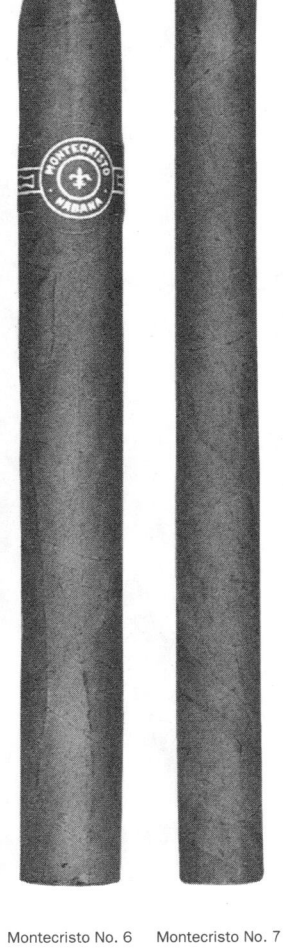

Handels- name	Produktions- name	Länge	Durchmesser	Ringmaß	Bewertung
Montecristo No. 2	Piramide	156 mm	20,64 mm	52	Sehr stark, mit reichem Aroma. Je nach Produktionsjahr manchmal außergewöhnlich, manchmal enttäuschend.
Montecristo No. 3	Corona	142 mm	16,67 mm	42	Monoton, ohne besondere Qualitäten. Ist vielleicht durch die extrem hohe Produktionsmenge bedingt.
Montecristo No. 4	Mareva	129 mm	16,67 mm	42	Auch bei diesem Format verhindert wohl seine Massenproduktion eine bessere Qualität.
Montecristo No. 5	Perla	102 mm	15,87 mm	40	Zu aggressiv, um echte Persönlichkeit zu entwickeln. Auf der Bewertungsskala der Marke ganz unten.
Montecristo No. 6	Seoane	126 mm	13,10 mm	33	Schwache Persönlichkeit. Ein Format, das nur in geringen Stückzahlen produziert wird.
Montecristo No. 7	Panetela Larga	175 mm	11,11 mm	28	Für Nichteingeweihte angenehm zu rauchen. Wird wie die ›No. 6‹ nur in geringen Stückzahlen hergestellt.
Montecristo A	Gran Corona	235 mm	18,65 mm	47	Sehr reicher Geschmack. Selten, da für die Herstellung große Blätter von sehr guter Qualität erforderlich.

Partagas

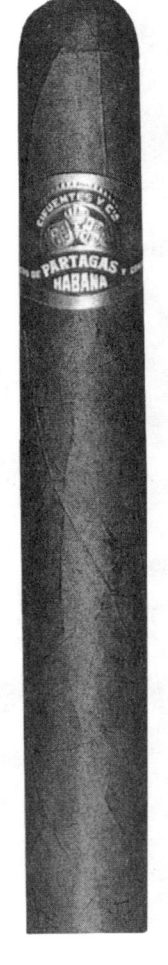

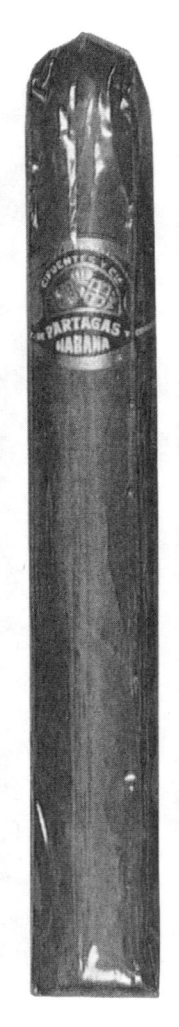

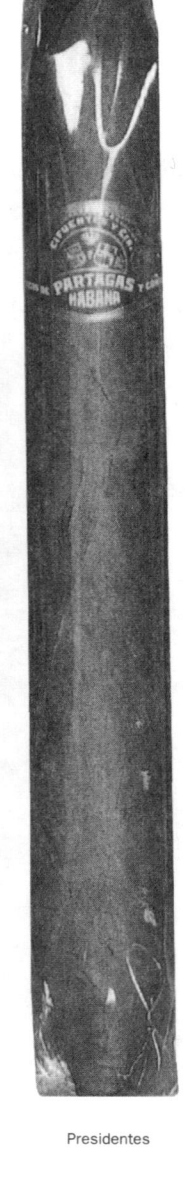

Petit Bouquet	Petit Coronas	Petit Coronas Especiales	Petit Coronas Tubos	Petit Partagas	Presidentes

Handels- name	Produktions- name	Länge	Durchmesser	Ringmaß	Bewertung
Petit Bouquet	Infante	98 mm	14,68 mm	37	Wird schnell aggressiv. Liebhaber sehr starker Zigarren werden sie jedoch zu schätzen wissen.
Petit Coronas	Mareva	129 mm	16,67 mm	42	Im Grunde angenehm, kann jedoch aggressiv wirken. Liebhabern sehr starker Zigarren vorbehalten.
Petit Coronas Esp.	Eminentes	132 mm	17,46 mm	44	Zigarre mit vollem Körper und ausgeprägten Geschmacksnuancen. Für Liebhaber.
Petit Coronas Tubos	Eminentes	132 mm	17,46 mm	44	Viel Aggressivität, wenig Feinheit. Nur für Gaumen, die schon einiges gewohnt sind.
Petit Partagas	Petit Cetro	129 mm	15,87 mm	40	Der ausgeprägte Geschmack hinterläßt auf dem Gaumen einen nachhaltigen Eindruck. Manchmal etwas rauh.
Presidentes	Tacos	158 mm	18,65 mm	47	Stark, sehr gute Qualität. Für Eingeweihte.

Partagas

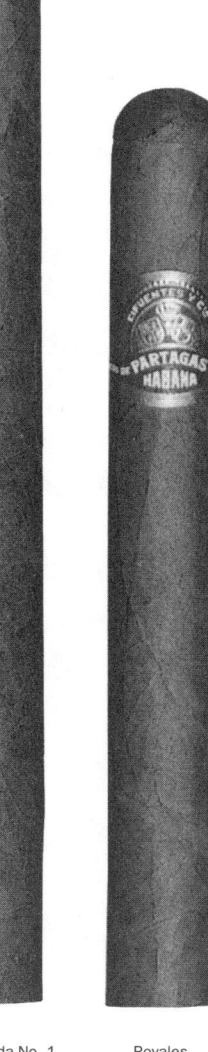

Serie D No. 4 — Selección Privada No. 1 — Royales — Regalias de la Reina Bueno — Ramonitas — Princess

Handels-name	Produktions-name	Länge	Durchmesser	Ringmaß	Bewertung
Serie D No. 4	Robusto	124 mm	19,84 mm	50	Schon mit den ersten Zügen entfalten sich sehr reiche Aromen. Verdient es, in Ruhe genossen zu werden.
Selección Privada No. 1	Dalias	170 mm	17,07 mm	43	Sehr stark, mit kräftigem Bouquet und extrem ausgeprägtem, markantem Aroma. Etwas für »stille Stunden«.
Royales	Londres	126 mm	15,87 mm	40	Auf der Linie der ›Partagas‹ vergangener Zeiten. Eher stark, mit kräftigem und wenig feinem Bouquet.
Regalias de la Reina Bueno	Coronita	117 mm	15,87 mm	40	Wenig Aggressivität, aber auch wenig Raffinesse.
Ramonitas	Carolinas	121 mm	10,32 mm	26	Trotz der Größe eine charaktervolle Zigarre, die einen Anfänger überfordert.
Princess	Conchitas	127 mm	13,89 mm	35	Wenig Aggressivität, aber auch wenig ausgeprägtes Aroma.

Partagas

Très Petit Coronas — Toppers — Super Partagas — Shorts

Handels- name	Produktions- name	Länge	Durchmesser	Ringmaß	Bewertung
Très Petit Coronas	Franciscano	116 mm	15,87 mm	40	Zigarre mit »durchschlagender Wirkung«, die weder den Raucher noch die Umgebung »kalt läßt«.
Toppers	Toppers	160 mm	15,48 mm	40	Könnte mehr Charakter haben. Die fehlende Qualität hängt wohl mit der hohen Produktionsmenge zusammen.
Super Partagas	Crema	140 mm	15,87 mm	40	Markantes Bouquet, manchmal sehr aggressiv. Für Liebhaber.
Shorts	Minuto	110 mm	16,67 mm	42	Wirkt frisch und leicht. Das Aroma dürfte Anfänger begeistern.

Partagas

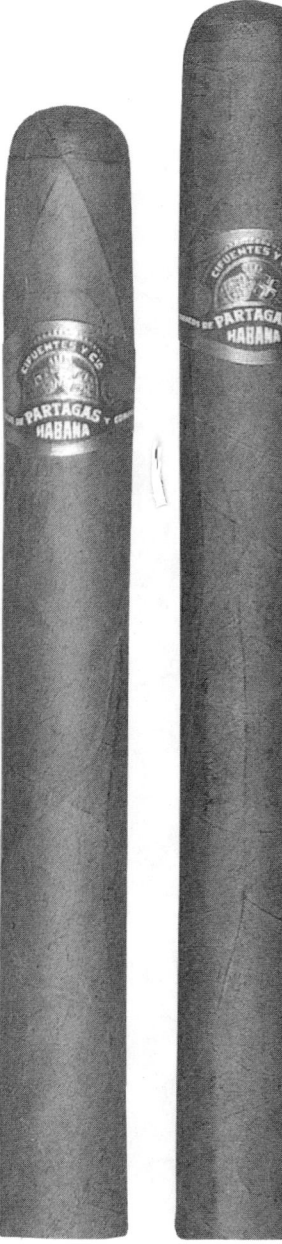

Lonsdales   Mille Fleurs   8-9-8 Cabinet   8-9-8 Varnished   Lusitanias

Handels- name	Produktions- name	Länge	Durchmesser	Ringmaß	Bewertung
Lonsdales	Cervante	165 mm	16,67 mm	42	Reiches Aroma und sehr präsenter Geschmack verleihen dem Format große Qualität. Für Eingeweihte.
Mille Fleurs	Petit Corona	129 mm	16,67 mm	42	Nicht besonders aromatisch, aber doch gefällig. Einfach zu rauchendes Format.
8-9-8 Cabinet	Corona Grande	155 mm	16,67 mm	42	Wenig aggressiver Geschmack, aber auch wenig markante Aromen. Eignet sich gut für Anfänger.
8-9-8 Varnished	Dalia	170 mm	17,07 mm	43	Schweres Aroma und reiches Bouquet ergeben einen betörenden Rauchgenuß. Nur für Liebhaber geeignet.
Lusitanias	Prominente	194 mm	19,45 mm	49	Große Havanna mit viel Aroma und Würze, deren Bouquet sich voll entfaltet. Für Liebhaber.

Partagas

Coronas Grandes	Coronas Junior	Coronas Senior	Culebras	Charlottes	Chicos	Churchills de luxe

Handels- name	Produktions- name	Länge	Durchmesser	Ringmaß	Bewertung
Coronas Grandes	Corona Grande	155 mm	16,67 mm	42	Re ativ wenig Charakter, daher vielleicht enttäuschend.
Coronas Junior	Coronitas	117 mm	15,87 mm	40	Nur leicht aggressiv. Durch die Hülsenverpackung gut bei sich zu tragen.
Coronas Senior	Eminentes	132 mm	17,46 mm	44	An der Grenze zur Aggressivität. Das starke Bouquet hinterläßt einen markanten Eindruck.
Culebras	Culebras	146 mm	15,48 mm	39	Reiches Aroma trotz ungleichmäßigen Brandverhaltens. Nicht zuletzt wegen der originellen Form geschätzt.
Charlottes	Carlotas	143 mm	13,89 mm	35	Manchmal aggressiv, ausgeprägter Geschmack. Etwas für Liebhaber.
Chicos	Chicos	106 mm	11,51 mm	29	Trotz des ausgeprägten Geschmacks eine (kleine) Zigarre für alle Gelegenheiten.
Churchills de luxe	Julieta 2	178 mm	18,65 mm	47	Stark, mit reichem Geschmack, aber wenig Feinheit. Für Liebhaber eines kräftigen Rauchgenusses.

Partagas

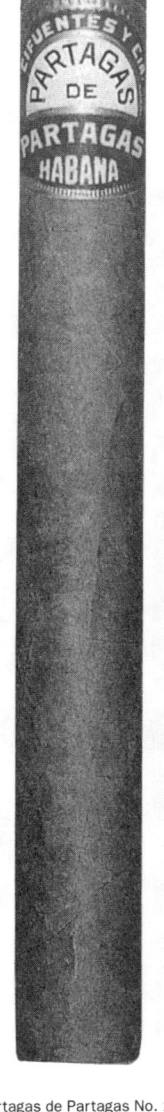

| Palmas Grandes | Panetelas | Parisianos | Partagas de luxe | Partagas de Partagas No. 1 | Perfectos | Personales |

Handels- name	Produktions- name	Länge	Durchmesser	Ringmaß	Bewertung
Palmas Grandes	Ninfas	178 mm	13,10 mm	33	Nur leicht aggressiv, mit wenig markanten Aromen. Gutes Brandverhalten.
Panetelas	Conchitas	127 mm	13,89 mm	35	Mit seinem leichten Bouquet bewahrt das Format den Geschmack der traditionellen Havanna.
Parisianos	Petit Cetro	129 mm	15,87 mm	40	Subtiles Aroma, manchmal pikant.
Partagas de luxe	Crema	140 mm	15,87 mm	40	Eher starkes, ausgeprägtes Bouquet, das sich auf den Gaumen legt.
Partagas de Partagas No. 1	Dalias	170 mm	17,06 mm	43	Stark, ohne viel Feinheit. Besonders geeignet für Liebhaber der Havanna vergangener Zeiten.
Perfectos	Perfecto	127 mm	17,46 mm	44	Dem Aroma fehlt es an Feinheit. Starke Zigarre, die Liebhabern vorbehalten bleibt.
Personales	Petit Cetro	129 mm	15,87 mm	40	Angenehmes Format, leider wenig Feinheit im Geschmack. Erinnert an die traditionellen Havannas.

Partagas

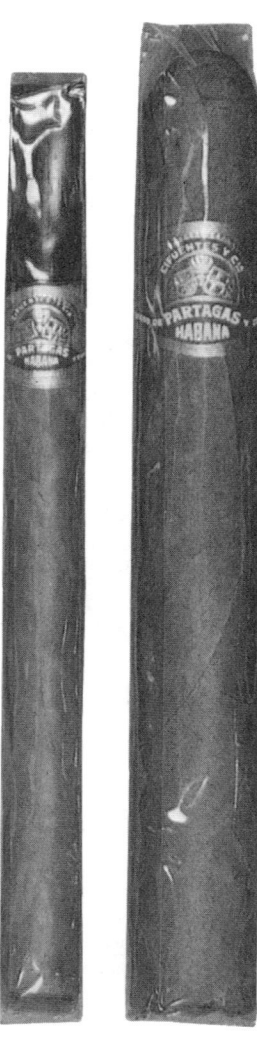

| Demi-Tip | Eminentes | Filipos | Habaneros | Londres en Cedro | Londres Extra | Londres Finos |

Handels- name	Produktions- name	Länge	Durchmesser	Ringmaß	Bewertung
Demi-Tip	Demi-Tip	126 mm	11,51 mm	29	Fein. Während des Rauchens entwickeln sich leider nur wenige Aromen.
Eminentes	Eminentes	132 mm	17,46 mm	44	Rauh. Das Aroma vernebelt die Luft und benebelt den Gaumen.
Filipos	Placeras	125 mm	13,49 mm	34	Insgesamt nur leicht aggressiv. Trotz der geringen subtilen Würze angenehm im Rauchgenuß.
Habaneros	Belvederes	125 mm	15,48 mm	39	Unregelmäßig in der Würze. Kann sich als schwer rauchbar erweisen.
Londres en Cedro	Petit Cetro	129 mm	15,87 mm	40	Aromatischer als die ›Londres Extra‹. Mit viel Bouquet.
Londres Extra	Petit Cetro	129 mm	15,87 mm	40	Nur leicht subtiles Aroma, das dennoch vom ersten Drittel an präsent ist.
Londres Finos	Petit Cetro	129 mm	15,87 mm	40	Mildeste der drei ›Londres‹. Weist wie die übrigen nur eine niedrige Produktionsmenge auf.

Partagas

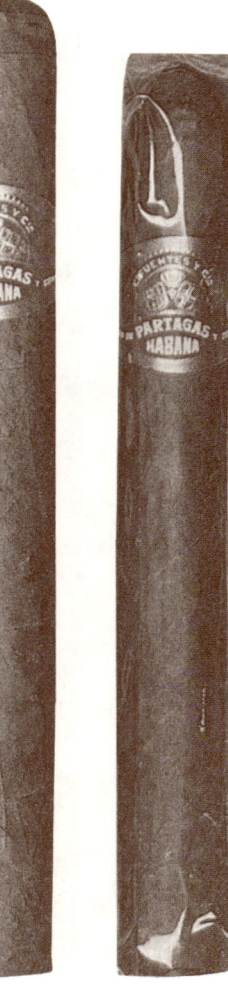

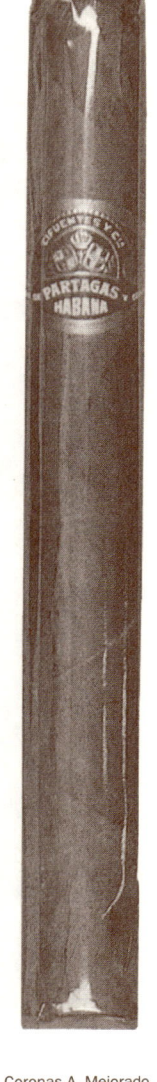

Aristocrats   Astorias   Belvederes   Bonito Extra Mild   Coronas   Coronas A. Mejorado

Handels-name	Produktions-name	Länge	Durchmesser	Ringmaß	Bewertung
Aristocrats	Petit Cetro	129 mm	15,87 mm	40	Manchmal rauh, sehr ausgeprägtes Aroma. Für Liebhaber.
Astorias	Cosaco	135 mm	16,67 mm	42	Einigermaßen aggressiv. Verschwindet ebenso wie die ›Aristocrats‹ nach und nach vom Markt.
Belvederes	Belvederes	125 mm	15,48 mm	39	Dem Aroma fehlt es an Feinheit. Für Liebhaber.
Bonito Extra Mild	Chicos	106 mm	11,51 mm	29	Mild. Angenehm zum Aperitif.
Coronas	Corona	142 mm	16,67 mm	42	Reich im Geschmack und sehr aromatisch. Angenehm zu rauchen. Für Liebhaber der ›Coronas‹.
Coronas A. Mejorado	Corona	142 mm	16,67 mm	42	Aromatisch, mit ausgeprägtem Geschmack. Liebhabern vorbehalten. Selten zu bekommen.

Por Larrañaga

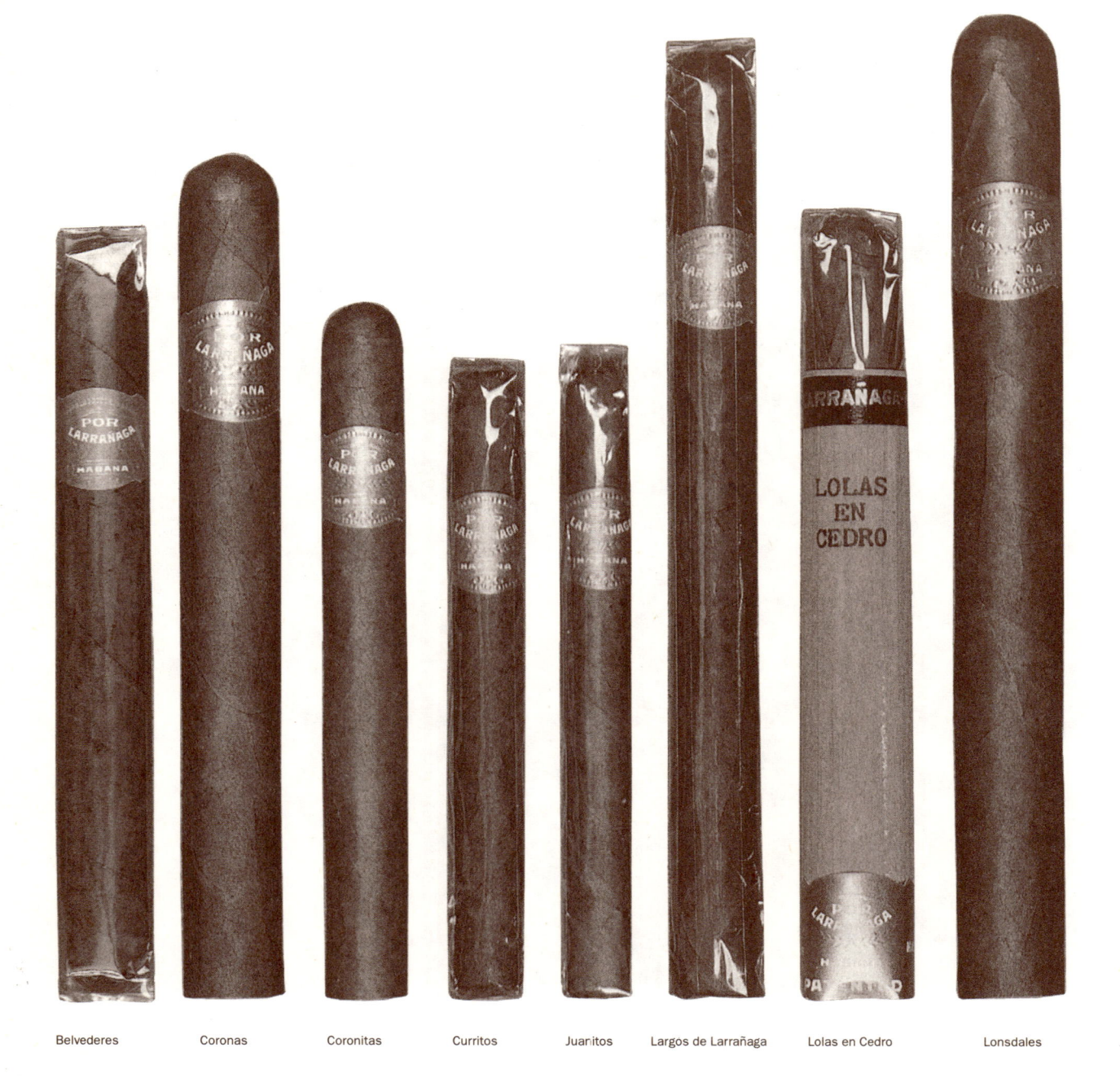

Belvederes   Coronas   Coronitas   Curritos   Juanitos   Largos de Larrañaga   Lolas en Cedro   Lonsdales

Handels- name	Produktions- name	Länge	Durchmesser	Ringmaß	Bewertung
Belvederes	Belvederes	125 mm	15,48 mm	39	Mild und aromatisch. Ebenso wie die meisten anderen Formate dieser Marke schwer zu bekommen.
Coronas	Corona	142 mm	16,67 mm	42	Geschmack und Aroma unauffällig. Nur für erfahrene Gaumen zu empfehlen.
Coronitas	Panetelas	117 mm	13,49 mm	34	Mild. Gut für den morgendlichen Genuß.
Curritos	Chicos	106 mm	11,51 mm	29	Nur leicht aggressiv. Trotz der kleinen Dimensionen sehr öliger Geschmack.
Juanitos	Chicos	106 mm	11,51 mm	29	Vergleichbar den ›Curritos‹.
Largos de Larrañaga	Deliciosos	159 mm	13,89 mm	35	Aromatisch, bei gutem Brandverhalten. Paßt zur Zwischenmahlzeit am Nachmittag.
Lolas en Cedro	Petit Corona	129 mm	16,67 mm	42	Ohne Aggressivität, jedoch stark. Entwickelt im zweiten Drittel ein angenehmes Aroma.
Lonsdales	Cervante	165 mm	16,67 mm	42	Mild und gleichzeitig stark, dabei aromatisch.

Por Larrañaga

Montecarlos　　Panetelas　　Petit Coronas　　Small Coronas　　Super Cedros

Handels- name	Produktions- name	Länge	Durchmesser	Ringmaß	Bewertung
Montecarlos	Deliciosos	159 mm	13,89 mm	35	Mild und aromatisch. Gleichmäßiges Brandverhalten.
Panetelas	Vegueritos	127 mm	14,68 mm	37	Leicht und mild. Das Aroma entfaltet sich vom ersten Drittel an.
Petit Coronas	Mareva	129 mm	16,67 mm	42	Reich im Geschmack, feines Aroma, sehr süß.
Small Coronas	Franciscano	116 mm	15,87 mm	40	Obwohl sehr gedrungen, nur leicht aggressiv. Geeignet für den Morgen und frühen Nachmittag.
Super Cedros	Standard	123 mm	15,87 mm	40	Aromatisch und reich im Geschmack. Gutes Brandverhalten.

Punch

Royal Coronation Royal Selection No. 11 Royal Selection No. 12 Selection de luxe No. 2

Handels- name	Produktions- name	Länge	Durchmesser	Ringmaß	Bewertung
Royal Coronation	Corona	142 mm	16,67 mm	42	Aromatisch, sehr ausgewogen, mild und harmonisch. Für Liebhaber.
Royal Selection No. 11	Corona Gorda	143 mm	18,26 mm	46	Reich in Geschmack und Aroma. Angenehm. Das Aroma entwickelt auf halber Höhe seine Würze. Für Liebhaber.
Royal Selection No. 12	Mareva	129 mm	16,67 mm	42	Tendenz zur Aggressivität. Unauffälliges Aroma. Kann enttäuschen.
Selection de luxe No. 2	Mareva	129 mm	16,67 mm	42	Weniger aggressiv als die ›Royal Selection No. 12‹. Auch vom Aroma her relativ unauffällig.

Punch

Souvenirs de luxe | Souvenirs de luxe | Super Selection No. 1 | Super Selection No. 2 | Très Petit Coronas | Gran Coronas

Handels- name	Produktions- name	Länge	Durchmesser	Ringmaß	Bewertung
Souvenirs de luxe	Petit Corona	129 mm	16,67 mm	42	Entwickelt nach und nach interessante Aromen. Angenehm.
Souvenirs de luxe	Londres	126 mm	15,87 mm	40	Nur leicht aggressiv, mit erdigem Aroma.
Super Selection No. 1	Corona Grande	155 mm	16,67 mm	42	Reicher Geschmack, wobei sich die Aromen durchsetzen. Sehr präsent, mit wenig Feinheit. Für Liebhaber.
Super Selection No. 2	Corona Gorda	143 mm	18,26 mm	46	Gutes Brandverhalten. Überaus reiches Aroma, mannigfaltiger Geschmack, viel Bouquet. Für Connaisseure.
Très Petit Coronas	Minuto	110 mm	16,67 mm	42	Stark und kräftig, jedoch mit unauffälligem Aroma. Für Liebhaber.
Gran Coronas	Superiores	146 mm	15,87 mm	40	Waldiges Bouquet. Gut geeignet zur Abrundung einer Mittagsmahlzeit.

Punch

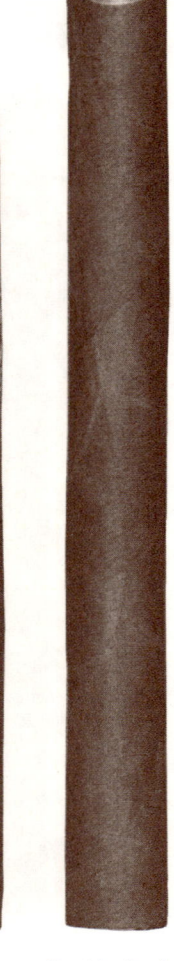

| Ninfas | Palmas Reales | Panetelas | Panetelas Grandes | Petit Coronas del Punch | Diademas Extra |

Handels- name	Produktions- name	Länge	Durchmesser	Ringmaß	Bewertung
Ninfas	Ninfas	178 mm	13,10 mm	33	Mild, unauffällig, aber genußvoll. Gleichmäßiges Brandverhalten. Besonders für tagsüber zu empfehlen.
Palmas Reales	Cremas	140 mm	15,87 mm	40	Nur leicht aggressiv. Entfaltet eine angenehme Würze.
Panetelas	Panetelas	117 mm	13,49 mm	34	Mild, ohne viel Raffinesse. Für den morgendlichen Rauchgenuß.
Panetelas Grandes	Ninfas	178 mm	13,10 mm	33	Das Brandverhalten erschwert den Rauchgenuß. Für Liebhaber kräftiger Zigarren.
Petit Coronas del Punch	Mareva	129 mm	16,67 mm	42	Leicht würziger Geschmack, schwaches Aroma, aber von akzeptabler Qualität.
Diademas Extra	Gran Corona	235 mm	18,65 mm	47	Trotz des großen Formats relativ mild und aromatisch. Braucht beim Rauchen Zeit.

Punch

Petit Coronations Petit Punch Petit Punch de luxe Presidentes Punchinellos Punch Punch

Handels- name	Produktions- name	Länge	Durchmesser	Ringmaß	Bewertung
Petit Coronation	Franciscano	116 mm	15,87 mm	40	Nicht aggressiv. Schon vom ersten Drittel an entfaltet sich ein waldiger Geschmack.
Petit Punch	Perla	102 mm	15,87 mm	40	Nur leicht aggressive Aromen, reich im Geschmack. Ausgewogen. Gut geeignet für Anfänger.
Petit Punch de luxe	Perla	102 mm	15,87 mm	40	Angenehm leichte Aromen. Da der Gaumen nicht angegriffen wird, entfaltet sich ein wohltuender Rauchgenuß.
Presidentes	Mareva	129 mm	16,67 mm	42	Leichte Zigarre ohne große Feinheiten im Aroma. Für Anfänger.
Punchinellos	Panetelas	117 mm	13,49 mm	34	Mild und angenehm. Gut geeignet für den Rauchgenuß am Morgen und am Nachmittag.
Punch Punch	Corona Gorda	143 mm	18,26 mm	46	Aromatisches, sehr ausgewogenes und harmonisches Format. Für Liebhaber.

Punch

Belvederes   Black Prince   Cigarillos   Coronas   Coronations

Handels- name	Produktions- name	Länge	Durchmesser	Ringmaß	Bewertung
Belvederes	Belvederes	125 mm	15,48 mm	39	Leicht, mit wenig Feinheit. Für jeden geeignet.
Black Prince	Corona Gorda	143 mm	18,26 mm	46	Mild und unauffällig. Eine leichte Zigarre, die für jeden geeignet ist.
Cigarillos	Chicos	106 mm	11,51 mm	29	Kleines, gut zu rauchendes Format, das sich auch für Anfänger eignet.
Coronas	Corona	142 mm	16,67 mm	42	Die leichten Aromen hinterlassen nicht gerade viel Eindruck. Wenig Feinheit. Für tagsüber.
Coronations	Mareva	129 mm	16,67 mm	42	Leichte Zigarre. Ihr großer Vorteil: Sie ist gut bei sich zu tragen.

Punch

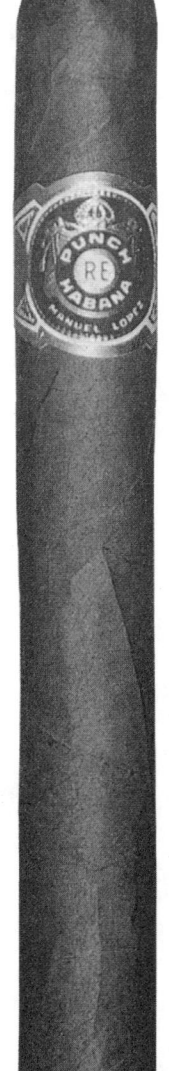

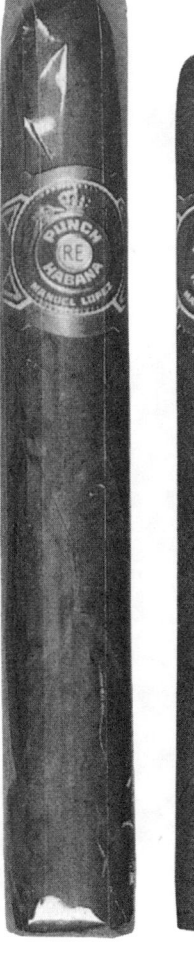

| Churchills | Exquisitos | Margaritas | Monarcas | Double Coronas | Nacionales |

Handels- name	Produktions- name	Länge	Durchmesser	Ringmaß	Bewertung
Churchills	Julieta 2	178 mm	18,65 mm	47	Leicht, sehr ausgewogen, obwohl sich die Aromen nicht übermäßig entfalten. Angenehm zu rauchen.
Exquisitos	Petit Cetro	129 mm	15,87 mm	40	Nur leicht. Das Aroma bleibt unauffällig.
Margaritas	Carolina	121 mm	10,32 mm	26	Beim Rauchen entsteht ein schönes Equilibrium zwischen Aroma und Körper. Für morgens und zum Aperitif.
Monarcas	Julieta 2	178 mm	18,65 mm	47	Reich an Würze, mit leichten Aromen. Zwar etwas fehlende Feinheit, dennoch sehr angenehmer Rauchgenuß.
Double Coronas	Prominente	194 mm	19,45 mm	49	Stark, ohne aggressiv zu sein, große Festigkeit. Der Geschmack entfaltet sich während des Rauchens.
Nacionales	Cosaco	135 mm	16,67 mm	42	Ausgewogen und aromatisch. Angenehm. Für den Nachmittag.

Quai d'Orsay

Coronas Claro | Coronas Claro Claro | Gran Coronas | Imperiales | Panetelas

Handels-name	Produktions-name	Länge	Durchmesser	Ringmaß	Bewertung
Coronas Claro	Corona	142 mm	16,67 mm	42	Ölige Zigarre, bei der ein waldiger Geschmack vorherrscht. Entwickelt sich während des Rauchens.
Coronas Claro Claro	Corona	142 mm	16,67 mm	42	Der ›Coronas Claro‹ vergleichbar, jedoch mit hellerem Deckblatt.
Gran Coronas	Corona Grande	155 mm	16,67 mm	42	Sehr feines Aroma, mit ausgeprägt waldigem Geschmack. Leicht zu rauchen. Schmeckt vor allem nach Tisch.
Imperiales	Julieta 2	178 mm	18,65 mm	47	Mild, mit einer angenehmen Vielfalt im Aroma. Leicht zu rauchen. Für Fortgeschrittene.
Panetelas	Ninfas	178 mm	13,10 mm	33	Mild und aromatisch. Für jeden geeignet.

Quintero

Brevas   Coronas Selectas   Coronas   Churchills   Londres

Handels- name	Produktions- name	Länge	Durchmesser	Ringmaß	Bewertung
Brevas	Nacionales	140 mm	15,87 mm	40	Kräftiges Bouquet, markante Aromen, reich im Geschmack. Für Connaisseure.
Coronas Selectas	Corona	142 mm	16,67 mm	42	Stark, mit erdigem Geschmack. Für Liebhaber.
Coronas	Corona	142 mm	16,67 mm	42	Ohne viel Feinheit. Ganz der Tradition der Marke ›Quintero‹ verpflichtet.
Churchills	Cervante	165 mm	16,67 mm	42	Das sehr erdige Aroma könnte einen etwas rauhen Rauchgenuß vermitteln. Für Liebhaber kräftiger Zigarren.
Londres	Standard	123 mm	15,87 mm	40	Aggressive, kräftige Zigarre, mit wenig Aroma.

Quintero

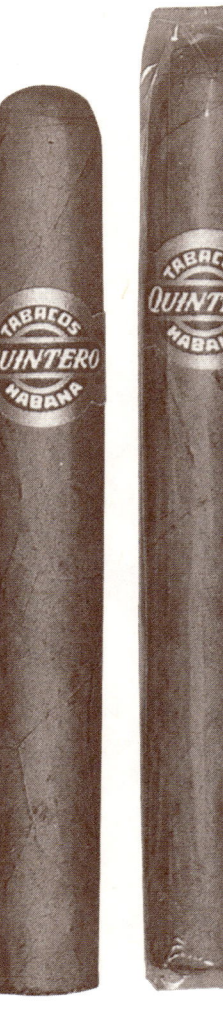

Londres Extra · Medias Coronas · Medias Coronas Selectas · Nacionales · Panetelas · Puritos

Handels- name	Produktions- name	Länge	Durchmesser	Ringmaß	Bewertung
Londres Extra	Standard	123 mm	15,87 mm	40	Ebenso aggressiv wie die ›Londres‹, jedoch aromatischer.
Medias Coronas	Londres	126 mm	15,87 mm	40	Kräftige Zigarre, mit erdigem Aroma.
Medias Coronas Selectas	Londres	126 mm	15,87 mm	40	Wenig Feinheit im Aroma, bewahrt die Zigarre aber stets einen kräftigen Charakter.
Nacionales	Nacionales	140 mm	15,87 mm	40	Äußerst aggressiv, mit durchgängig erdigem Aroma.
Panetelas	Veguerito	127 mm	14,68 mm	37	Wie alle Formate dieser Marke ist auch dieses sehr kräftig.
Puritos	Chicos	106 mm	11,51 mm	29	Trotz der kleinen Maße bisweilen überwältigend aggressiv. Wie alle ›Quinteros‹ selten zu bekommen.

Rafaël González

Cigarritos   Coronas Extra   Demi-Tasse   Lonsdales   Panetelas

Handels- name	Produktions- name	Länge	Durchmesser	Ringmaß	Bewertung
Cigarritos	No. 3	115 mm	10,32 mm	26	Aromatisches, ausgewogenes Cigarillo. Sehr angenehm. Für »etwas ältere« Damen und »jüngere« Anfänger.
Coronas Extra	Corona Gorda	143 mm	18,26 mm	46	Stark, aber ohne Aggressivität, angenehmes Aroma. Gleichmäßiges Brandverhalten.
Demi-Tasse	Entreacto	100 mm	11,91 mm	30	Gleichmäßiges Brandverhalten, daher durchgängig angenehmer Rauchgenuß.
Lonsdales	Cervante	165 mm	16,67 mm	42	Wenig aggressiv und ölig, feines Aroma. Erfreut sich großer Beliebtheit.
Panetelas	Panetela	117 mm	13,49 mm	34	Leichte Zigarre, geringer Mangel an Würze. Hinterläßt kaum Spuren auf dem Gaumen. Einfach zu rauchen.

Rafaël González

Petit Coronas   Petit Lonsdales   Slenderellas   Très Petit Lonsdales   Panetelas Extra

Handels- name	Produktions- name	Länge	Durchmesser	Ringmaß	Bewertung
Petit Coronas	Mareva	129 mm	16,67 mm	42	Leicht und frisch, mit unauffälligem Aroma. Ohne große Persönlichkeit. Für tagsüber.
Petit Lonsdales	Mareva	129 mm	16,67 mm	42	Ziemlich aggressiv, kräftiges Bouquet, dennoch milder Geschmack. Nur für Liebhaber geeignet.
Slenderellas	Panetelas Largas	175 mm	11,11 mm	28	Besticht eher durch ihre Milde als durch die Frische ihrer Würze. Reich im Geschmack.
Très Petit Lonsdales	Franciscano	116 mm	15,87 mm	40	Trotz der geringen Größe stark und würzig. Vor allem nach einem guten Frühstück zu genießen.
Panetelas Extra	Veguerito	127 mm	14,68 mm	37	Eine erfreuliche Aromenvielfalt für ein so kleines Format. Angenehm im Geschmack.

Ramon Allones

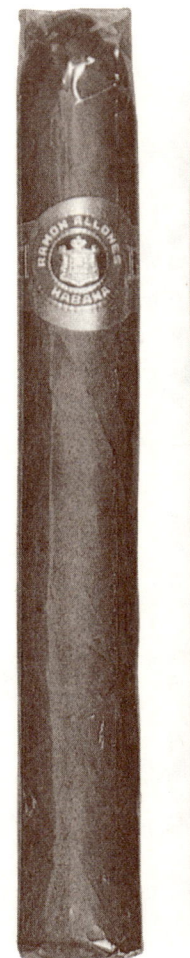

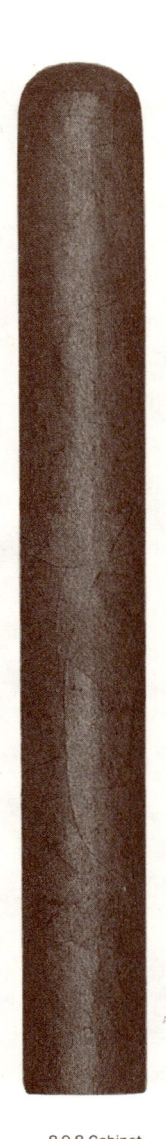

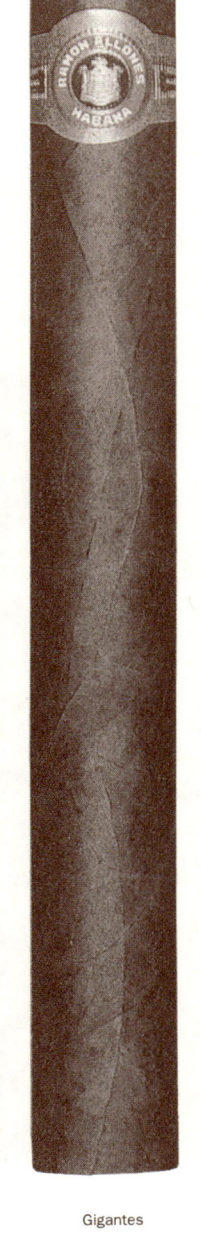

| Mille Fleurs | Panetelas | Petit Coronas | 8-9-8 Varnished | 8-9-8 Cabinet | Gigantes | Delgados |

Handels- name	Produktions- name	Länge	Durchmesser	Ringmaß	Bewertung
Mille Fleurs	Petit Corona	129 mm	16,67 mm	42	Wenig Aroma, erdiger Geschmack.
Panetelas	Conchitas	127 mm	13,89 mm	35	Relativ wenig aggressiv. Die Aromenvielfalt ist eher begrenzt.
Petit Coronas	Mareva	129 mm	16,67 mm	42	Aggressiv. Brennt schnell herunter. Für den erdigen Geschmack nicht stark genug ausgeprägtes Aroma.
8-9-8 Varnished	Dalia	170 mm	17,07 mm	43	Nur leicht aggressiv, mild. Gutes Brandverhalten. Für Eingeweihte.
8-9-8 Cabinet	Corona	142 mm	16,67 mm	42	Leichtes Aroma, schwacher Geschmack. Gut tagsüber zu rauchen.
Gigantes	Prominente	194 mm	19,45 mm	49	Vielfältige Würze, sehr aromatisch, ausgeprägter Geschmack. Für Eingeweihte.
Delgados	Toppers	160 mm	15,48 mm	39	Vielfältiges Aroma, reicher Geschmack. Setzt sich auch nach einer ausgiebigen Mahlzeit durch.

Ramon Allones

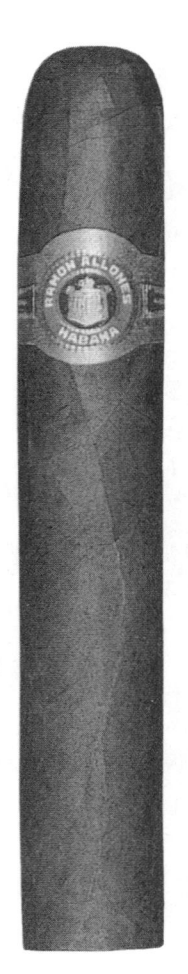

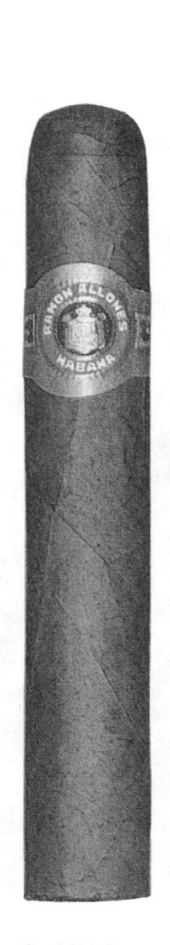

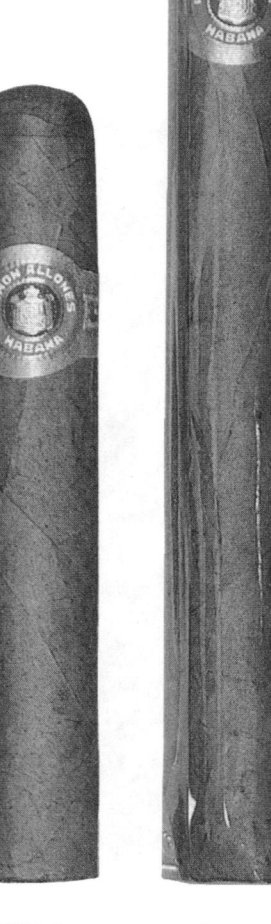

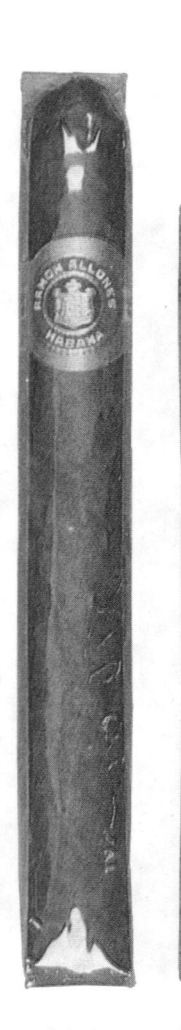

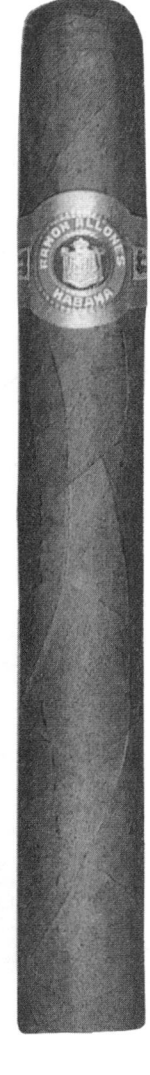

| Ramondos | Allones Specially Selected | Ramonitas | Small Club Coronas | Toppers | Belvederes | Bits of Havana | Coronas |

Handels- name	Produktions- name	Länge	Durchmesser	Ringmaß	Bewertung
Ramondos	Crema	140 mm	15,87 mm	40	Nur leicht aggressiv. Läßt sich nach dem Mittagessen angenehm rauchen.
Allones Specially Selected	Robusto	124 mm	19,84 mm	50	Eine Zigarre, die ihre Aromen gut entfaltet. Ausgeprägter Geschmack. Für Eingeweihte.
Ramonitas	Carolinas	121 mm	10,32 mm	26	Kleine, »rauhe« Zigarre. Keine würdige Repräsentantin der Havanna-Familie.
Small Club Coronas	Minutos	110 mm	16,67 mm	42	Gutes Brandverhalten. Regelrecht »verführerisch«, eignet sich dieses Format für tagsüber.
Toppers	Toppers	160 mm	15,48 mm	39	Reich im Geschmack, wobei sich die Würze nach dem ersten Drittel entwickelt. Für Eingeweihte.
Belvederes	Belvederes	125 mm	15,48 mm	39	Sehr direkt, fehlt es dem Aroma bisweilen an Feinheit.
Bits of Havana	Chicos	106 mm	11,51 mm	29	Trotz der geringen Maße relativ aggressiv. Nicht geeignet für Anfänger.
Coronas	Corona	142 mm	16,67 mm	42	Angenehm, mit traditionellem Geschmack. Leicht zu rauchen. Für jeden geeignet.

(El) Rey del Mundo

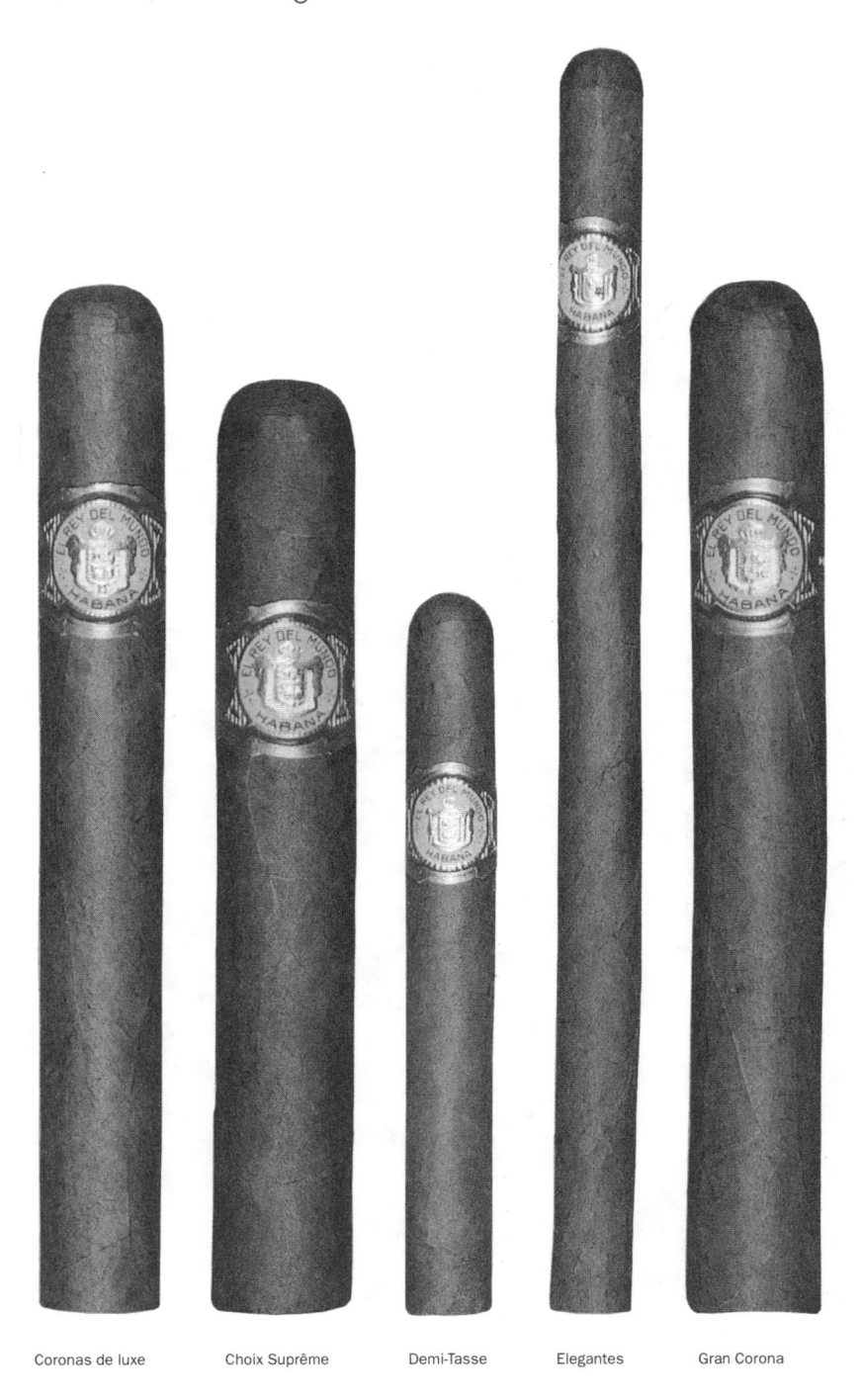

Coronas de luxe   Choix Suprême   Demi-Tasse   Elegantes   Gran Corona

Handels- name	Produktions- name	Länge	Durchmesser	Ringmaß	Bewertung
Coronas de luxe	Corona	142 mm	16,67 mm	42	Mild, geringe Feinheit, wenig markante Aromen. Für den morgendlichen Rauchgenuß und für Anfänger.
Choix Suprême	Hermoso No. 4	127 mm	19,05 mm	48	Mild. Zwar aromatisch, doch es fehlt etwas an Besonderheit. Für jeden geeignet.
Demi-Tasse	Entreacto	100 mm	11,91 mm	30	Kleine, leichte, ausgewogene Zigarre. Gutes Brandverhalten. Sollte wie ein Cigarillo geraucht werden.
Elegantes	Panetelas Largas	175 mm	11,11 mm	28	Viele Zigarren dieses Formats sind äußerst aggressiv, wodurch Aroma und Geschmack leiden.
Gran Corona	Corona Gorda	143 mm	18,26 mm	46	Milde, leichte Zigarre. Aroma etwas zu unauffällig. Nicht repräsentativ für ein ›Corona-Gorda‹-Format.

(El) Rey del Mundo

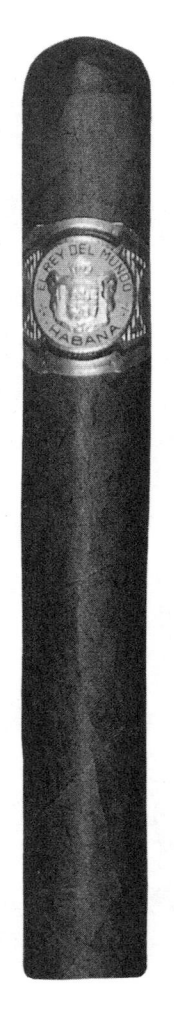

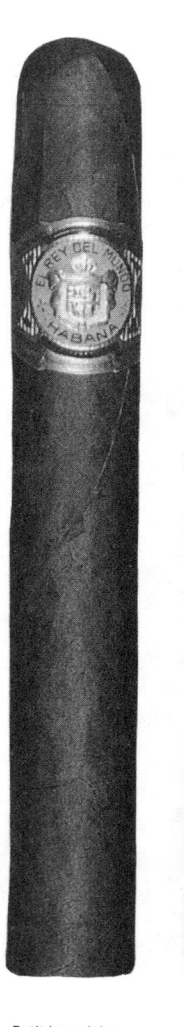

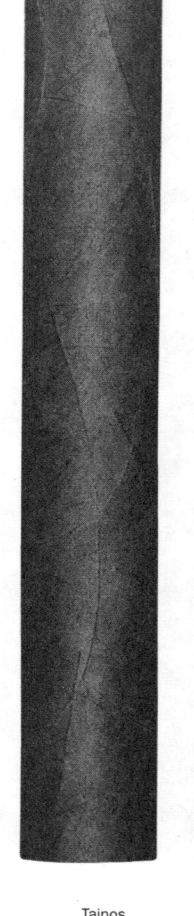

Petit Coronas Petit Lonsdales Señoritas Tainos Variedales

Handels- name	Produktions- name	Länge	Durchmesser	Ringmaß	Bewertung
Petit Coronas	Mareva	129 mm	16,67 mm	42	Nur leicht aggressiv, kaum Aroma. Bietet wenig Rauchgenuß.
Petit Lonsdales	Mareva	129 mm	16,67 mm	42	Für viele Raucher sicherlich zu leicht. Nichts für jemanden, der Stärke und Aroma sucht.
Señoritas	No. 3	115 mm	10,32 mm	26	Eignet sich sehr gut für »etwas ältere« Damen und für »etwas jüngere« Anfänger.
Tainos	Julieta 2	178 mm	18,65 mm	47	Frisch und leicht. Angenehmer Rauchgenuß. Gut geeignet für den Einstieg in dieses Format.
Variedales	Chicos	106 mm	11,51 mm	29	Dieses Format fände sicherlich viel Anklang, wenn es leichter zu bekommen wäre.

(El) Rey del Mundo

Isabel	Lonsdales	Lunch Club	Panetelas Largas	Grandes de España	

Handels- name	Produktions- name	Länge	Durchmesser	Ringmaß	Bewertung
Isabel	Carlotas	143 mm	13,89 mm	35	Frisch und regelrecht »schmeichlerisch«. Daher ideal für Anfänger.
Lonsdales	Cervante	165 mm	16,67 mm	42	Sehr leicht, da zu wenig Körper. Läßt Profil vermissen. Für jeden geeignet.
Lunch Club	Franciscano	116 mm	15,87 mm	40	Kleines, nur leicht aggressives Format. Gut geeignet als Einstieg in das »Universum der Havannas«.
Panetelas Largas	Panetela Larga	175 mm	11,11 mm	28	Mild und elegant. Zu jeder Tageszeit ein angenehmer Rauchgenuß.
Grandes de España	Delicados	192 mm	15,08 mm	38	Obwohl vom Aroma her schwach und mild, ist der Rauchgenuß angenehm. Gutes Brandverhalten.

Romeo y Julieta

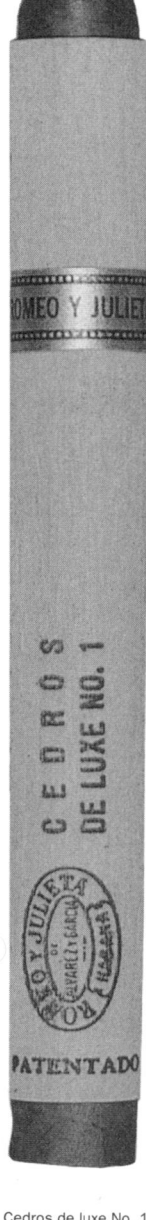

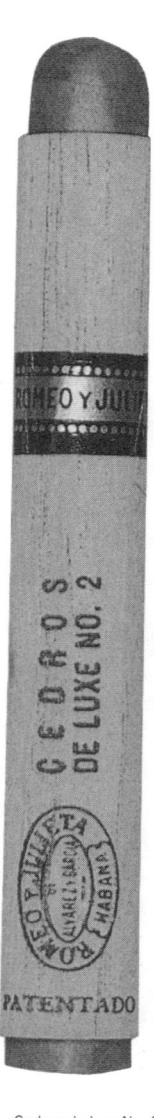

| Belvederes | Cazadores | Culebras | Cedros de luxe No. 1 | Cedros de luxe No. 2 | Cedros de luxe No. 3 | Celestiales Finos |

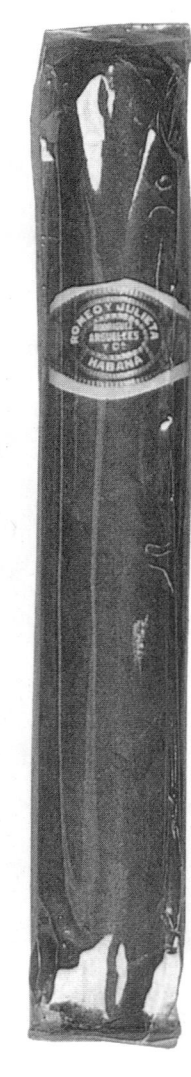

Handels- name	Produktions- name	Länge	Durchmesser	Ringmaß	Bewertung
Belvederes	Belvederes	125 mm	15,48 mm	39	Durch den vollen Körper kommen die Aromen gut zum Tragen. Leider schwer zu bekommen.
Cazadores	Cazadores	162 mm	17,46 mm	44	Aggressiv, sehr stark, äußerst markante Aromen. Für Liebhaber kräftiger Zigarren.
Culebras	Culebras	146 mm	15,48 mm	39	Schöner anzusehen als zu rauchen. Eine Rarität.
Cedros de luxe No. 1	Cervante	165 mm	16,67 mm	42	Schwaches Aroma und frischer Geschmack. Wenig Charakter. Findet vor allem bei Anfängern Anklang.
Cedros de luxe No. 2	Corona	142 mm	16,67 mm	42	Frisch und einfach zu rauchen. Für Anfänger hervorragend geeignet.
Cedros de luxe No. 3	Mareva	129 mm	16,67 mm	42	Dieses leichte Format wirkt etwas zu harmlos. Einfach zu rauchen.
Celestiales Finos	Britanicas	137 mm	18,26 mm	46	Stark, mit sehr markanten Aromen und harmonischer Würze. Reicher Geschmack. Ein Genuß für Eingeweihte.

Romeo y Julieta

Clarines Clemenceau Club Kings Coronas Coronas Grandes

Handels-name	Produktions-name	Länge	Durchmesser	Ringmaß	Bewertung
Clarines	Coronita	117 mm	15,87 mm	40	Leicht. Einfach zu rauchen. Aufgrund der niedrigen Produktionsmenge selten zu bekommen.
Clemenceau	Julieta 2	178 mm	18,65 mm	47	Milder und mit weniger kräftigem Bouquet, dafür feinerem Aroma als die ›Churchills‹. Für Liebhaber.
Club Kings	Mareva	129 mm	16,67 mm	42	Durchgängig mild und gering ausgeprägtes Aroma bei gleichmäßigem Brandverhalten.
Coronas	Corona	142 mm	16,67 mm	42	Nur leicht aggressiv, unauffälliges Aroma. Gleichmäßig. Eine der repräsentativsten ›Coronas‹.
Coronas Grandes	Corona Grande	155 mm	16,67 mm	42	Mild und leichtes Aroma. Angenehm zu rauchen. Für jeden geeignet.

Romeo y Julieta

Coronitas   Coronitas en Cedro   Excepcionales   Exhibición No. 3   Exhibición No. 4   Churchills

Handels- name	Produktions- name	Länge	Durchmesser	Ringmaß	Bewertung
Coronitas	Petit Cetro	129 mm	15,87 mm	40	Nicht besonders stark. Es fehlt ein wenig an Charakter.
Coronitas en Cedro	Petit Cetro	129 mm	15,87 mm	40	Relativ wenig aggressiv, mit leichtem Aroma. Angenehm.
Excepcionales	Petit Corona	129 mm	16,67 mm	42	Mild. Die Aromen entfalten sich auf halber Höhe.
Exhibición No. 3	Corona Gorda	143 mm	18,26 mm	46	Starke Zigarre mit markanten Aromen, aber wenig Feinheit. Für Liebhaber.
Exhibición No. 4	Hermoso No. 4	127 mm	19,05 mm	48	Reiches, subtiles Bouquet, sehr ausgeprägte Aromen. Langer Nachgeschmack. Ein »Aushängeschild«.
Churchills	Julieta 2	178 mm	18,65 mm	47	Starker Geschmack mit viel Bouquet und markanten Aromen. Sehr zu empfehlen. Für Eingeweihte.

Romeo y Julieta

Exquisitos   Favoritas   Julietas   Mille Fleurs   Montagues   Nacionales

Handels- name	Produktions- name	Länge	Durchmesser	Ringmaß	Bewertung
Exquisitos	Petit Cetro	129 mm	15,87 mm	40	Leicht, mit wenig Feinheit. Für jeden geeignet.
Favoritas	Belvederes	125 mm	15,48 mm	39	Unauffälliges Aroma bei gleichmäßigem Brandverhalten. Schmeckt gut nach einer leichten Mahlzeit.
Julietas	Franciscano	116 mm	15,87 mm	40	Mild und aromatisch. Gleichmäßig.
Mille Fleurs	Petit Corona	129 mm	16,67 mm	42	Macht mit ihrem vielfältigen Aroma ihrem Namen – ›Tausend Blüten‹ – alle Ehre. Selten zu bekommen.
Montagues	Toppers	160 mm	15,48 mm	39	Sehr unauffälliges Aroma. Bisweilen fehlt es etwas an Charakter.
Nacionales	Cosaco	135 mm	16,67 mm	42	Nur leicht aggressiv. Während des Rauchens entwickelt sich ein starkes Aroma.

Romeo y Julieta

Palmas Reales | Panetelas | Perfectos | Petit Coronas | Petit Julietas | Chicos

Handels- name	Produktions- name	Länge	Durchmesser	Ringmaß	Bewertung
Palmas Reales	Ninfas	178 mm	13,10 mm	33	Mild, mit leichtem Aroma. Ein feines und elegantes Format.
Panetelas	Panetela	117 mm	13,49 mm	34	Mild. Bisweilen fehlt es an Feinheit.
Perfectos	Perfecto	127 mm	17,46 mm	44	Relativ stark und aromatisch. Bisweilen fehlt es an Feinheit.
Petit Coronas	Mareva	129 mm	16,67 mm	42	Ziemlich stark, aber wenig aromatisch, mit geringer Feinheit. Empfiehlt sich für den Nachmittag.
Petit Julietas	Entreacto	100 mm	11,91 mm	30	Mild. Fast ohne Geschmack. Lediglich für Anfänger geeignet.
Chicos	Chicos	106 mm	11,51 mm	29	Frisch und leicht. Schmeckt gut am Morgen und zum Aperitif.

Romeo y Julieta

Romeo No. 1 de luxe · Romeo No. 1 · Romeo No. 2 de luxe · Romeo No. 2 · Romeo No. 3 de luxe · Romeo No. 3 · Shakespeare · Sport Largos

Handels-name	Produktions-name	Länge	Durchmesser	Ringmaß	Bewertung
Romeo No. 1 de luxe	Corona	142 mm	16,67 mm	42	Mild und leicht. Gut geeignet für Anfänger.
Romeo No. 1	Crema	140 mm	15,87 mm	40	Wenig Persönlichkeit. Passend zu jeder Gelegenheit.
Romeo No. 2 de luxe	Mareva	129 mm	16,67 mm	42	Zu leicht, mit geringem Aroma. Für Fortgeschrittene.
Romeo No. 2	Petit Corona	129 mm	16,67 mm	42	Völlig anspruchslos. Für Anfänger.
Romeo No. 3 de luxe	Franciscano	116 mm	15,87 mm	40	Leicht, mit wenig Feinheit. Eine typische »Morgenzigarre«.
Romeo No. 3	Coronita	117 mm	15,87 mm	40	Wenig Persönlichkeit. Passend zu jeder Gelegenheit.
Shakespeare	Panetela Larga	175 mm	11,11 mm	28	Leicht und aromatisch. Erlaubt einen angenehmen Rauchgenuß.
Sport Largos	Sports	117 mm	13,89 mm	35	Leichte und angenehme Zigarre. Paßt ausgezeichnet zum Aperitif.

Romeo y Julieta

Petit Princess · Plateados de Romeo · Plateados de Romeo · Prince of Wales · Regalias de Londres · Regalias de la Habana · Très Petit Coronas

Handels- name	Produktions- name	Länge	Durchmesser	Ringmaß	Bewertung
Petit Princess	Perla	102 mm	15,87 mm	40	Frisch und leicht. Zu jeder Tageszeit rauchbar.
Plateados de Romeo	Mareva	129 mm	16,67 mm	42	Sehr reicher Geschmack. Daher eher für Eingeweihte geeignet.
Plateados de Romeo	Petit Cetro	129 mm	15,87 mm	40	Weniger subtil als das ›Mareva‹-Format. Ebenso wie dieses aber nur für Eingeweihte zu empfehlen.
Prince of Wales	Julieta 2	178 mm	18,65 mm	47	Weniger aggressiv, außerdem milder als die Clemenceau. Daher durchaus für Anfänger geeignet.
Regalias de Londres	Coronita	117 mm	15,87 mm	40	Das Aroma ist durchgängig angenehm. Sehr ausgewogen.
Regalias de la Habana	Belvederes	125 mm	15,48 mm	39	Relativ voller Körper. Dennoch bleiben die Aromen ziemlich unauffällig.
Très Petit Coronas	Franciscano	116 mm	15,87 mm	40	Kleine aromatische Zigarre mit angenehmem Geschmack. Prädestiniert für den Morgen.

Sancho Panza

Bachilleres   Belicosos   Coronas

Handels- name	Produktions- name	Länge	Durchmesser	Ringmaß	Bewertung
Bachilleres	Franciscano	116 mm	15,87 mm	40	Kleines, leichtes Format. Nicht besonders originell, aber dennoch gefällig. Für Anfänger.
Belicosos	Campana	140 mm	20,64 mm	52	Mild, sehr aromatisch, mit rundem Geschmack. Gutes Brandverhalten. Reiche, angenehme Entfaltung.
Coronas	Corona	142 mm	16,67 mm	42	Mild und aromatisch, regelrecht »raffiniert«. Eine gute Repräsentantin dieser Marke.

Sancho Panza

Non Plus   Tronquitos   Molinos   Dorados   Coronas Gigantes   Sanchos

Handels- name	Produktions- name	Länge	Durchmesser	Ringmaß	Bewertung
Non Plus	Mareva	129 mm	16,67 mm	42	Recht stark, aber dennoch angenehm im Mund. Gutes Brandverhalten. Zu jeder Tageszeit rauchbar.
Tronquitos	Corona	142 mm	16,67 mm	42	Mild und fein. Zu jeder Tageszeit und jeder Gelegenheit ein Rauchgenuß.
Molinos	Cervante	165 mm	16,67 mm	42	Nicht aggressiv, raffiniert und verführerisch in den Aromen. Sehr ausgewogener Geschmack.
Dorados	Cervante	165 mm	16,67 mm	42	Angenehme, feine Aromen. Runder Geschmack. Das gleichmäßige Brandverhalten erhöht den Rauchgenuß.
Coronas Gigantes	Julieta 2	178 mm	18,65 mm	47	Gut gearbeitet, fein, von relativer Milde, mit angenehmen Aromen. Gleichmäßiges Brandverhalten.
Sanchos	Gran Corona	235 mm	18,65 mm	47	Mild und relativ leicht. Ein wahrer Genuß für Raucher, die bereit sind, mehrere Stunden Zeit zu »opfern«.

San Luis Rey

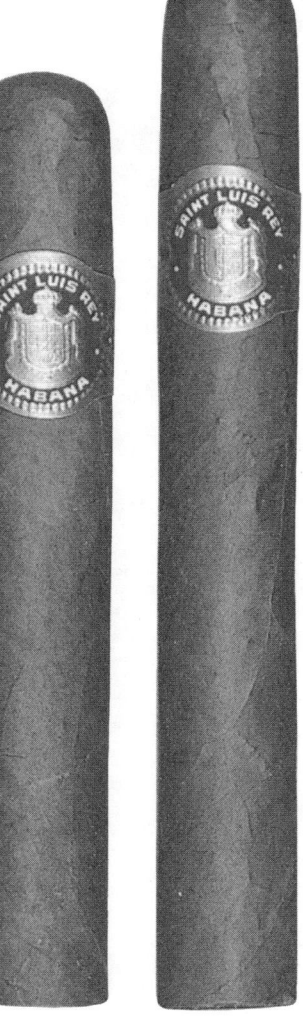

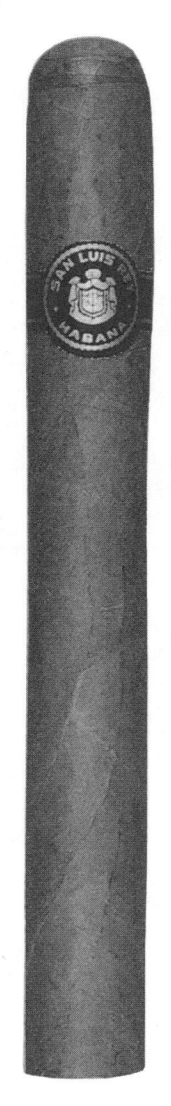

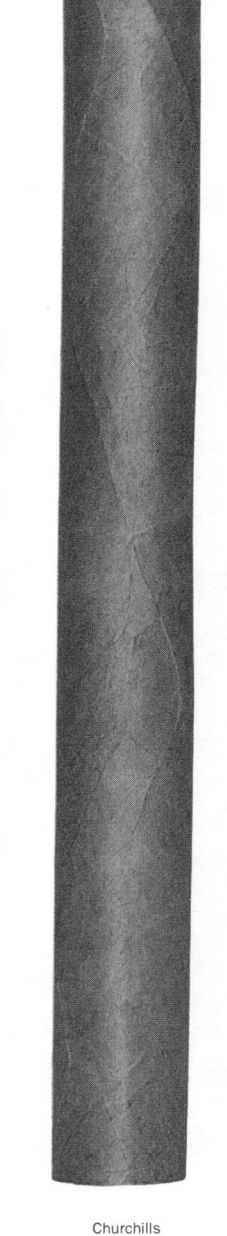

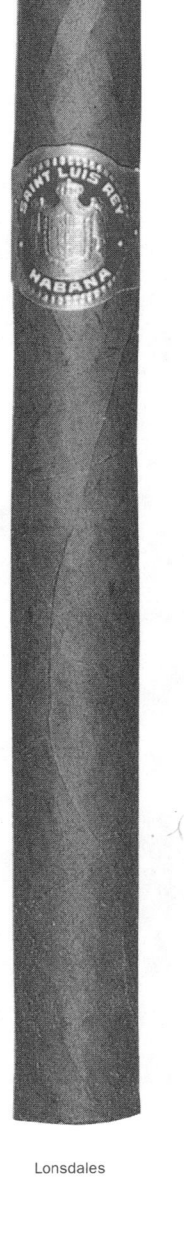

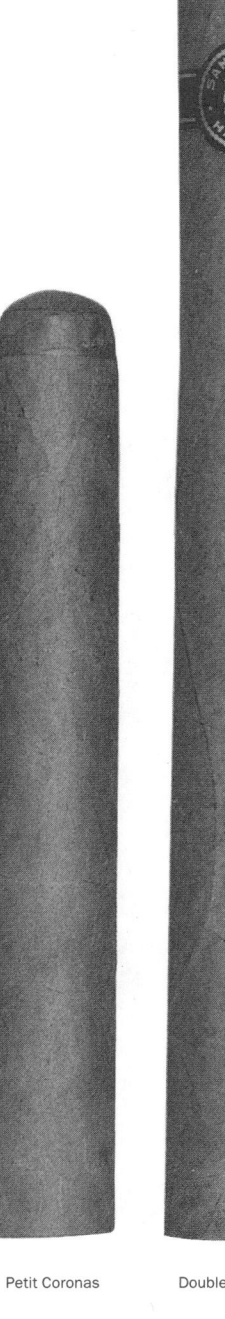

Handels-name	Produktions-name	Länge	Durchmesser	Ringmaß	Bewertung
Coronas	Corona Gorda	143 mm	18,26 mm	46	Reich im Geschmack. Die Aggressivität, die sich beim Rauchen entwickelt, mindert nicht die Qualität.
Regios	Hermosos No. 4	127 mm	19,05 mm	48	Mild, mit wenig markanten, aber dennoch angenehmen Aromen. Raucht sich gut in Gesellschaft.
Serie A	Corona Gorda	143 mm	18,26 mm	46	Mild, ausgewogen und aromatisch. Angenehm nach einer Mahlzeit.
Coronas	Corona	142 mm	16,67 mm	42	Weniger aggressiv als die vorhergehenden ›Coronas‹, aber dennoch reich im Geschmack. Nur für Eingeweihte.
Churchills	Julieta 2	178 mm	18,65 mm	47	Nur leicht aggressiv, mit würzigem Geschmack. Für Liebhaber nicht sehr starker Zigarren.
Lonsdales	Cervante	165 mm	16,67 mm	42	Mild und aromatisch, gegen Ende allerdings aggressiv. Für Liebhaber zur Abrundung der Abendmahlzeit.
Petit Coronas	Mareva	129 mm	16,67 mm	42	Kleines, starkes und öliges Format, das sich sehr gut zur Abrundung einer guten Abendmahlzeit eignet.
Double Coronas	Prominente	194 mm	19,45 mm	49	Beim Rauchen wird der Geschmack immer kräftiger, entwickeln sich auch subtile Aromen. Für Eingeweihte.

(Los) Statos de Luxe   Troya

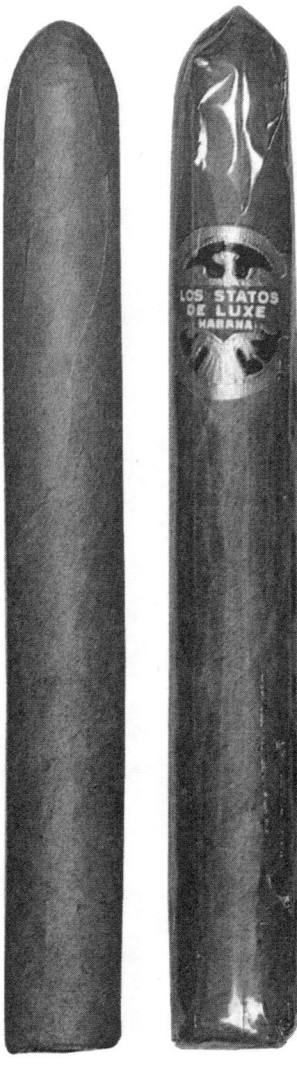

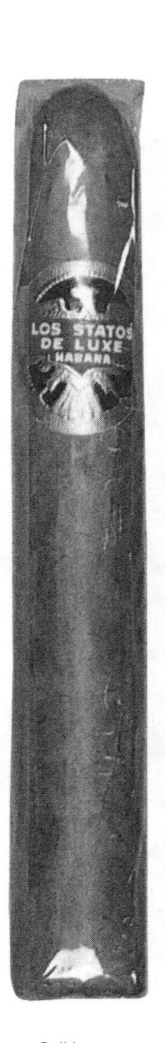

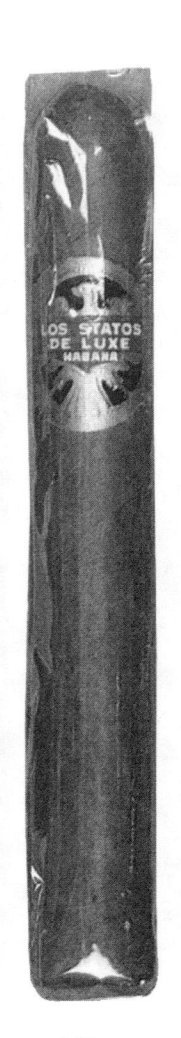

| Brevas | Cremas | Delirios | Dobles | Selectos | Universales | Coronas Club Tubulares |

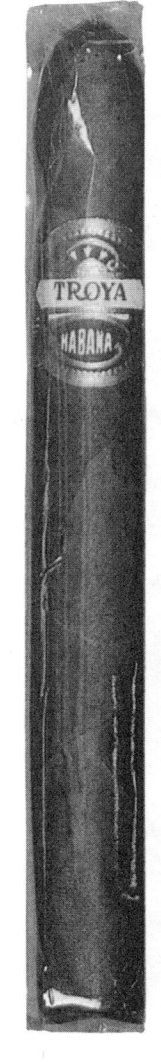

Handels-name	Produktions-name	Länge	Durchmesser	Ringmaß	Bewertung
Brevas	Nacionales	140 mm	15,87 mm	40	Entwickelt ihre Aromen im letzten Drittel. Schwer zu bekommen.
Cremas	Nacionales	140 mm	15,87 mm	40	Weniger aromatisch als die ›Brevas‹, jedoch ebenso gefällig. Schwer zu bekommen.
Delirios	Standard	123 mm	15,87 mm	40	Ohne große Anziehungskraft. Passend zu jeder Gelegenheit. Schwer zu bekommen.
Dobles	Standard	123 mm	15,87 mm	40	Wenig Feinheit im Aroma. Tagsüber zu rauchen. Schwer zu bekommen.
Selectos	Nacionales	140 mm	15,87 mm	40	Angenehm. Ohne besonderen Eindruck, aber rauchbar. Insgesamt wird diese Marke wenig produziert.
Universales	Universales	134 mm	15,08 mm	38	Die ›Universales‹ paßt in die Reihe der Havannas aus alten Zeiten. Äußerst selten.
Coronas Club Tubulares	Standard	123 mm	15,87 mm	38	Hat die schlechten Erntejahre nicht recht überstanden. Ebenso selten wie die ›Universales‹.

(H.) Upmann

| Amatistas | Aromaticos | Aromaticos | Belvederes | Cinco Bocas | Connaisseur No. 1 | Coronas |

Handels- name	Produktions- name	Länge	Durchmesser	Ringmaß	Bewertung
Amatistas	Superior	146 mm	15,87 mm	40	Für Raucher, die den traditionellen Havanna-Geschmack lieben. Sehr schwer zu bekommen.
Aromaticos	Petit Corona	129 mm	16,67 mm	42	Sehr direkt. Setzt sich auch nach einer reichhaltigen Mahlzeit ohne weiteres durch. Selten.
Aromaticos	Coronita	117 mm	15,87 mm	40	Kräftige Zigarre mit wenig Feinheit. Ergreift vom Gaumen des Rauchers brutal Besitz.
Belvederes	Belvederes	125 mm	15,48 mm	39	Zigarre mit (bisweilen zu leichter) Würze und wenig Feinheit. Hinterläßt kaum Eindruck auf dem Gaumen.
Cinco Bocas	Cervante	165 mm	16,67 mm	42	Angenehm zu rauchen, auch wenn sich die Würze wenig durchsetzt. Niedrige Produktionsmenge.
Connaisseur No. 1	Hermoso No. 4	127 mm	19,05 mm	48	Frisch und leicht. Hinterläßt keinen großen Eindruck auf dem Gaumen. Gutes Brandverhalten.
Coronas	Corona	142 mm	16,67 mm	42	Kräftige »direkte« Zigarre. Ganz in der Tradition des Hauses ›H. Upmann‹.

(H.) Upmann

Coronas Major — Coronas Minor — Cristales — Culebras — El Prado — Epicures — Especiales

Handels- name	Produktions- name	Länge	Durchmesser	Ringmaß	Bewertung
Coronas Major	Eminentes	132 mm	17,46 mm	44	Kräftiges Format, dem es an Feinheit fehlt. Für Liebhaber.
Coronas Minor	Coronita	117 mm	15,87 mm	40	Relativ leicht und mild. Zu jeder Stunde des Tages passend.
Cristales	Cosaco	135 mm	16,67 mm	42	Waldiges Aroma, wenig markant. Einzige Zigarre, die in einem Glasbehälter verkauft wird. Selten.
Culebras	Culebra	146 mm	15,48 mm	39	Besser anzuschauen als zu rauchen. Selten.
El Prado	Delicioso	159 mm	13,89 mm	35	Mild und leicht aromatisch. Gleichmäßiges Brandverhalten.
Epicures	Epicure	110 mm	13,89 mm	35	Manchmal aggressiv. Es fehlt an Feinheit.
Especiales	Crema	140 mm	15,87 mm	40	Reich im Geschmack. Schmeckt nach ihrer Heimaterde.

(H.) Upmann

| Petit Upmann | Preciosas | Regalias | Royal Coronas | Short Coronas | Singurales |

Handels- name	Produktions- name	Länge	Durchmesser	Ringmaß	Bewertung
Petit Upmann	Petit	108 mm	12,30 mm	31	Leichte Zigarre, ohne viel Finesse.
Preciosas	Demi-Tasse	100 mm	12,70 mm	32	Nicht sehr kräftig. Eignet sich hervorragend zum Aperitif.
Regalias	Petit Corona	129 mm	16,67 mm	42	Schmeckt sehr rein. Wie alle Formate dieser Reihe nur schwer zu bekommen.
Royal Coronas	Conserva	145 mm	17,46 mm	44	Stark. Der Geschmack gewinnt gleich zu Anfang die Oberhand. Erdiges Aroma, besonders in der Mitte.
Short Coronas	Cosacos	135 mm	16,67 mm	42	Gedrungenes Format mit wenig Feinheit, aber ganz in der Tradition der Marke.
Singurales	Coronita	117 mm	15,87 mm	40	Der gleiche durchdringende Geschmack wie die vorhergehenden Formate, jedoch nicht ganz so stark.

(H.) Upmann

Magnum 46 · Naturales · Noellas · Petit Coronas · Petits Palatinos · Monarchs

Handels- name	Produktions- name	Länge	Durchmesser	Ringmaß	Bewertung
Magnum 46	Corona Gorda	143 mm	18,26 mm	46	Die Qualitäten dieser Zigarre kommen voll zur Geltung, wenn sie zur Hälfte heruntergebrannt ist. Selten.
Naturales	Naturales	155 mm	14,68 mm	37	Leicht, keine besonders subtilen Aromen, angenehm am Gaumen. Niedrige Produktionsmenge.
Noellas	Cosaco	135 mm	16,67 mm	42	Kräftiger als die ›Naturales‹, jedoch ebenso selten wie diese.
Petit Coronas	Mareva	129 mm	16,67 mm	42	Ziemlich kräftig. Dem Körper mangelt es an Finesse, vor allem in der zweiten Hälfte.
Petits Palatinos	Cadete	115 mm	14,29 mm	36	Nicht sehr stark. Dem Aroma mangelt es an Feinheit.
Monarchs	Julieta 2	178 mm	18,65 mm	47	Kräftig. Wenig subtiles, aber sehr markantes Aroma. Reich an Geschmack. Für Connaisseure.

(H.) Upmann

| Sir Winston | Super Coronas | Upmann No. 1 | Upmann No. 2 | Upmann No. 3 | Upmann No. 4 |

Handels- name	Produktions- name	Länge	Durchmesser	Ringmaß	Bewertung
Sir Winston	Julieta 2	178 mm	18,65 mm	47	Stark, mit rohem und nachhaltigem Geschmack. Gleichbleibende Qualität. Für Liebhaber.
Super Coronas	Corona Gorda	143 mm	18,26 mm	46	Mild und aromatisch. Gleichmäßiges Brandverhalten. Niedrige Produktionsmenge.
Upmann No. 1	Cervante	165 mm	16,67 mm	42	Nur leicht aggressiv. Es fehlt an Feinheit.
Upmann No. 2	Piramide	156 mm	20,64 mm	52	Äußerst stark, sehr erdiges Aroma, reicher Geschmack mit wenig Feinheit. Für den wahren Connaisseur.
Upmann No. 3	Corona	142 mm	16,67 mm	42	Kann schnell aggressiv wirken. Dem Aroma mangelt es an Finesse.
Upmann No. 4	Mareva	129 mm	16,67 mm	42	Zwar die leichteste der Serie, jedoch auch für Liebhaber kräftiger Zigarren geeignet.

H. Upmann

Exquisitos   Kings   Lonsdales   Majestic   Medias Coronas   Medias Coronas   Monarcas

Handels- name	Produktions- name	Länge	Durchmesser	Ringmaß	Bewertung
Exquisitos	Petit Corona	129 mm	16,67 mm	42	Kräftig. Kann bisweilen unregelmäßig sein.
Kings	Petit Corona	129 mm	16,67 mm	42	Kräftig. Entwickelt schon im ersten Drittel einen sehr erdigen Geschmack.
Lonsdales	Cervante	165 mm	16,67 mm	42	Etwas aggressiv. Nicht sehr subtil, mit leichtem Aroma.
Majestic	Crema	140 mm	15,87 mm	40	Mild, mit schwachem Aroma. Für jeden geeignet.
Medias Coronas	Eminentes	132 mm	17,46 mm	44	Stark, mit wenig Feinheit. Für Eingeweihte.
Medias Coronas	Mareva	129 mm	16,67 mm	42	Leichter als die ›Eminentes‹. Daher vor allem für Liebhaber eines traditionellen Geschmacks geeignet.
Monarcas	Julieta 2	178 mm	18,65 mm	47	Diese ›Julieta 2‹ ist noch stärker als die ›Monarchs‹. Sie ist für die britische Klientel bestimmt.

Anhang

Die Klassifikation der Formate

Vor dem Krieg bestand die Hierarchie der Havanna-Zigarren aus über dreihundert Marken. Heute existieren davon nur noch zwischen dreißig und vierzig, wobei einige so gut wie verschwunden sind. Da es von den einzelnen Marken meist mehrere Formate gibt, werden etwa fünfhundert verschiedene Havannas auf dem Markt angeboten.

Die Fabriken in Havanna haben sich auf zwei Arten von Formaten geeinigt. In der Werkstatt der Zigarrenroller heißen die Bezeichnungen, welche die verschiedenen Formate der Zigarren erhalten, *Vitolas de galera*, das heißt, sie tragen hier Produktionsnamen. Formate derselben Bezeichnung stimmen überein in Ringmaß, Länge und Durchmesser, und jede Fabrik verwendet während der Produktion dieselben Formatbezeichnungen. Im Verkauf hat dann jede Marke ihre eigenen Namen für die verschiedenen Formate, die *Vitolas de salida*, also die Handelsnamen. Weist demnach die *Vitola de galera* noch in jeder Fabrik auf dasselbe, so haben schließlich im Verkauf die einzelnen Marken ihre eigene Formatbezeichnung.

Die beiden Listen, die nun folgen, stellen die Beziehung zwischen den Produktionsnamen und den Handelsnamen der Formate her.

Die erste Liste (Seite 204) umfaßt in alphabetischer Reihenfolge Marken und Handelsnamen der Formate (links) und die entsprechenden Produktionsnamen (rechts). Jeder Produktionsname trägt eine Codenummer. In der zweiten Liste (Seite 209) ist es genau umgekehrt: Die Produktionsnamen sind hier nach ihren Codenummern geordnet. Unter der Formatbezeichnung erscheinen Ringmaß (das *Cepo* entspricht dem 6,4-fachen des in Inches angegebenen Durchmessers), Durchmesser und Länge des jeweiligen Formats. Weiter unten listet die linke Spalte jene Marken auf, von denen Zigarren in den oben genannten Formaten existieren, während die rechte Spalte die markenspezifische Bezeichnung (die Handelsnamen) enthält. Befindet sich hinter dem Handelsnamen ein Sternchen, so wird die betreffende Zigarre sowohl manuell als auch maschinell hergestellt.

Der Zigarrenliebhaber erkennt die handgemachte Zigarre an dem Etikett *hecho a mano*, das obligatorisch auf der Kiste angebracht ist. Die Produktionsbezeichnungen der Formate, die sowohl manuell als auch maschinell gefertigte Zigarren bezeichnen können, sind durch einen doppelten Code gekennzeichnet, der entweder mit 2 (für maschinell gefertigt) oder mit 7 und dem Zusatz *hecho a mano* (für manuell gefertigt) beginnt. Diese Unterteilung betrifft vor allem Zigarren kleinerer Maße.

Schauen wir uns zum Beispiel in der ersten Liste die Marke ›Bolivar‹ und das Format mit dem Handelsnamen ›Champions‹ an: Dieses Format entspricht der Produktionsbezeichnung ›Cremas‹, deren Code 708 für die handgefertigte Variante und 208 für das maschinell gefertigte Pendant ist. In der zweiten Liste ist nun zu lesen, daß das Format Crema ein Ringmaß von 40, einen Durchmesser von 15,87 Millimetern und eine Länge von 140 Millimetern hat. Unter den anderen Marken, die diesen Zigarrentyp produzieren, finden wir neben anderen auch ›Romeo y Julieta‹ mit seiner ›Romeo Nr. 1‹ und ›Punch‹ mit seiner ›Palmas Reales‹.

Handelsnamen

Marke	
Handelsname	Produktionsname

BELINDA

Belvederes	790 - Belvederes Mano -290
Coronas	208 - Crema
Demi-Tasse	213 - Demi-Tasse
Panetelas	724 - Sports Mano -224
Petit	218 - Petit
Petit Coronas	720 - Petit Corona Mano -220
Petit Princess	215 - Epicure
Preciosas	213 - Demi-Tasse
Princess	715 - Epicure Mano -215
Super Finos	207 - Coronita

BOLIVAR

Amado Selección C	508 - Francisco
Amado Selección E	435 - Robusto
Amado Selección G	423 - Minuto
Belicosos Finos	581 - Campana
Belvederes	790 - Belvederes Mano -290
Bolivar Tubos No. 1	504 - Corona
Bolivar Tubos No. 2	421 - Mareva
Bolivar Tubos No. 3	433 - Placeras
Bonitas	420 - Londres
Champion	708 - Crema Mano -208
Chicos	761 - Chicos Mano -261
Churchills	609 - Julieta 2
Coronas	504 - Corona
Coronas Extra	508 - Francisco
Coronas Gigantes	609 - Julieta 2
Coronas Junior	423 - Minuto
Demi-Tasse	412 - Entreacto
Especiales	604 - Delicado
Gold Medal	503 - Cervante
Inmensas	507 - Dalia
Lonsdales	503 - Cervante

Marke	
Handelsname	Produktionsname

Palmas	512 - Ninfas
Panetelas	705 - Conchitas Mano -205
Petit Coronas	421 - Mareva
Petit Coronas Especiales	714 - Eminentes Mano -214
Regentes	433 - Placeras
Royal Coronas	435 - Robusto
Suprema Churchills	609 - Julieta 2

CIFUENTES

Cristal Tubo	706 - Conservas Mano -206
Cubanitos	761 - Chicos Mano -261
Emboquillados	762 - Demi-Tip Mano -262
Habanitos	761 - Chicos Mano -261
Petit Bouquets	791 - Infante Mano -291
Super Estupendo	607 - Gran Corona
Vegueritos	774 - Vegueritos Mano -274

COHIBA

Coronas	504 - Coronas
Coronas Especiales	513 - Laguito Numero 2
Esplendidos	609 - Julieta 2
Exquisitos	517 - Seoane
Lanceros	611 - Laguito Numero 1
Panetelas	428 - Laguito Numero 3
Robustos	435 - Robusto
Siglo I	432 - Perla
Siglo II	421 - Mareva
Siglo III	506 - Corona Grande
Siglo IV	505 - Corona Gorda
Siglo V	507 - Dalia

(LA) CORONA

Belvederes	790 - Belvederes Mano -290
Coronas	708 - Crema Mano -208

MARKE	
HANDELSNAME	PRODUKTIONSNAME
Coronitas	761 - Chicos Mano -261
Demi-Tasse	713 - Demi-Tasse Mano -213
Panetelas	705 - Conchita Mano -205
Perfectos	792 - Perfecto Mano -292
Petit	718 - Petit Mano -218
Petit Cetros	719 - Petit Cetro Mano -219
Petit Coronas	220 - Petit Corona

DIPLOMATICOS

Diplomaticos No. 1	503 - Cervante
Diplomaticos No. 2	681 - Piramide
Diplomaticos No. 3	504 - Corona
Diplomaticos No. 4	421 - Mareva
Diplomaticos No. 5	432 - Perla
Diplomaticos No. 6	611 - Numero 1
Diplomaticos No. 7	513 - Numero 2

DON CABAÑAS

Belvederes	790 - Belvederes Mano -290
Chiquitos	791 - Infante Mano -291
Coronitas	261 - Chicos
Perfectos	792 - Perfecto Mano -292
Suaves	724 - Sports Mano -224
Super Finos	707 - Coronita Mano -207

(LA) ESCEPCION

Belvederes	790 - Belvederes Mano -290
Cazadores	406 - Cazador
Excepcionales	773 - Standard Mano -273
Longos	512 - Ninfas
Perfectos	792 - Perfecto Mano -292
Super Finos	207 - Coronita

(LA) FLOR DE CANO

Coronas	421 - Mareva
Diademas	609 - Julieta 2
Gran Coronas	505 - Corona Gorda
Petit Coronas	773 - Standard Mano -273
Predilectos Tubulares	773 - Standard Mano -273
Preferidos	774 - Veguerito Mano -274
Selectos	771 - Cristales Mano -271
Short Churchills	435 - Robusto

(LA) FLOR DE JUAN LOPEZ

Coronas	504 - Corona
Panetela Superba	433 - Placera
Patricias	416 - Franciscano
Petit Coronas	421 - Mareva
Selección No. 1	505 - Corona Gorda
Selección No. 2	435 - Robusto

(LA) FLOR DEL CANEY

Bouquets Finos	774 - Veguerito Mano -274
Canapé	761 - Chicos Mano -261
Delgados	774 - Veguerito Mano -274
Especiales	210 - Culebra
Predilectos	773 - Standard Mano -273

MARKE	
HANDELSNAME	PRODUKTIONSNAME
Selectos	772 - Nacionales Mano -272
Vegueros	764 - Preferido Mano -264

FONSECA

Cosacos	408 - Cosaco
Delicias	773 - Standard Mano -273
Fonseca No. 1	406 - Cazador
Invictos	582 - Especial
K.D.T. Cadetes	404 - Cadete

GISPERT

Coronas	504 - Corona
Habaneras No. 2	773 - Standard Mano -273
Petit Coronas de luxe	421 - Mareva

(LA) GLORIA CUBANA

Cetros	503 - Cervante
Médaille d'Or No. 1	605 - Delicado Extra
Médaille d'Or No. 2	507 - Dalia
Médaille d'Or No. 3	515 - Panetela Larga
Médaille d'Or No. 4	430 - Palmita
Minutos	416 - Franciscano
Sabrosos	506 - Corona Grande
Tainos	609 - Julieta 2
Tapados	408 - Cosaco

HOYO DE MONTERREY

Churchills	609 - Julieta 2
Concorde	609 - Julieta 2
Coronation	421 - Mareva
Coronation	720 - Petit Corona Mano -220
Double Coronas	612 - Prominente
Épicure No. 1	505 - Corona Gorda
Épicure No. 2	435 - Robusto
Exquisitos	719 - Petit Cetro Mano -219
Hoyo Coronas	504 - Corona
Humidor No. 1	206 - Conserva
Jeanne d'Arc	501 - Carlota
Le Hoyo des Dieux	506 - Corona Grande
Le Hoyo du Dauphin	513 - Laguito Numero 2
Le Hoyo du Député	439 - Trabuco
Le Hoyo du Gourmet	514 - Palma
Le Hoyo du Maire	412 - Entreacto
Le Hoyo du Prince	401 - Almuerzo
Le Hoyo du Roi	504 - Corona
Longos	512 - Ninfas
Margaritas	405 - Carolina
Odéon	513 - Numero 2
Opéra	504 - Corona
Palmas Extra	708 - Crema Mano -208
Particulares	607 - Gran Corona
Petit Coronations	707 - Coronita Mano -207
Petit Coronations	416 - Franciscano
Royal Coronations	706 - Conserva Mano -206
Royal Coronations	504 - Corona
Short Hoyo Coronas	421 - Mareva
Souvenirs de luxe	720 - Petit Corona Mano -220

MARKE	
HANDELSNAME	PRODUKTIONSNAME
Super Selection No. 1	*506 - Corona Grande*
Versailles	*514 - Palma*

José Gener

Belvederes	*290 - Belvederes*
Cazadores	*406 - Cazador*
Excepcionales	*273 - Standard*
Longos	*512 - Ninfas*
Perfectos	*292 - Perfecto*
Super Finos	*207 - Coronita*

José L. Piedra

Superiores	*438 - Superiores*

Maria Guerrero

Grandes de España	*604 - Delicados*

Montecristo

Joyitas	*428 - Laguito Numero 3*
Montecristo A	*607 - Gran Corona*
Montecristo B	*408 - Cosacos*
Montecristo Especial	*611 - Laguito Numero 1*
Montecristo Especial No. 2	*513 - Laguito Numero 2*
Montecristo No. 1	*503 - Cervante*
Montecristo No. 2	*681 - Piramide*
Montecristo No. 3	*504 - Corona*
Montecristo No. 4	*421 - Mareva*
Montecristo No. 5	*432 - Perla*
Montecristo No. 6	*517 - Seoane*
Montecristo No. 7	*515 - Panetela Larga*
Montecristo Tubos	*506 - Corona Grande*
Petit Tubos	*421 - Mareva*

Nueva Marca

8-9-8	*507 - Dalias*
Especial No. 2	*513 - Numero 2*
Especiales	*611 - Numero 1*
Joyitas	*428 - Numero 3*
No. 1	*503 - Cervantes*
No. 2	*681 - Piramides*
No. 3	*504 - Coronas*
No. 4	*421 - Mareva*
No. 5	*432 - Perlas*
Tubos	*506 - Coronas Grandes*

Partagas

8-9-8 Cabinet	*506 - Corona Grande*
8-9-8 Varnished	*507 - Dalia*
Aristocrats	*719 - Petit Cetro Mano -219*
Astorias	*408 - Cosaco*
Belvederes	*790 - Belvederes Mano -290*
Bonitos Extra Mild	*761 - Chicos Mano -261*
Capitols	*719 - Petit Cetros Mano -219*
Charlottes	*501 - Carlotas*
Chicos	*761 - Chicos Mano -261*
Churchills de luxe	*609 - Julieta 2*
Coronas	*504 - Corona*

MARKE	
HANDELSNAME	PRODUKTIONSNAME
Coronas A. Mejorado	*504 - Corona*
Coronas Grandes	*506 - Corona Grande*
Coronas Junoir	*707 - Coronitas Mano -207*
Coronas Senior	*714 - Eminentes Mano -214*
Cubanos	*433 - Placeras*
Culebras	*710 - Culebras Mano -210*
Demi-Tip	*762 - Demi Tip Mano -262*
Eminentes	*714 - Eminentes Mano -214*
Filipos	*433 - Placeras*
Habaneros	*790 - Belvederes Mano -290*
Half Coronas	*423 - Minutos*
Londres en Cedro	*719 - Petit Cetro Mano -219*
Londres Extra	*719 - Petit Cetro Mano -219*
Londres Finos	*719 - Petit Cetro Mano -219*
Lonsdales	*503 - Cervante*
Lusitanias	*612 - Prominente*
Mille Fleurs	*720 - Petit Coronas Mano -220*
Palmas Grandes	*512 - Ninfas*
Panetelas	*705 - Conchitas Mano -205*
Parisianos	*719 - Petit Cetros Mano -219*
Partagas de luxe	*708 - Crema Mano -208*
Partagas de Partagas No. 1	*507 - Dalias*
Partagas Pride	*423 - Minutos*
Perfectos	*792 - Perfecto Mano -292*
Personales	*719 - Petit Cetro Mano -219*
Petit Bouquet	*791 - Infante Mano -291*
Petit Coronas	*421 - Mareva*
Petit Coronas Especiales	*714 - Eminentes Mano -214*
Petit Coronas Tubos	*714 - Eminentes Mano -214*
Petit Partagas	*719 - Petit Cetro Mano -219*
Petit Privados	*421 - Mareva*
Presidentes	*586 - Tacos*
Princess	*705 - Conchitas Mano -205*
Privados	*504 - Coronas*
Ramonitas	*405 - Carolinas*
Regalias de la Reina Bueno	*707 - Coronita Mano -207*
Royales	*420 - Londres*
Selección Fox No. 7	*423 - Minutos*
Selección Fox No. 11	*433 - Placeras*
Selección Privada No. 1	*507 - Dalias*
Serie D No. 4	*435 - Robusto*
Serie du Connaisseur No. 1	*604 - Delicados*
Serie du Connaisseur No. 2	*516 - Parejos*
Serie du Connaisseur No. 3	*501 - Carlotas*
Shorts	*423 - Minuto*
Super Partagas	*708 - Crema Mano -208*
Toppers	*725 - Toppers Mano -225*
Très Petit Coronas	*416 - Franciscano*

Por Larrañaga

Belvederes	*290 - Belvederes*
Coronas	*504 - Corona*
Coronitas	*431 - Panetelas*
Curritos	*761 - Chicos Mano -261*
Eduardos	*428 - Numero 3*
Juanitos	*761 - Chicos Mano -261*
Lanceros	*504 - Corona*

MARKE		**MARKE**	
HANDELSNAME	PRODUKTIONSNAME	HANDELSNAME	PRODUKTIONSNAME

Largos de Larrañaga .... 712 - *Deliciosos Mano -212*
Lolas en Cedro .... 720 - *Petit Corona Mano -220*
Lonsdales .... 503 - *Cervante*
Montecarlos .... 712 - *Deliciosos Mano -212*
Panetelas .... 774 - *Vegueritos Mano -274*
Petit Coronas .... 421 - *Mareva*
Petit Lanceros .... 421 - *Mareva*
Small Coronas .... 416 - *Franciscano*
Super Cedros .... 773 - *Standard Mano -273*

PUNCH

Belvederes .... 790 - *Belvederes Mano -290*
Black Prince .... 505 - *Corona Gorda*
Churchills .... 609 - *Julieta 2*
Cigarillos .... 761 - *Chicos Mano -261*
Coronas .... 504 - *Corona*
Coronations .... 421 - *Mareva*
Coronations .... 720 - *Petit Corona Mano -220*
Coronets .... 431 - *Panetelas*
Diademas Extra .... 607 - *Gran Corona*
Double Coronas .... 612 - *Prominente*
Exquisitos .... 719 - *Petit Cetro Mano -219*
Gran Coronas .... 438 - *Superiores*
Margaritas .... 405 - *Carolina*
Monarcas .... 609 - *Julieta 2*
Nacionales .... 408 - *Cosaco*
Nectare No. 5 .... 512 - *Ninfas*
Nectare No. 2 .... 505 - *Corona Gorda*
Nectares No. 4 .... 416 - *Franciscano*
Ninfas .... 512 - *Ninfas*
Palmas Reales .... 708 - *Crema Mano -208*
Panetelas .... 431 - *Panetela*
Panetelas Grandes .... 512 - *Ninfas*
Petit Coronas del Punch .... 421 - *Mareva*
Petit Coronas del Punch Ones .... 421 - *Mareva*
Petit Coronations .... 416 - *Franciscano*
Petit Coronations .... 707 - *Coronita Mano -207*
Petit Punch .... 432 - *Perla*
Petit Punch de luxe .... 432 - *Perla*
Presidentes .... 421 - *Mareva*
Punch Punch .... 505 - *Corona Gorda*
Punchinellos .... 431 - *Panetela*
Royal Coronations .... 706 - *Conserva Mano -206*
Royal Coronations .... 504 - *Corona*
Royal Selection No. 11 .... 505 - *Corona Gorda*
Royal Selection No. 12 .... 421 - *Mareva*
S/N (Rayados) .... 420 - *Londres*
Selection de luxe No. 1 .... 505 - *Corona Gorda*
Selection de luxe No. 2 .... 421 - *Mareva*
Souvenirs de luxe .... 420 - *Londres*
Souvenirs de luxe .... 720 - *Petit Corona Mano -220*
Super Selection No. 1 .... 506 - *Corona Grande*
Super Selection No. 2 .... 505 - *Corona Gorda*
Très Petit Coronas .... 423 - *Minuto*

QUAI D'ORSAY

Coronas Claro .... 504 - *Corona*

Coronas Claro Claro .... 504 - *Corona*
Gran Coronas .... 506 - *Corona Grande*
Imperiales .... 609 - *Julieta 2*
Panetelas .... 512 - *Ninfas*

QUINTERO

Brevas .... 772 - *Nacionales Mano -272*
Churchills .... 503 - *Cervante*
Coronas .... 504 - *Corona*
Coronas Selectas .... 504 - *Corona*
Londres .... 773 - *Standard Mano -273*
Londres Extra .... 773 - *Standard Mano -273*
Medias Coronas .... 420 - *Londres*
Medias Coronas Selectas .... 420 - *Londres*
Nacionales .... 772 - *Nacionales Mano -272*
Panetelas .... 774 - *Vegueritos Mano -274*
Puritos .... 761 - *Chicos Mano -261*

RAFAEL GONZÁLEZ

Cigarritos .... 428 - *Numero 3*
Coronas Extra .... 505 - *Corona Gorda*
Demi-Tasse .... 412 - *Entreacto*
Lonsdales .... 503 - *Cervante*
Panetelas .... 431 - *Panetela*
Panetelas Extra .... 774 - *Vegueritos Mano -274*
Petit Coronas .... 421 - *Mareva*
Petit Lonsdales .... 421 - *Mareva*
Slenderellas .... 515 - *Panetela Larga*
Très Petit Lonsdales .... 416 - *Franciscano*

RAMÓN ALLONES

8-9-8 Cabinet .... 504 - *Corona*
8-9-8 Varnished .... 507 - *Dalia*
Allones Specially Selected .... 435 - *Robusto*
Belvederes .... 790 - *Belvederes Mano -290*
Bits of Havana .... 761 - *Chicos Mano -261*
Coronas .... 504 - *Corona*
Delgados .... 725 - *Toppers Mano -225*
Gigantes .... 612 - *Prominente*
Mille Fleurs .... 720 - *Petit Corona Mano -220*
Palmitas .... 430 - *Palmita*
Panetelas .... 705 - *Conchita Mano -205*
Petit Coronas .... 421 - *Mareva*
Ramondos .... 708 - *Crema Mano -208*
Ramonitas .... 405 - *Carolina*
Small Club Coronas .... 423 - *Minuto*
Toppers .... 725 - *Toppers Mano -225*

(EL) REY DEL MUNDO

Choix Suprême .... 417 - *Hermoso No. 4*
Coronas de luxe .... 504 - *Corona*
Demi-Tasse .... 412 - *Entreacto*
Elegantes .... 515 - *Panetela Larga*
Fox Selection No. 47 .... 417 - *Hermoso No. 4*
Gran Corona .... 505 - *Corona Gorda*
Grandes de España .... 604 - *Delicado*
Isabel .... 501 - *Carlota*

MARKE	
HANDELSNAME	PRODUKTIONSNAME
Lonsdales	503 - Cervante
Lunch Club	416 - Franciscano
Panetelas Largas	515 - Panetela Larga
Petit Coronas	421 - Mareva
Petit Lonsdales	421 - Mareva
Señoritas	428 - Numero 3
Tainos	609 - Julieta 2
Tubo No. 1	504 - Coronas
Tubo No. 2	421 - Mareva
Tubo No. 3	416 - Franciscanos
Variedales	761 - Chicos Mano -261

ROMEO Y JULIETA

Belicosos	581 - Campanas
Belvederes	790 - Belvederes Mano -290
Cazadores	406 - Cazadores
Cedros de luxe No. 1	503 - Cervante
Cedros de luxe No. 2	504 - Corona
Cedros de luxe No. 3	421 - Mareva
Celestiales Finos	481 - Britanicas
Chicos	261 - Chicos
Churchills	609 - Julieta 2
Clarines	707 - Coronita Mano -207
Clemenceau	609 - Julieta 2
Club Kings	421 - Mareva
Club Kings	720 - Petit Coronas Mano -220
Coronas	504 - Corona
Coronas Grandes	506 - Corona Grande
Coronitas	719 - Petit Cetro Mano -219
Coronitas en Cedro	719 - Petit Cetro Mano -219
Culebras	210 - Culebras
Excepcionales	720 - Petit Coronas Mano -220
Exhibición No. 3	505 - Corona Gorda
Exhibición No. 4	417 - Hermoso No. 4
Exquisitos	719 - Petit Cetros Mano -219
Favoritas	790 - Belvederes Mano -290
Julietas	416 - Franciscanos
Mille Fleurs	720 - Petit Coronas Mano -220
Montagues	725 - Toppers Mano -225
Nacionales	408 - Cosacos
Palmas Reales	512 - Ninfas
Panetelas	431 - Panetela
Panetelas	724 - Sports Mano -224
Perfectos	792 - Perfecto Mano -292
Petit Coronas	421 - Mareva
Petit Julietas	412 - Entreacto
Petit Princess	432 - Perla
Plateados de Romeo	421 - Mareva
Plateados de Romeo	719 - Petit Cetro Mano -219
Prince of Wales	609 - Julieta 2
Regalias de la Habana	790 - Belvederes Mano -290
Regalias de Londres	707 - Coronitas Mano -207
Romeo No. 1	708 - Crema Mano -208
Romeo No. 1 de luxe	504 - Corona
Romeo No. 2	720 - Petit Corona Mano -220
Romeo No. 2 de luxe	421 - Mareva
Romeo No. 3	707 - Coronita Mano -207

MARKE	
HANDELSNAME	PRODUKTIONSNAME
Romeo No. 3 de luxe	416 - Franciscano
Sanchos	607 - Gran Corona
Shakespeare	515 - Panetela Larga
Sport Largos	724 - Sports Mano -224
Très Petit Coronas	416 - Franciscano

SANCHO PANZA

Bachilleres	416 - Franciscano
Belicosos	581 - Campana
Coronas	504 - Corona
Coronas Gigantes	609 - Julieta 2
Dorados	503 - Cervante
Molinos	503 - Cervante
Non Plus	421 - Mareva
Sanchos	607 - Gran Corona
Tronquitos	504 - Corona

SAN LUIS REY

Churchills	609 - Julieta 2
Coronas	504 - Corona
Coronas	505 - Corona Gorda
Double Coronas	612 - Prominente
Lonsdales	503 - Cervante
Mini-Habanos	761 - Chicos Mano -261
Petit Coronas	421 - Mareva
Regios	417 - Hermosos No. 4
Serie A	505 - Corona Gorda

(EL) SIBONEY

Especiales	513 - Numero 2

(LOS) STATOS DE LUXE

Brevas	772 - Nacionales Mano -272
Cremas	772 - Nacionales Mano -272
Delirios	773 - Standard Mano -273
Dobles	773 - Standard Mano -273
Selectos	772 - Nacionales Mano -272

TROYA

Coronas Club Tubulares	773 - Standard Mano -273
Universales	770 - Universales Mano -270

(H.) UPMANN

Amatistas	438 - Superior
Aromaticos	707 - Coronita Mano -207
Aromaticos	720 - Petit Corona Mano -220
Belvederes	790 - Belvederes Mano -290
Cinco Bocas	503 - Cervante
Connaisseur No. 1	417 - Hermoso No. 4
Coronas	504 - Corona
Coronas Junior	404 - Cadete
Coronas Major	714 - Eminentes Mano -214
Coronas Mayor	421 - Mareva
Coronas Minor	707 - Coronita Mano -207
Coronas Minor	416 - Franciscano
Cristales	408 - Cosaco
Culebras	210 - Culebra

MARKE

Handelsname	Produktionsname
El Prado	712 - Delicioso Mano -212
Epicures	715 - Epicure Mano -215
Especiales	708 - Crema Mano -208
Excepcionales Rothschild	792 - Perfecto Mano -292
Exquisitos	720 - Petit Corona Mano -220
Glorias	715 - Epicure Mano -215
Grand Coronas	438 - Superiores
Kings	720 - Petit Corona Mano -220
Lonsdales	503 - Cervante
Magnum 46	505 - Corona Gorda
Majestic	708 - Crema Mano -208
Medias Coronas	214 - Eminentes
Medias Coronas	421 - Mareva
Monarcas	609 - Julieta 2
Monarchs	609 - Julieta 2
Naturales	717 - Naturales Mano -217
Noellas	408 - Cosaco
Petit Palatinos	404 - Cadete
Petit Upmann	404 - Cadete
Petit Upmann	718 - Petit Mano -218
Petito Coronas	421 - Mareva
Preciosas	713 - Demi-Tasse Mano -213
Regalias	720 - Petit Corona Mano -220
Royal Coronas	706 - Conserva Mano -206
Royal Coronas	504 - Corona
Seleccion 303	504 - Corona
Selección Suprema No. 11	720 - Petit Corona Mano -220
Selección Suprema No. 13	708 - Cremas Mano -208
Selección Suprema No. 23	512 - Ninfas
Selección Suprema No. 25	421 - Mareva
Selección Suprema No. 30	503 - Cervante
Short Coronas	408 - Cosaco
Singulares	707 - Coronita Mano -207
Sir Winston	609 - Julieta 2
Super Coronas	505 - Corona Gorda
Upmann No. 1	503 - Cervante
Upmann No. 2	681 - Piramide
Upmann No. 3	504 - Corona
Upmann No. 4	421 - Mareva
Upmann No. 5	432 - Perla

Produktionsnamen

PRODUKTIONSNAME
MARKE   HANDELSNAME

205-CONCHITAS (*)705 HECHO A MANO
Ringmaß: 35
Durchmesser: 13,89 mm
Länge: 127 mm
Bolivar .... Panetelas(*)
(La) Corona .... Panetelas(*)
Partagas .... Panetelas(*)
Partagas .... Princess(*)
Ramón Allones .... Panetelas(*)

206-CONSERVA (*)706 HECHO A MANO
Ringmaß: 44
Durchmesser: 17,46 mm
Länge: 145 mm
Cifuentes .... Cristal Túbo(*)
Hoyo de Monterrey .... Humidor No. 1
Hoyo de Monterrey .... Royal Coronations(*)
Punch .... Royal Coronations(*)
(H.) Upmann .... Royal Coronas(*)

207-CORONITA (*)707 HECHO A MANO
Ringmaß: 40
Durchmesser: 15,87 mm
Länge: 117 mm
Belinda .... Super Finos
Don Cabañas .... Super Finos(*)
(La) Escepcion .... Super Finos
Hoyo de Monterrey .... Petit Coronations(*)
José Gener .... Super Finos
Partagas .... Coronas Junoir(*)
Partagas .... Regalias de la Reina Bueno(*)
Punch .... Petit Coronations(*)
Romeo y Julieta .... Clarines(*)
Romeo y Julieta .... Regalias de Londres(*)

PRODUKTIONSNAME
MARKE   HANDELSNAME

Romeo y Julieta .... Romeo No. 3(*)
(H.) Upmann .... Aromaticos(*)
(H.) Upmann .... Coronas Minor(*)
(H.) Upmann .... Singulares(*)

208-CREMA (*)708 HECHO A MANO
Ringmaß: 40
Durchmesser: 15,87 mm
Länge: 140 mm
Belinda .... Coronas
Bolivar .... Champion(*)
Hoyo de Monterrey .... Palmas Extra(*)
(La) Corona .... Coronas(*)
Partagas .... Partagas de luxe(*)
Partagas .... Super Partagas(*)
Punch .... Palmas Reales(*)
Ramon Allones .... Ramondos(*)
Romeo y Julieta .... Romeo No. 1(*)
(H.) Upmann .... Especiales(*)
(H.) Upmann .... Majestic(*)
(H.) Upmann .... Selección Suprema No. 13(*)

210-CULEBRA (*)710 HECHO A MANO
Ringmaß: 39
Durchmesser: 15,48 mm
Länge: 146 mm
Flor del Caney .... Especiales
Partagas .... Culebras(*)
Romeo y Julieta .... Culebras
(H.) Upmann .... Culebras

PRODUKTIONSNAME	
MARKE	HANDELSNAME

212-DELICIOSO (*)712 HECHO A MANO
Ringmaß: 35
Durchmesser: 13,89 mm
Länge: 159 mm

Por Larrañaga	*Largos de Larrañaga(*)*
Por Larrañaga	*Montecarlos(*)*
(H.) Upmann	*El Prado(*)*

213-DEMI-TASSE (*)713 HECHO A MANO
Ringmaß: 32
Durchmesser: 12,70 mm
Länge: 100 mm

Belinda	*Demi-Tasse*
Belinda	*Preciosas*
(La) Corona	*Demi-Tasse(*)*
(H.) Upmann	*Preciosas(*)*

214-EMINENTES (*)714 HECHO A MANO
Ringmaß: 44
Durchmesser: 17,46 mm
Länge: 132 mm

Bolivar	*Petit Coronas Especiales(*)*
Partagas	*Coronas Senior(*)*
Partagas	*Eminentes(*)*
Partagas	*Petit Coronas Especiales(*)*
Partagas	*Petit Coronas Tubos(*)*
(H.) Upmann	*Coronas Major(*)*
(H.) Upmann	*Medias Coronas*

215-EPICURE (*)715 HECHO A MANO
Ringmaß: 35
Durchmesser: 13,89 mm
Länge: 110 mm

Belinda	*Petit Princess*
Belinda	*Princess(*)*
(H.) Upmann	*Epicures(*)*
(H.) Upmann	*Glorias(*)*

217-NATURALES (*)717 HECHO A MANO
Ringmaß: 37
Durchmesser: 14,68 mm
Länge: 155 mm

(H.) Upmann	*Naturals(*)*

218-PETIT (*)718 HECHO A MANO
Ringmaß: 31
Durchmesser: 12,30 mm
Länge: 108 mm

Belinda	*Petit*
(La) Corona	*Petit(*)*
(H.) Upmann	*Petit Upmann(*)*

219-PETIT CETRO (*)719 HECHO A MANO
Ringmaß: 40
Durchmesser: 15,87 mm
Länge: 129 mm

(La) Corona	*Petit Cetros(*)*
Hoyo de Monterrey	*Exquisitos(*)*
Partagas	*Aristocrats(*)*
Partagas	*Capitols(*)*
Partagas	*Londres en Cedro(*)*
Partagas	*Londres Extra(*)*
Partagas	*Londres Finos(*)*
Partagas	*Parisianos(*)*
Partagas	*Personales(*)*
Partagas	*Petit Partagas(*)*
Punch	*Exquisitos(*)*
Romeo y Julieta	*Coronitas(*)*
Romeo y Julieta	*Coronitas en Cedro(*)*
Romeo y Julieta	*Exquisitos(*)*
Romeo y Julieta	*Plateados de Romeo(*)*

220-PETIT CORONA (*)720 HECHO A MANO
Ringmaß: 42
Durchmesser: 16,67 mm
Länge: 129 mm

Belinda	*Petit Coronas(*)*
(La) Corona	*Petit Coronas*
Hoyo de Monterrey	*Coronation(*)*
Hoyo de Monterrey	*Souvenirs de luxe(*)*
Partagas	*Mille Fleurs(*)*
Por Larrañaga	*Lolas en Cedro(*)*
Punch	*Coronations(*)*
Punch	*Souvenirs de luxe(*)*
Ramón Allones	*Mille Fleurs(*)*
Romeo y Julieta	*Club Kings(*)*
Romeo y Julieta	*Excepcionales(*)*
Romeo y Julieta	*Mille Fleurs(*)*
Romeo y Julieta	*Romeo No. 2(*)*
(H.) Upmann	*Aromaticos(*)*
(H.) Upmann	*Exquisitos(*)*
(H.) Upmann	*Kings(*)*
(H.) Upmann	*Regalias(*)*
(H.) Upmann	*Selección Suprema No. 11(*)*

224-SPORTS (*)724 HECHO A MANO
Ringmaß: 35
Durchmesser: 13,89 mm
Länge: 117 mm

Belinda	*Panetelas(*)*
Don Cabañas	*Suaves(*)*
Romeo y Julieta	*Panetelas(*)*
Romeo y Julieta	*Sport Largos(*)*

225-TOPPERS (*)725 HECHO A MANO
Ringmaß: 39
Durchmesser: 15,48 mm
Länge: 160 mm

Partagas	*Toppers(*)*

PRODUKTIONSNAME	
MARKE	HANDELSNAME
Ramón Allones	Delgados(*)
Ramón Allones	Toppers(*)
Romeo y Julieta	Montagues(*)

261-CHICOS (*)761 HECHO A MANO
Ringmaß: 26
Durchmesser: 10,32 mm
Länge: 106 mm

Bolivar	Chicos(*)
Cifuentes	Cubanitos(*)
Cifuentes	Habanitos(*)
(La) Corona	Coronitas(*)
Don Cabañas	Coronitas
(La) Flor del Caney	Canapé(*)
Partagas	Bonitos Extra Mild(*)
Partagas	Chicos(*)
Por Larrañaga	Curritos(*)
Por Larrañaga	Juanitos(*)
Punch	Cigarillos(*)
Quintero	Puritos(*)
Ramón Allones	Bits of Havana(*)
(El) Rey del Mundo	Variedades(*)
Romeo y Julieta	Chicos
San Luis Rey	Mini-Habanos(*)

262-DEMI-TIP (*)762 HECHO A MANO
Ringmaß: 29
Durchmesser: 11,51 mm
Länge: 126 mm

Cifuentes	Emboquillados(*)
Partagas	Demi-Tip(*)

264-PREFERIDO (*)764 HECHO A MANO
Ringmaß: 38
Durchmesser: 15,08 mm
Länge: 127 mm

(La) Flor del Caney	Vegueros(*)

270-UNIVERSALES (*)770 HECHO A MANO
Ringmaß: 38
Durchmesser: 15,08 mm
Länge: 134 mm

Troya	Universales(*)

271-CRISTALES (*)771 HECHO A MANO
Ringmaß: 41
Durchmesser: 16,27 mm
Länge: 150 mm

(La) Flor de Cano	Selectos(*)

272-NACIONALES (*)772 HECHO A MANO
Ringmaß: 40
Durchmesser: 15,87 mm
Länge: 140 mm

(La) Flor del Caney	Selectos(*)
Quintero	Brevas(*)
Quintero	Nacionales(*)

PRODUKTIONSNAME	
MARKE	HANDELSNAME
(Los) Statos de Luxe	Brevas(*)
(Los) Statos de Luxe	Cremas(*)
(Los) Statos de Luxe	Selectos(*)

273-STANDARD (*)773 HECHO A MANO
Ringmaß: 40
Durchmesser: 15,87 mm
Länge: 123 mm

(La) Escepcion	Excepcionales(*)
(La) Flor de Cano	Petit Coronas(*)
(La) Flor de Cano	Predilectos Tubulares(*)
(La) Flor del Caney	Predilectos(*)
Fonseca	Delicias(*)
Gispert	Habaneras No. 2(*)
José Gener	Excepcionales
Por Larrañaga	Super Cedros(*)
Quintero	Londres(*)
Quintero	Londres Extra(*)
(Los) Statos de luxe	Delirios(*)
(Los) Statos de luxe	Dobles(*)
Troya	Coronas Club Tubulares(*)

274-VEGUERITO (*)774 HECHO A MANO
Ringmaß: 37
Durchmesser: 14,68 mm
Länge: 127 mm

Cifuentes	Vegueritos(*)
(La) Flor de Cano	Preferidos(*)
(La) Flor del Caney	Bouquets Finos(*)
(La) Flor del Caney	Delgados(*)
Por Larrañaga	Panetelas(*)
Quintero	Panetelas(*)
Rafaël González	Panetelas Extra(*)

290-BELVEDERES (*)790 HECHO A MANO
Ringmaß: 39
Durchmesser: 15,48 mm
Länge: 125 mm

Belinda	Belvederes(*)
Bolivar	Belvederes(*)
(La) Corona	Belvederes(*)
Don Cabañas	Belvederes(*)
(La) Escepcion	Belvederes(*)
José Gener	Belvederes
Partagas	Belvederes(*)
Partagas	Habaneros(*)
Por Larrañaga	Belvederes
Punch	Belvederes(*)
Ramón Allones	Belvederes(*)
Romeo y Julieta	Belvederes(*)
Romeo y Julieta	Favoritas(*)
Romeo y Julieta	Regalias de la Habana(*)
(H.) Upmann	Belvederes(*)

PRODUKTIONSNAME
MARKE   HANDELSNAME

291-INFANTE (*)791 HECHO A MANO
Ringmaß: 37
Durchmesser: 14,68 mm
Länge: 98 mm

Cifuentes	*Petit Bouquets(*)*
Don Cabañas	*Chiquitos(*)*
Partagas	*Petit Bouquet(*)*

292-PERFECTO (*)792 HECHO A MANO
Ringmaß: 44
Durchmesser: 17,46 mm
Länge: 127 mm

(La) Corona	*Perfectos(*)*
Don Cabañas	*Perfectos(*)*
(La) Escepcion	*Perfectos(*)*
José Gener	*Perfectos*
Partagas	*Perfectos(*)*
Romeo y Julieta	*Perfectos(*)*
(H.) Upmann	*Excepcionales Rothschild(*)*

401-ALMUERZO
Ringmaß: 40
Durchmesser: 15,87 mm
Länge: 130 mm

Hoyo de Monterrey	*Le Hoyo du Prince*

404-CADETE
Ringmaß: 36
Durchmesser: 14,29 mm
Länge: 115 mm

Fonseca	*K.D.T. Cadetes*
(H.) Upmann	*Coronas Junior*
(H.) Upmann	*Petits Palatinos*
(H.) Upmann	*Petit Upmann*

405-CAROLINA
Ringmaß: 26
Durchmesser: 10,32 mm
Länge: 121 mm

Hoyo de Monterrey	*Margaritas*
Partagas	*Ramonitas*
Punch	*Margaritas*
Ramón Allones	*Ramonitas*

406-CAZADOR
Ringmaß: 44
Durchmesser: 17,46 mm
Länge: 162 mm

(La) Escepcion	*Cazadores*
Fonseca	*Fonseca No. 1*
José Gener	*Cazadores*
Romeo y Julieta	*Cazadores*

PRODUKTIONSNAME
MARKE   HANDELSNAME

408-COSACO
Ringmaß: 42
Durchmesser: 16,67 mm
Länge: 135 mm

Fonseca	*Cosacos*
(La) Gloria Cubana	*Tapados*
Montecristo	*Montecristo B*
Partagas	*Astorias*
Punch	*Nacionales*
Romeo y Julieta	*Nacionales*
(H.) Upmann	*Cristales*
(H.) Upmann	*Noellas*
(H.) Upmann	*Short Coronas*

412-ENTREACTO
Ringmaß: 30
Durchmesser: 11,91 mm
Länge: 100 mm

Bolivar	*Demi-Tasse*
Hoyo de Monterrey	*Le Hoyo du Maire*
Rafaël González	*Demi-Tasse*
(El) Rey del Mundo	*Demi-Tasse*
Romeo y Julieta	*Petit Julietas*

416-FRANCISCANO
Ringmaß: 40
Durchmesser: 15,87 mm
Länge: 116 mm

(La) Flor de Juan Lopez	*Patricias*
(La) Gloria Cubana	*Minutos*
Hoyo de Monterrey	*Petit Coronations*
Partagas	*Très Petit Coronas*
Por Larrañaga	*Small Coronas*
Punch	*Nectares No. 4*
Punch	*Petit Coronation*
Rafaël González	*Très Petit Lonsdales*
(El) Rey del Mundo	*Lunch Club*
(El) Rey del Mundo	*Tubo No. 3*
Romeo y Julieta	*Romeo No. 3 de luxe*
Romeo y Julieta	*Très Petit Coronas*
Romeo y Julieta	*Julietas*
Sancho Panza	*Bachilleres*
(H.) Upmann	*Coronas Minor*

417-HERMOSO No. 4
Ringmaß: 48
Durchmesser: 19,05 mm
Länge: 127 mm

(El) Rey del Mundo	*Choix Suprême*
(El) Rey del Mundo	*Fox Selection No. 47*
Romeo y Julieta	*Exhibición No. 4*
San Luis Rey	*Regios*
(H.) Upmann	*Connaisseur No. 1*

PRODUKTIONSNAME			PRODUKTIONSNAME		
MARKE		HANDELSNAME	MARKE		HANDELSNAME

420-LONDRES
Ringmaß: 40
Durchmesser: 15,87 mm
Länge: 126 mm

Bolivar	....	Bonitas
Partagas	....	Royales
Punch	....	S/N (Rayados)
Punch	....	Souvenirs de luxe
Quintero	....	Medias Coronas
Quintero	....	Medias Coronas Selectas

421-MAREVA
Ringmaß: 42
Durchmesser: 16,67 mm
Länge: 129 mm

Bolivar	....	Bolivar Tubos No. 2
Bolivar	....	Petit Coronas
Cohiba	....	Siglo II
Diplomaticos	....	Diplomaticos No. 4
(La) Flor de Cano	....	Coronas
(La) Flor de Juan Lopez	....	Petit Coronas
Gispert	....	Petit Coronas de luxe
Hoyo de Monterrey	....	Coronation
Hoyo de Monterrey	....	Short Hoyo Coronas
Montecristo	....	Montecristo No. 4
Montecristo	....	Petit Tubos
Nueva Marca	....	No. 4
Partagas	....	Petit Coronas
Partagas	....	Petit Privados
Por Larrañaga	....	Petit Coronas
Por Larrañaga	....	Petit Lanceros
Punch	....	Coronations
Punch	....	Petit Coronas del Punch
Punch	....	Petit Coronas del Punch Ones
Punch	....	Presidentes
Punch	....	Royal Selection No. 12
Punch	....	Selection de luxe No. 2
Rafaël González	....	Petit Coronas
Rafaël González	....	Petit Lonsdales
Ramon Allones	....	Petit Coronas
(El) Rey del Mundo	....	Petit Coronas
(El) Rey del Mundo	....	Petit Lonsdales
(El) Rey del Mundo	....	Tubo No. 2
Romeo y Julieta	....	Cedros de luxe No. 3
Romeo y Julieta	....	Club Kings
Romeo y Julieta	....	Petit Coronas
Romeo y Julieta	....	Plateados de Romeo
Romeo y Julieta	....	Romeo No. 2 de luxe
San Luis Rey	....	Petit Coronas
Sancho Panza	....	Non Plus
(H.) Upmann	....	Coronas Mayor
(H.) Upmann	....	Medias Coronas
(H.) Upmann	....	Petit Coronas
(H.) Upmann	....	Selección Suprema No. 25
(H.) Upmann	....	Upmann No. 4

423-MINUTO
Ringmaß: 42
Durchmesser: 16,67 mm
Länge: 110 mm

Bolivar	....	Amado Selección G
Bolivar	....	Coronas Junior
Partagas	....	Half Coronas
Partagas	....	Partagas Pride
Partagas	....	Selección Fox No. 7
Partagas	....	Shorts
Punch	....	Très Petit Coronas
Ramón Allones	....	Small Club Coronas

428-NUMERO 3
Ringmaß: 26
Durchmesser: 10,32 mm
Länge: 115 mm

Cohiba	....	Panetelas
Montecristo	....	Joyitas
Nueva Marca	....	Joyitas
Por Larrañaga	....	Eduardos
Rafaël González	....	Cigarritos
(El) Rey del Mundo	....	Señoritas

430-PALMITA
Ringmaß: 32
Durchmesser: 12,70 mm
Länge: 152 mm

(La) Gloria Cubana	....	Medaille d'Or No. 4
Ramon Allones	....	Palmitas

431-PANETELA
Ringmaß: 34
Durchmesser: 13,49 mm
Länge: 117 mm

Por Larrañaga	....	Coronitas
Punch	....	Coronets
Punch	....	Panetelas
Punch	....	Punchinellos
Rafaël González	....	Panetelas
Romeo y Julieta	....	Panetelas

432-PERLA
Ringmaß: 40
Durchmesser: 15,87 mm
Länge: 102 mm

Cohiba	....	Siglo I
Diplomaticos	....	Diplomaticos No. 5
Montecristo	....	Montecristo No. 5
Nueva Marca	....	No. 5
Punch	....	Petit Punch
Punch	....	Petit Punch de luxe
Romeo y Julieta	....	Petit Princess
(H.) Upmann	....	Upmann No. 5

PRODUKTIONSNAME	
MARKE	HANDELSNAME

433-PLACERA
Ringmaß: 34
Durchmesser: 13,49 mm
Länge: 125 mm

Bolivar	Bolivar Tubos No. 3
Bolivar	Regentes
(La) Flor de Juan Lopez	Panetela Superba
Partagas	Cubanos
Partagas	Filipos
Partagas	Selección Fox No. 11

435-ROBUSTO
Ringmaß: 50
Durchmesser: 19,84 mm
Länge: 124 mm

Bolivar	Amado Selección E
Bolivar	Royal Coronas
Cohiba	Robusto
(La) Flor de Cano	Short Churchills
(La) Flor de Juan Lopez	Selección No. 2
Hoyo de Monterrey	Epicure No. 2
Partagas	Serie D No. 4
Ramon Allones	Allones Specially Selected

438-SUPERIOR
Ringmaß: 40
Durchmesser: 15,87 mm
Länge: 146 mm

Jose L. Piedra	Superiores
Punch	Gran Coronas
(H.) Upmann	Amatistas
(H.) Upmann	Grand Coronas

439-TRABUCO
Ringmaß: 38
Durchmesser: 15,08 mm
Länge: 110 mm

Hoyo de Monterrey	Le Hoyo du Député

481-BRITANICA
Ringmaß: 46
Durchmesser: 18,26 mm
Länge: 137 mm

Romeo y Julieta	Celestiales Finos

501-CARLOTA
Ringmaß: 35
Durchmesser: 13,89 mm
Länge: 143 mm

Hoyo de Monterrey	Jeanne d'Arc
Partagas	Charlottes
Partagas	Serie du Connaisseur No. 3
(El) Rey del Mundo	Isabel

503-CERVANTE
Ringmaß: 42
Durchmesser: 16,67 mm
Länge: 165 mm

Bolivar	Gold Medal
Bolivar	Lonsdales
Diplomaticos	Diplomaticos No. 1
(La) Gloria Cubana	Cetros
Montecristo	Montecristo No. 1
Nueva Marca	No. 1
Partagas	Lonsdales
Por Larrañaga	Lonsdales
Quintero	Churchills
Rafaël González	Lonsdales
(El) Rey del Mundo	Lonsdales
Romeo y Julieta	Cedros de luxe No. 1
San Luis Rey	Coronas
San Luis Rey	Lonsdales
Sancho Panza	Dorados
Sancho Panza	Molinos
(H.) Upmann	Cinco Bocas
(H.) Upmann	Lonsdales
(H.) Upmann	Selección Suprema No. 30
(H.) Upmann	Upmann No. 1

504-CORONA
Ringmaß: 42
Durchmesser: 16,67 mm
Länge: 142 mm

Bolivar	Bolivar Tubos No. 1
Bolivar	Coronas
Cohiba	Coronas
Diplomaticos	Diplomaticos No. 3
(La) Flor de Juan Lopez	Coronas
Gispert	Coronas
Hoyo de Monterrey	Hoyo Coronas
Hoyo de Monterrey	Le Hoyo du Roi
Hoyo de Monterrey	Opera
Hoyo de Monterrey	Royal Coronations
Montecristo	Montecristo No. 3
Nueva Marca	No. 3
Partagas	Coronas
Partagas	Coronas A Mejorado
Partagas	Privados
Por Larrañaga	Coronas
Por Larrañaga	Lanceros
Punch	Coronas
Punch	Royal Coronations
Quai d'Orsay	Coronas Claro
Quai d'Orsay	Coronas Claro Claro
Quintero	Coronas
Quintero	Coronas Selectas
Ramón Allones	8-9-8 Cabinet
Ramón Allones	Coronas
(El) Rey del Mundo	Coronas de luxe
(El) Rey del Mundo	Tubo No. 1
Romeo y Julieta	Cedros de luxe No. 2

PRODUKTIONSNAME	
MARKE	HANDELSNAME
Romeo y Julieta	*Coronas*
Romeo y Julieta	*Romeo No. 1 de luxe*
San Luis Rey	*Coronas*
Sancho Panza	*Coronas*
Sancho Panza	*Tronquitos*
(H.) Upmann	*Coronas*
(H.) Upmann	*Royal Coronas*
(H.) Upmann	*Selección 303*
(H.) Upmann	*Upmann No. 3*

505-CORONA GORDA
Ringmaß: 46
Durchmesser: 18,26 mm
Länge: 143 mm

Cohiba	*Siglo IV*
(La) Flor de Cano	*Gran Coronas*
(La) Flor de Juan Lopez	*Selección No. 1*
Hoyo de Monterrey	*Epicure No. 1*
Punch	*Black Prince*
Punch	*Nectare No. 2*
Punch	*Punch Punch*
Punch	*Royal Selection No. 11*
Punch	*Selection de luxe No. 1*
Punch	*Super Selection No. 2*
Rafaël González	*Coronas Extra*
(El) Rey del Mundo	*Gran Corona*
Romeo y Julieta	*Exhibición No. 3*
San Luis Rey	*Serie A*
(H.) Upmann	*Magnum 46*
(H.) Upmann	*Super Coronas*

506-CORONA GRANDE
Ringmaß: 42
Durchmesser: 16,67 mm
Länge: 155 mm

Cohiba	*Siglo III*
(La) Gloria Cubana	*Sabrosos*
Hoyo de Monterrey	*Le Hoyo des Dieux*
Hoyo de Monterrey	*Super Selection No. 1*
Montecristo	*Montecristo Tubos*
Nueva Marca	*Tubos*
Partagas	*8-9-8 Cabinet*
Partagas	*Coronas Grandes*
Punch	*Super Selection No. 1*
Quai d'Orsay	*Gran Coronas*
Romeo y Julieta	*Coronas Grandes*

507-DALIA
Ringmaß: 43
Durchmesser: 17,07 mm
Länge: 170 mm

Bolivar	*Inmensas*
Cohiba	*Siglo V*
(La) Gloria Cubana	*Medaille d'Or No. 2*
Nueva Marca	*8-9-8*
Partagas	*8-9-8 Varnished*
Partagas	*Partagas de Partagas No. 1*
Partagas	*Selección Privada No. 1*
Ramón Allones	*8-9-8 Varnished*

508-FRANCISCO
Ringmaß: 44
Durchmesser: 17,46 mm
Länge: 143 mm

Bolivar	*Amado Selección C*
Bolivar	*Coronas Extra*

512-NINFAS
Ringmaß: 33
Durchmesser: 13,10 mm
Länge: 178 mm

Bolivar	*Palmas*
(La) Escepcion	*Longos*
Hoyo de Monterrey	*Longos*
José Gener	*Longos*
Partagas	*Palmas Grandes*
Punch	*Nectar No. 5*
Punch	*Ninfas*
Punch	*Panetelas Grandes*
Quai d'Orsay	*Panetelas*
Romeo y Julieta	*Palmas Reales*
(H.) Upmann	*Selección Suprema No. 23*

513-NUMERO 2
Ringmaß: 38
Durchmesser: 15,08 mm
Länge: 152 mm

Cohiba	*Coronas Especiales*
Diplomaticos	*Diplomaticos No. 7*
Hoyo de Monterrey	*Le Hoyo du Dauphin*
Hoyo de Monterrey	*Odeon*
Montecristo	*Montecristo Especial No. 2*
Nueva Marca	*Especial No. 2*
(El) Siboney	*Especiales*

514-PALMA
Ringmaß: 33
Durchmesser: 13,10 mm
Länge: 170 mm

Hoyo de Monterrey	*Le Hoyo du Gourmet*
Hoyo de Monterrey	*Versailles*

515-PANETELA LARGA
Ringmaß: 28
Durchmesser: 11,11 mm
Länge: 175 mm

(La) Gloria Cubana	*Medaille d'Or No. 3*
Montecristo	*Montecristo No. 7*
Rafaël González	*Slenderellas*
(El) Rey del Mundo	*Elegantes*
(El) Rey del Mundo	*Panetelas Largas*
Romeo y Julieta	*Shakespeare*

PRODUKTIONSNAME			PRODUKTIONSNAME	
MARKE	HANDELSNAME		MARKE	HANDELSNAME
516-PAREJOS			*Romeo y Julieta*	*Sanchos*
Ringmaß: 38			*Sancho Panza*	*Sanchos*
Durchmesser: 15,08 mm				
Länge: 166 mm			*609-JULIETA 2*	
Partagas	*Serie du Connaisseur No. 2*		*Ringmaß: 47*	
			Durchmesser: 18,65 mm	
517-SEOANE			*Länge: 178 mm*	
Ringmaß: 33			*Bolivar*	*Churchills*
Durchmesser: 13,10 mm			*Bolivar*	*Coronas Gigantes*
Länge: 126 mm			*Bolivar*	*Supremas Churchills*
Cohiba	*Exquisitos*		*Cohiba*	*Esplendidos*
Montecristo	*Montecristo No. 6*		*(La) Flor de Cano*	*Diademas*
			(La) Gloria Cubana	*Tainos*
581-CAMPANA			*Hoyo de Monterrey*	*Churchills*
Ringmaß: 52			*Hoyo de Monterrey*	*Concorde*
Durchmesser: 20,64 mm			*Partagas*	*Churchills de luxe*
Länge: 140 mm			*Punch*	*Churchills*
Bolivar	*Belicosos Finos*		*Punch*	*Monarcas*
Romeo y Julieta	*Belicosos*		*Quai d'Orsay*	*Imperiales*
Sancho Panza	*Belicosos*		*(El) Rey del Mundo*	*Tainos*
			Romeo y Julieta	*Churchills*
582-ESPECIAL			*Romeo y Julieta*	*Clemenceau*
Ringmaß: 45			*Romeo y Julieta*	*Prince of Wales*
Durchmesser: 17,86 mm			*San Luis Rey*	*Churchills*
Länge: 134 mm			*Sancho Panza*	*Coronas Gigantes*
Fonseca	*Invictos*		*(H.) Upmann*	*Monarcas*
			(H.) Upmann	*Monarchs*
586-TACOS			*(H.) Upmann*	*Sir Winston*
Ringmaß: 47				
Durchmesser: 18,65 mm			*611-NUMERO 1*	
Länge: 158 mm			*Ringmaß: 38*	
Partagas	*Presidentes*		*Durchmesser: 15,08 mm*	
			Länge: 192 mm	
604 DELICADO			*Cohiba*	*Lanceros*
Ringmaß: 38			*Diplomaticos*	*Diplomaticos No. 6*
Durchmesser: 15,08 mm			*Montecristo*	*Montecristo Especial*
Länge: 192 mm			*Nueva Marca*	*Especiales*
Bolivar	*Especiales*			
Maria Guerrero	*Grandes de España*		*612-PROMINENTE*	
Partagas	*Serie du Connaisseur No. 1*		*Ringmaß: 49*	
(El) Rey del Mundo	*Grandes de España*		*Durchmesser: 19,45 mm*	
			Länge: 194 mm	
605-DELICADO EXTRA			*Hoyo de Monterrey*	*Double Coronas*
Ringmaß: 36			*Partagas*	*Lusitanias*
Durchmesser: 14,29 mm			*Punch*	*Double Coronas*
Länge: 185 mm			*Ramón Allones*	*Gigantes*
(La) Gloria Cubana	*Medaille d'Or No. 1*		*San Luis Rey*	*Double Coronas*
607-GRAN CORONA			*681-PIRAMIDE*	
Ringmaß: 47			*Ringmaß: 52*	
Durchmesser: 18,65 mm			*Durchmesser: 20,74 mm*	
Länge: 235 mm			*Länge: 156 mm*	
Cifuentes	*Super Estupendo*		*Diplomaticos*	*Diplomaticos No. 2*
Hoyo de Monterrey	*Particulares*		*Montecristo*	*Montecristo No. 2*
Montecristo	*Montecristo A*		*Nueva Marca*	*No. 2*
Punch	*Diademas Extra*		*(H.) Upmann*	*Upmann No. 2*

Namen, die Geschichte geschrieben haben

Legendäre Havanna-Marken

Romeo y Julieta: ZIGARRE DER LEIDENSCHAFTEN

Wir schreiben das Jahr 1903, als der exzentrische Milliardär »Pepin« Fernandez Rodriguez diese 1850 gegründete Marke aufkauft. Dank einer Werbekampagne, die es bis dato in dieser Intensität noch nicht gegeben hat, erobert die Marke binnen kurzer Zeit den internationalen Markt. »Pepin« bietet seine Zigarren vorzugsweise auf den Pferderennbahnen der Welt an, auf denen seine Stute »Julieta« in Aktion tritt. Weitere Berühmtheit erlangt »Pepin« durch seinen ebenso intensiven wie aussichtslosen Versuch, das »Haus der Capuleti« in Verona zu kaufen. Schließlich gibt er sich damit zufrieden, dort einen Tabakladen eröffnen zu dürfen.

Das wohl bekannteste Liebespaar der Weltliteratur lebt nicht zuletzt in der ›Romeo y Julieta‹ fort – einer der auf der ganzen Welt berühmtesten und am meisten geschätzten Havanna-Marken.

Punch: DIE DYNAMISCHE MARKE

Bei der Namensgebung dieser Marke – sie wurde um 1840 kreiert – stand das englische Satiremagazin *Punch* Pate, dessen Wahrzeichen im Cartoon-Teil noch heute die komische Figur »Punch« ist (vergleichbar dem deutschen »Kasperl«). Gegründet wurde die Fabrik, in der die erste ›Punch‹ hergestellt wurde, von einem gewissen Herrn Stockmann, einem Deutschen, der hier auch Untermarken für den heimischen Verbrauch herstellen ließ.

Der Erfolg der ›Punch‹ stellt sich unverzüglich ein, und der glückliche Besitzer verkauft alsbald seine Goldgrube. So gelangt die Fabrik 1875 in die Hände von Buenaventura Parera, wird jedoch schon 1884 von Fernando Lopez Fernandez übernommen, dem damaligen Besitzer von ›Juan Valle y Cia‹. Der Bruder Fernandos, Manuel Lopez, leitet ›Punch‹ schließlich bis zu seinem Tod im Jahre 1925, und es ist sein Name, der auf den damaligen Bauchbinden der Zigarren zu lesen ist, die in der ganzen Welt, vor allem jedoch in Europa verkauft werden.

Die Wirtschaftskrise von 1929 bringt einige Widrigkeiten mit sich, die unter anderem auch zum Zusammenschluß zahlreicher Zigarrenfabriken führen, darunter auch der ›Punch‹, die mittlerweile zur Gruppe ›Fernandez y Palicio‹ gehört. Auch nach der kubanischen Revolution gehört die ›Punch‹ zu den beliebtesten Havannas in Europa, und vor allem die Briten scheinen ihr besonders zugetan.

Partagas: DIE MARKE MIT DEN TAUSEND FORMATEN

In der ersten Hälfte des vorigen Jahrhunderts besitzt ein gewisser Jaime Partagas Tabakpflanzungen in der Pinar-del-Rio-Region, und seine Zigarrenmanufaktur, die er 1845 gründet, schreibt von Beginn an schwarze Zahlen. Diese Erfolgsära währt jedoch noch nicht einmal eine Generation, denn 1864 wird Jaime ermordet, und José, sein Sohn und Nachfolger, hat von seinem Vater nicht das Talent geerbt, solch ein Unternehmen zu leiten. Die Manufaktur steht zum Verkauf an.

›Partagas‹ wird von José Bances erworben und 1900 an Ramon Cifuentes und José Fernandez weiterverkauft. Die Familie Cifuentes gründet in der Folgezeit ein wahres Zigarrenimperium mit Handelsmarken wie ›La Intimidad‹ und ›Ramon Allones‹. Rund ein halbes Jahrhundert später zwingt sie Fidel Castros Revolution, Kuba zu verlassen. Die großen Zigarrenproduzenten emigrieren nach Florida, wo sie sich fortan dem Handel mit Deckblättern widmen. Schließlich bringen sie wieder die Marke ›Partagas‹ auf den Markt, und zwar mit der Unterstützung von ›General Cigar‹, woraus sich erklärt, warum heute zwei Marken mit Namen ›Partagas‹ um die Gunst des Käufers werben – eine aus Kuba und eine aus der Dominikanischen Republik.

Montecristo: DIE ARISTOKRATIN UNTER DEN KUBANISCHEN ZIGARREN

Gegen Ende des vorigen Jahrhunderts läßt ein reicher Spanier, der in New York wohnt, seinen Neffen in die Millionenstadt am Hudson River kommen, damit der ihm bei seinen Geschäften zur Seite steht. Benjamin Menéndez García, so der Name des Neffen, folgt dem Ruf seines Onkels – und Jahre später dem des Leiters von ›Philip Morris‹ und ›General Cigar‹, der ihn engagiert und nach Kuba schickt. Dort übernimmt Benjamin mit seinem Bruder Felix die Verantwortung für die frühere ›Pierra-Kompagnie‹, aus der er um 1913 ›Menéndez y Cia‹ macht.

Die Aktivitäten der florierenden Firma drehen sich nicht nur um die Produktion von Zigarren, doch zunächst einmal sorgt der Eintritt der beiden Brüder für einen beträchtlichen Umsatzanstieg – bei der Zigarettenherstellung und beim Ölhandel. Im Jahre 1923 treffen dann besagter Onkel, Alonso Menéndez, und ein renommierter Zigarrenmeister namens Pepe García in Havanna ein. Kurz darauf wird dort eine Zigarrenfabrik gegründet, die recht bald einen blühenden Aufschwung nimmt, obwohl der Verkauf vorerst auf den heimischen Markt beschränkt bleibt.

›Menéndez y Cia‹ kaufen zunächst die renommierte Marke ›Particulares‹, um sich 1935 an eine neue Marke – eine für den Export – zu wagen: ›Montecristo‹. Zur Entstehungsgeschichte des Namens existieren mehrere Versionen, von denen die wahrscheinlichste jene ist, die sich auf den Helden von Alexandre Dumas', des Älteren, Roman bezieht. Im folgenden Jahr ist der Erfolg enorm – die Firma stößt die Handelsmarke ›Particulares‹ wieder ab und kauft für sie ›H. Upmann‹ ein. Schnell steigen ›Menéndez y García‹, so mittlerweile der erweiterte Firmenname, mit 25 Millionen verkauften Zigarren pro Jahr zu den größten Zigarrenfabrikanten in Havanna auf. Das verpflichtet – und so ist noch heute die ›Montecristo No. 4‹ die weltweit meistverkaufte Havanna.

Hoyo de Monterrey: EINE WECHSELHAFTE BIOGRAPHIE

Zu Beginn des 19. Jahrhunderts rufen zwei Katalanen, Miguel Jané y Gener und Juan Conill y Pi, die Zigarrenmarke ›Hoyo de Monterrey‹ ins Leben. Hergestellt wird sie in ›La Majagua‹, so der Name ihrer ersten Fabrik. Zum »Helden« dieser Marke wird jedoch José Gener, ein Neffe Miguels, der mehrere Plantagen aufkauft und in Havanna gegen 1831 ein Rohtabakkontor eröffnet. In Gestalt Ferdinands VII. stehen die Sterne zu jener Zeit für Zigarren besonders günstig: Der König von Spanien schafft das Monopol ab.

José Gener ist ein ebenso autoritärer wie tüchtiger Mann, wobei sich seine Tüchtigkeit nicht im Kaufmännischen erschöpft. So gründet er die Fabrik ›La Escepcion‹ (statt ›La Excepcion‹ – ein orthographischer Fehler, welcher der Marke noch heute Berühmtheit verleiht), vergißt darüber aber nicht sein privates Glück – und heiratet. Panchita heißt die Auserwählte – eine Kubanerin, eine vermögende Frau, denn Panchita tritt ein reiches Erbe an. 1867 gründet dann José mit seinem Onkel die Firma ›José Gener y Miguel‹, sodann mit seinen Brüdern die Firma ›José Gener y Cia‹ und schließlich ›José Gener y Batet‹, die er allein leitet. Nach seinem Tod im Jahre 1900 wird sein Unternehmen an Ramón Fernandez und Fernando Palicio verkauft, die es als »Stammsitz« für eine neue Reihe von Herstellungsbetrieben nutzen.

Zu Beginn dieses Jahrhunderts gelangen einige Formate der Marke – unter anderem ›Hoyo des Dieux‹, ›Hoyo du Roi‹, ›Hoyo du Prince‹ – noch in Bündeln und ohne Bauchbinde auf den Markt, doch ändert sich auch das allmählich. Eine Zeitlang verwaltet von Davidoff, bewahrt die Marke trotz aller Wechselfälle der Geschichte, trotz kubanischer Revolution ihr Prestige in vollem Umfang.

Cohiba: DIE KÖNIGIN DER ZIGARREN

Im Jahre 1954 trat ein gewisser Eduardo Rivero in eine kleine Fabrik ein, die in Palma Soriano, einem Ort der Provinz Santiago, Zigarren herstellte. Schon drei Jahre darauf fing er als *Torcedor* bei ›Por Larrañaga‹ an, jener Firma, die seinerzeit für ihre Methode der dreifachen Fermentation berühmt war. Während der Revolution mußte Rivero für einige Jahre die *Chaveta* gegen die Uniform eintauschen, und erst 1963 kehrte er auf seinen Posten als *Torcedor* zurück. Von nun an machte er auch Zigarren für seinen persönlichen Bedarf...

Das kann Eduardo Rivero jedoch nur in dem Maße, wie das mit seinen beruflichen Pflichten und den Vorschriften der Zigarrenfabrik in Einklang zu bringen ist. Sozusagen in seiner »Freizeit« fertigt er außergewöhnliche kleinformatige Zigarren mit Maßen, die im gängigen Katalog der Formate nicht vorkommen: 15 Millimeter im Durchmesser und 192 Millimeter in der Länge weisen diese Zigarren auf. Jene zukünftigen ›Lanceros‹ weisen aber noch etwas auf: ein äußerst feines Aroma.

Durch Vermittlung eines Angehörigen der Leibgarde Fidel Castros, Bienvenido »Chicho« Perez, eines Freunds Eduardos, macht der *Maximo Leader* angenehme Bekanntschaft mit den ›Lanceros‹. Von ihrem unvergleichlichen Geschmack eingenommen, beschließt Castro, eigens eine Fabrik zur Herstellung dieser Zigarren zu gründen. Das edle Stück erhält den Namen ›Cohiba‹ – das Taino-Wort für ›Tabak‹ soll an die Zeremonien vorkolumbischer Zeiten erinnern, bei denen das Rauschmittel Tabak eine nicht unwesentliche Rolle spielte. Auch das Emblem der ›Cohiba‹ würdigt diese Zeit: Es zeigt das Porträt Hatueys, eines Taino-Kriegers, der zu den Vorkämpfern der kubanischen Unabhängigkeit gezählt wird.

Eduardo Rivero überwacht nun unter größter Geheimhaltung nicht nur die Gründung der ›Cohiba‹-Fabrik, sondern auch die Herstellung der ›Cohiba‹-Formate. Darüber hinaus ist er für die persönliche Versorgung des Führers der kubanischen Revolution mit dem kostbaren Produkt verantwortlich. Die Produktion der ›Cohiba‹, gewährleistet von nur wenigen Arbeitskräften, unterliegt nur einem einzigen Maßstab: Qualität. Bei der sorgfältigen Wahl der *Vegas*, der Blätter, ist ebenso die »Handschrift« Riveros zu erkennen wie an dem hellen Deckblatt – Folge der sorgfältigen Kontrolle bei der Fermentation.

Die Fabrik erhält übrigens den Namen ›El Laguito‹ und stellt zunächst drei Formate her: ›Lancero‹, ›Corona Especiales‹ und ›Panetela‹. Und es sind diese Fabrik ›El Laguito‹ und diese Zigarrenmarke ›Cohiba‹, die als Symbole schlechthin für die »Wiedergeburt« der kubanischen Industrie unter Castros Regime gelten.

Nach der Episode Davidoff (1967–1970), in deren Verlauf die Produktion von ›El Laguito‹ unter dem Namen ›Davidoff‹ kommerzialisiert wird, gelangt die Marke unter die Kontrolle von ›Cubatabaco‹, jenem staatlichen Unternehmen, das für den Anbau, die Herstellung und den Vertrieb der kubanischen Tabakerzeugnisse verantwortlich zeichnet. Erst 1982 wird die ›Cohiba‹ offiziell auf den Markt gebracht, nicht zuletzt deshalb, um den Kampf gegen die vielen Fälschungen aufzunehmen, die inzwischen den Zigarrenmarkt überschwemmen. Diese Entscheidung führt zum endgültigen Bruch mit Davidoff, der dadurch auch die Exklusivrechte für den Vertrieb der Zigarren Eduardo Riveros verliert.

In der Folgezeit werden weitere Formate geschaffen, welche die Produktreihe der ›Cohiba‹ vervollständigen: Mit ›Linea classica‹ (1989) und ›Ligne 1492‹ kommen zwei exklusive Reihen auf den Markt, wobei letztere Kreation fünfhundert Jahre nach jener ersten Reise Christoph Kolumbus' geschaffen wird, in deren Verlauf er ja auch an den Gestaden Kubas landete. In Zigarrenkreisen wird gemunkelt, ›El Laguito‹ stelle klammheimlich ein weiteres Format her – ›Trinidad‹ soll es heißen. In einem 1994 stattfindenden Interview behauptet Fidel Castro jedoch steif und fest, nichts davon zu wissen – um sich im übrigen maßlos über die darauf abzielende Frage aufzuregen.

Fest steht dagegen: Eduardo Rivero, der legendenumwobene Schöpfer der legendenumwobenen ›Cohiba‹, besitzt seit Jahren ein Geschäft in Havanna. Nach wie vor rollt er Zigarren...

Vergangenes und Gegenwärtiges

Fabriken von gestern, Marken von heute

Seit den vierziger Jahren sind ungefähr dreißig Fabriken verschwunden, und nur wenige Marken haben überlebt...

Heute ist die Zahl der Zigarrenfabriken in Havanna lange nicht mehr so hoch wie vor einem halben Jahrhundert. Eines hat sich jedoch nicht geändert: Noch immer werden verschiedene Formate ein und derselben Marke in mehreren Fabriken gefertigt.
Im Jahre 1940 produzierten die vierzig Zigarrenfabriken, welche im folgenden aufgelistet sind, etwas über dreihundert Marken, die für den Export bestimmt waren. Nicht selten hatten einzelne Formate klangvolle Namen, so zum Beispiel, wenn sie der Welt der Oper entlehnt waren – ›La Tosca‹, ›La Traviata‹, ›Rigoletto‹... –, oder wenn sie Namen von Schriftstellern trugen: ›Shakespeare‹, ›Victor Hugo‹... Bisweilen spiegelten sie auch eine gewisse Eitelkeit wider, dann etwa, wenn sie auf die vermeintliche Qualität der Zigarre anspielten: ›La Inmejorable‹ (›Die nicht zu Verbessernde‹) oder ›La Insuperable‹ (›Die Unbesiegbare‹). – Anmerkung: Die Namen, die in der folgenden Liste mit einem Sternchen gekennzeichnet sind, sind noch heute im Handel.

Fabrikname: (C.) Rivero Alvarez
Adresse: Calle 8 No. 92, Santiago de las Vegas, Provincia de La Habana, Cuba
Eingetragene Marken: Fedia · Mi Ideal · Santos Suarez

Fabrikname: Manuel Fernandez Argudin
Adresse: Norte No. 25, Marianao, Habana, Cuba
Eingetragene Marken: Argudin · (La) Cordialidad · Esclava · Macabeus · Manuel Fernandez

---

Fabrikname: Gabino Campos Beltran
Adresse: 10 de Octubre No. 1255, Jesus del Monte, Habana, Cuba
Eingetragene Marke: Gabino Campos

Fabrikname: Daniel Blanco y Cia.
Adresse: San Miguel No. 463, Habana, Cuba
Eingetragene Marken: Konuko · Mundial

Fabrikname: Desiderio M. Camacho
Adresse: Reparto Camacho s/n, Santa Clara, Cuba
Eingetragene Marke: (La) Flor de Lis

Fabrikname: Castañeda-Montero-Fonseca, S. A.
Adresse: Galiano No. 466, Habana, Cuba
Eingetragene Marken: Castañeda · Filoteo · Fonseca(*) · (El) Genio · Hamlet · J. Montero y Cia. Lurline · Para Mi · Real Carmen · Rotario

---

Fabrikname: Cifuentes, Pego y Cia.
Adresse: Industria No. 529, Habana, Cuba
Eingetragene Marken: (El) Cambio Real · Caruncho · Cifuentes(*) · Corojo · (La) Eminencia · Flor de Alma · Flor de Caruncho · Flor de F. Pego Pita · (La) Flor de J. A. Bances · Flor de P. Rabell · Flor de Tabacos · Flor de Tabacos de Partagas y Cia. · Gayarre · (La) Inmejorable · (La) Insuperable · (La) Intimidad · (La) Lealtad · (El) Marqués de Caxias · Marqués de Rabell · Mi Necha · Modelo de Cuba · Nada Más · Osceola · Partagas(*) · Partagas & Co. · Partagas y Cia. · Prudencio Rabell · Rallones · Ramon Allones(*) · (La) Tropical

---

Fabrikname: Compañia Industrial Tabacalera S. A.
Adresse: Cuba No. 801, Habana, Cuba
Eingetragene Marken: (La) Bayadera · Daiquiri · Eloisa · Pirata · William

---

Fabrikname: Rogelio Cuervo y Aguirre
Adresse: E. Barnet No. 318, Habana, Cuba
Eingetragene Marken: (La) Diosa · Magnolia · Rigoletto

Fabrikname: Estrada y Cia., Soc. Ltda.
Adresse: Habana No. 66, Cienfuegos, Santa Clara, Cuba
Eingetragene Marke: Estrada

Fabrikname: Francisco Farach
Adresse: Marti No. 24, Caibarién, Santa Clara, Cuba
Eingetragene Marke: Flor de Farach

Fabrikname: The Fernandez-Havana Cigar Co.
Adresse: Marti No. 64, Guanabacoa, Habana, Cuba
Eingetragene Marken: Amor de Cuba · (El) Bataclan · (La) Bonita · Casco de Oro · (La) Democracia · Don Alfonso · Flor de Todo · José Jiménez Pérez · Lord Beaconsfield · Mascota

---

Fabrikname: Fernandez, Palacio y Cia., S. en C.
Adresse: Maximo Gomez 51, Habana, Cuba
Eingetragene Marken: Belinda(*) · (La) Emperatriz de India · (La) Escepcion(*) · Flor de Fernandez Garcia · Gener · Gioconda · Gladstone Habanos · (La) Gloria de Inglaterra · Hoyo de Monterrey(*) · (La) Iberia · Palacio · (Las) Perlas · Punch(*) · Santa Felipa · (La) Sin Par · Smart Set · (El) Vinyet · Vuelta Abajo

---

Fabrikname: Manuel Hernandez Garcia
Adresse: Vélez Caviedes No. 55, Pinar del Rio, Cuba
Eingetragene Marke: (El) Campesino

Fabrikname: Julio Gonzalez
Adresse: Salud No. 113, Habana, Cuba
Eingetragene Marke: Minerv

Fabrikname: Por Larrañaga, Fabrica de tabacos S. A.
Adresse: Carlos III No. 713, Habana, Cuba

Eingetragene Marken: (La) Atlanta · (La) Flor de Alvarez · Flor de Cimiente · Flor de Zavo · (La) Gloria · Habanos 1834 · (La) Legitimidad · Petronio · Por Larrañaga(*) · (El) Torcillo

Fabrikname: Lomez y Cia., S. en C.
Adresse: Maximo Gomez 466, Habana, Cuba
Eingetragene Marken: Casin · Flor de Lobeto

Fabrikname: Calixto Lopez y Cia.
Adresse: Agramonte No. 702, Habana, Cuba
Eingetragene Marken: Calixto Lopez · Edèn · Flor de Lopez Hermanos · Francisco C. Banes · Lopez Hermanos · (Lo) Mejor · Morro Castle · (Los) Reyes de España

Fabrikname: Martinez et Cia.
Adresse: Calle Real No. 200, Marianao, Habana, Cuba
Eingetragene Marken: Antilla Cubana · C. E. Beck y Cia. · (La) Devesa de Murias · (La) Feriada · Fine · (La) Flor de Dascall · Flor de Miramar · (La) Flor de Pedro Miro y Cia. · (La) Flor de Zavo · Frank Halls · (La) Imperiosa · Kings of Havana · Mapa Mundi · (La) Ranesa · Ricoro · Santa Rosalia · Sol · (Los) Statos de Luxe(*) · Troya(*)

Fabrikname: Menéndez, Garcia y Cia. Ltda.
Adresse: Virtudes No. 609, Habana, Cuba
Eingetragene Marken: Montecristo(*) · Particulares · (El) Patio · (H.) Upmann(*)

Fabrikname: (B.) Menéndez y Hno.
Adresse: Habana No. 906, Habana, Cuba
Eingetragene Marken: Flor de R. Barcia · (La) Prueba · (El) Rico Habano

Fabrikname: Eduardo Suarez Murias y Cia.
Adresse: Luz No. 3, Arroyo Naranjo, Habana, Cuba
Eingetragene Marken: (La) Radiante · Reva

Fabrikname: Oliver y Hno.
Adresse: Segunda del Sur y Marti, Santa Clara, Cuba
Eingetragene Marken: (La) Cachimba · Oliver

Fabrikname: Pardo, Hno. y Cia.
Adresse: Serafines No. 164, Habana, Cuba
Eingetragene Marke: (El) Crédito

Fabrikname: Simon Vela Pelaez
Adresse: Juan del Haya s/n, Pinar del Rio, Cuba
Eingetragene Marke: Gispert(*)

Fabrikname: (C. del) Peso y Cia.
Adresse: San Ignacio No. 314, Habana, Cuba
Eingetragene Marken: Flor de Juan Lopez(*) · Flor de Tomas Gutiérrez · (La) Igualdad · Pierrot

Fabrikname: José L. Piedra
Adresse: Reina No. 404, Habana, Cuba
Eingetragene Marken: José L. Piedra(*) · Ovalo Rojo · Piedra

Fabrikname: Pita Hnos.
Adresse: Estévez No.s 67 y 69, Habana, Cuba
Eingetragene Marken: Caribe · Pita · Pita Hnos.

Fabrikname: Augustin Quintero y Cia.
Adresse: D'Clouet No. 16, Cienfuegos, Santa Clara, Cuba
Eingetragene Marken: (El) Canon Rayado · (La) Riqueza · Quintero(*)

Fabrikname: Rey del Mundo Cigar Company
Adresse: Padre Varela No. 852, Habana, Cuba
Eingetragene Marken: Casamontez · (El) Collado · (La) Confederación Suiza · Cuesta Rey · Don Candido · Don Ricardo · Fausto · Flor de Allones · Flor de Marqués · Flor de Milamores · Fragus de Cuba · Rafael Gonzalez(*) · (El) Rey del Mundo(*) · Sancho Panza(*) · San Sebastian · (La) Seductiva · (La) Solera · (El) Uruguay

Fabrikname: Roberts & Co.
Adresse: Neptuno No. 167, Habana, Cuba
Eingetragene Marken: Almendares · (La) Exportadora · Perla del Océano

Fabrikname: (J. F.) Rocha y Cia., S. en C.
Adresse: San Miguel No. 364, Habana, Cuba
Eingetragene Marken: Bolívar(*) · (El) Crepùsculo · Flor de Ambrosio · (La) Gloria Cubana(*) · (La) Glorieta Cubana · (La) Navarra · Nene · (La) Petenera

Fabrikname: Rodriguez, Montero y Cia.
Adresse: Encarnacion No. 163, Santos Suarez, Habana, Cuba
Eingetragene Marken: (La) Primavera · (El) Trio

Fabrikname: Romeo y Julieta, Fabrica de Tabacos S. A.
Adresse: Padre Valera No. 152, Habana, Cuba
Eingetragene Marken: Don Pepin · Falman · Flor de Rodriguez, Argüelles y Cia. · His Majesty · (La) Mar · Maria Guerrero(*) · Romeo y Julieta(*)

Fabrikname: Juan Cano Sainz
Adresse: Manrique No. 615, Habana, Cuba
Eingetragene Marken: Caracol · (La) Flor de Cano(*) · (La) Rica Hoja · Trocadero

Fabrikname: Fabrica de Tabacos F. Solaùn, S. A.
Adresse: Figueras No. 106, Habana, Cuba
Eingetragene Marken: Baire · Boccacio · Figaro · Flor de Solaùn · (La) Nacional

Fabrikname: Tabacalera Cubana, S. A.
Adresse: Agramonte No. 106, Habana, Cuba
Eingetragene Marken: (La) Africana · (El) Aguila de Oro · (El) Aguila Imperial · (La) Alhambra · (La) Antigüedad · Antonio y Cleopatra · (La) Aristocratica · Arlington · Balmoral · Bock & Co · (H. de) Cabañas y Carbajal · (La) California · (La) Capitana · (L.) Carbajal · (La) Carolina · Cayos de San Felipe · Clara Maria · (La) Comercial · (La) Corona(*) · (La) Coronilla · Cortina Mora · (La) Crema de Cuba · Cuba · Cubanola · Delmonico's · Don Cabañas(*) · Don Quijote de la Mancha · (La) Española · Estella · Eureka · (El) Fénix · (La) Flor de A. Lopez · Flor de Cortina · (La) Flor de Cuba · Flor de F. de P. Alvarez · Flor de García · Flor de Gumersindo · (La) Flor de Henry Clay · Flor de J. S. Murias y Cia. · (La) Flor de Juan Chao · Flor de M. Lopez y Cia. · Flor de Monte Carlo · (La) Flor de Murias · (La) Flor de Naves · Flor de Pedro Roger · Flor de Segundo Alvarez · (La) Flor de Ynclan · General R. E. Lee · Habana Club · Hamilton Club · (La) Indiferencia · José Domingo · Joya de San Luis · Justicia al Mérito · Kathérine & Petruchio · Lincoln · Lords of England · Manuel Garcia Alonso · Manuel Lopez y Cia. · (La) Meridiana · (La) Opulencia · (La) Paz de China · Pedro Murias y Cia. · (La) Perfección · (La) Perla de Cuba · (La) Princesa de Gales · Privilegio · (La) Prominente · (La) Prosperidad · Puck · (El) Pueble · (La) Reina del Oriente · (La) Reserva · (La) Rosa Aromatica · (La) Rosa de Santiago · Santa Damiana · (La) Savoie · (La) Selecta · Shakespeare · (El) Siboney(*) · The Derby · (La) Tosca · (La) Traviata · (La) Vencedora · (La) Ventana · Victor Hugo · (A. de) Villar y Villar · (La) Virtud · Waldorf · Waldorf Astoria · Walter Scott

Fabrikname: José Sixto Valdés
Adresse: Vélez Caviedes No. 34, Pinar del Rio, Cuba
Eingetragene Marke: Figueras

Fabrikname: Andrés Rodriguez Velazquez
Adresse: Ajiconal, Barrio Paso Viejo, Pinar del Rio, Cuba
Eingetragene Marke: (La) Dulzura

Fabrikname: Zamora y Guerra
Adresse: Gomez No. 810, Habana, Cuba
Eingetragene Marken: Belanza · Coranto · (La) Flor de Santa Gertruda · Landsown · Lions · (La) Loma · (La) Noble Habana · San Luis Rey(*) · (La) Zona

Eine Kette der Kreation

Die Handwerker des Tabaks ...

... und ihre über dreihundert Handgriffe

Die *Tabacaleros* sind wichtige Glieder in einer komplexen Kette von Arbeitsabläufen, deren Know-how sich von Generation zu Generation weitervererbt. Zur Herstellung einer Havanna werden mehr als dreihundert verschiedene Handgriffe benötigt. Die Bezeichnung *Tabacalero* bezieht sich ganz allgemein auf alle Angestellten der Tabakindustrie. Daneben gibt es noch eine ganze Anzahl offizieller Bezeichnungen für den jeweiligen Arbeitsbereich eines Angestellten. Diese Bezeichnungen sind im folgenden aufgelistet und erklärt, wobei die Erwähnung der Abfolge während eines Arbeitsprozesses entspricht. Einige Bezeichnungen wiederholen sich, da in verschiedenen Produktionsstadien gleiche Arbeitsgänge erforderlich sind.

Anbauphase

Veguero: Alle Arbeiter, die auf den Tabakanbau spezialisiert sind.
Semillerero: Zuständig für die Bewässerung der *Canteros*.
Tendedor: Derjenige, der die Tücher für die *Zanqueros* bereithält.
Zanquero: Befestigt die Tücher bei der Tabakaufzucht im Schatten.
Recolector: Verantwortlich für die Ernte der Tabakblätter.
Sacador: Bringt die geernteten Blätter zum *Lleandor de cesto*.
Lleandor de cesto: Kontrolliert die Qualität der Blätter und füllt die Körbe, die für das Tabakhaus bestimmt sind.
Cestero: Bringt die Körbe mit den Blättern in das Tabakhaus.

Bearbeitung der Blätter

Im Tabakhaus
Descargador: Entleert die Körbe und stellt sie auf Holztische.
Ensartador: Befestigt je zwei Tabakblätter zusammen an Stangen, um sie zum Trocknen aufzuhängen.
Zafador: Nimmt die Blätter von den Trockenstangen.
Curador: Überwacht den Vorgang des Trocknens und der Fermentation.
Engavillador: Stellt die *Gavillas* her, also die Garben aus Tabakblättern.
Manojeador: Fertigt Gebinde aus je vier Garben *(Manojos)*.
Enterciador: Packt die Gebinde zu Ballen, um sie für die Selektion vorzubereiten.

Im Sortierhaus
Zafador: Öffnet die Garben zur Bearbeitung der Blätter.
Mojador: Befeuchtet die Blätter, damit sie weicher werden.
Rezagador: Sortiert die Tabakblätter nach Größe, Struktur und Farbe.
Revisador de tarea: Kontrolliert die Arbeit der *Rezagadores*.
Engavillador: Stellt die *Gavillas* her, also die Garben aus Tabakblättern.
Manojeador: Faßt jeweils vier Garben zu einem Gebinde zusammen *(Manojos)*.
Enterciador: Fertigt die Gebinde zu Ballen, um sie zu den Lagerhäusern zu schaffen.
Dependiente: Der Lagerverwalter sorgt dafür, daß die Tabakballen ständig von einem zum anderen Platz transportiert werden. Somit wird verhindert, daß sie fermentieren.

Im Entrippungshaus
Hier sind die Arbeitsabläufe identisch mit denen im Sortierhaus.
Lediglich eine Tätigkeit kommt noch hinzu: Der *Despalillador* entfernt einen Teil der Mittelrippe.

Weiterverarbeitung

Zafador: Zieht die Blätter auseinander, damit sie einzeln befeuchtet werden können.
Mojador: Befeuchtet die Tabakblätter, damit sie weicher werden.
Sacudidor: Schüttelt die befeuchteten Blätter aus, um Wasserrückstände zu entfernen.
Despalillador: Entfernt die Mittelrippe aus den Deckblättern.
Rezagador: Sortiert die Deckblätter nach Größe und Farbe.
Ligadora: Stellt die *Ligas* her, die Einlagemischung.
Torcedor: Die Arbeit des Zigarrenrollers beginnt. Übrigens hat jede Fabrik ihre eigene Ausbildungsstätte für diesen Berufszweig. Die Ausbildung dauert zwischen sechs und neun Monaten.
Tasador: Verkostet die fertigen Zigarren, um deren Qualität zu prüfen.
Controlador: Überprüft, ob die Zigarre gut gerollt ist und den bestehenden Normen entspricht.
Escogedor: Sortiert die Zigarren eines Formats nach Farbnuancen.
Anillador: Bringt die Bauchbinden an.
Encajetillador: Legt die Zigarren in die Kisten.
Fileteador: Beklebt die Zigarrenkisten mit Lithographien.
Controlador: Kontrolliert die fertigen Kisten und die allgemeine Qualität der Zigarren.

Kleine Zigarrenkunde von A bis Z

Das Zigarren-Brevier

Die Stichwörter sollten dem Connaisseur nicht spanisch vorkommen (da die meisten längst international gebräuchlich sind).

A

Abertura (ÖFFNUNG). In den Sortierhäusern des Vuelta Abajo bezeichnet man so den Vorgang des Öffnens, Sortierens und Aufhäufens der Blätter. Diese Tätigkeit wird ausschließlich von Frauen ausgeübt.

Abono (DÜNGEMITTEL). Wenn notwendig, ersetzen die Düngemittel fehlende Nährstoffe. Zum Zwecke der Produktionssteigerung wird ihr Anteil nach und nach erhöht, wobei die benötigte Menge an Düngemitteln durch Bodenanalysen ermittelt wird. Man unterscheidet organische Düngemittel (tierisch, pflanzlich oder gemischt) und anorganische (natürliche Mineralstoffe und künstliche bzw. chemische Mittel). Die Düngemittel werden unterteilt in stickstoffhaltige, phosphathaltige, kalkhaltige und stimulierende.

Die wichtigsten Nährstoffe des Tabaks

Stickstoff. Für die Entwicklung der Pflanze und des Blattes unverzichtbar. Stickstoff reguliert den Chlorophyll-, Protein- und Nikotingehalt der Pflanze.

Ein Tabakblatt enthält zwischen 2 und 5 Prozent Stickstoff – ein Gehalt von weniger als 1,5 Prozent gilt als unzureichend. Das Niveau des Blattes, das Alter der Pflanze und die Befruchtung beeinflussen den Gehalt. Diejenigen Pflanzen, welche nicht genug Stickstoff enthalten, erkennt man an ihrem verminderten Wachstum und ihren kleinen Blättern, deren Grün nur sehr blaß ist, da der Chlorophyllgehalt reduziert ist. Die unteren Blätter werden vorzeitig gelb und trocken, wodurch die Blüte zu spät erfolgt und der Tabak beim Rauchen einen faden Geschmack entwickelt.

Dagegen verzögert ein Übermaß an Stickstoff bei den Pflanzen das Einsetzen der Reifezeit. Die Blätter sind dann von dunkler Färbung und wachsen übermäßig. Der aus ihnen gewonnene Tabak wird einen aggressiven, bitteren Geschmack haben, und auch das Brandverhalten wird nicht zufriedenstellend sein.

Phosphor. Phosphor ist ebenfalls äußerst wichtig für den Tabak. Man verwendet mehr, als die Pflanze eigentlich braucht. Phosphor beschleunigt den Reifeprozeß in Verbindung mit der Photosynthese, wodurch der Gehalt des Kohlenhydrats gesteigert wird. Die Absorption durch die Pflanze hängt von der Temperatur (zwischen 14 und 21 Grad Celsius) und dem pH-Wert des Bodens ab (zwischen 5 und 6).

Die Pflanze muß den Phosphor sehr früh aufnehmen. Da Phosphor im Boden relativ »unbeweglich« ist, wird dieses Element von vielen Böden regelrecht abgebunden – und ist somit für die Pflanze nicht zugänglich. Vor diesem Hintergrund ist eine sorgfältig abgestimmte Zugabe von Phosphor – vor oder unmittelbar nach der Umpflanzung der Tabakpflanze – enorm wichtig, damit die gewünschten Resultate erzielt werden.

Ein Defizit an Phosphor erzeugt sehr dunkle und geradezu kümmerliche Blätter, die in auffälliger Weise horizontal ausgerichtet sind: Die Pflanze bietet einen »offenen, platten« Eindruck – Ausdruck der verzögerten Reifung. Dem getrockneten Blatt fehlt es an Glanz, und die unteren Bereiche der Pflanze weisen kleine braune Flecken auf. Eine aus solchen Blättern gefertigte Zigarre brächte beim Rauchen eine übermäßig dunkle Asche hervor.

Kalium. Kalium wird in großen Mengen von der Tabakpflanze absorbiert, so daß es bis zu 10 Prozent der Trockenmaterie der Blätter ausmachen kann. Ein Defizit besteht, wenn der Anteil des Kaliums unter 3 Prozent liegt. In diesem Fall ist die Farbe der Blätter stark verändert. Würden sie in einem solchen Zustand verarbeitet, würden Aroma und Brandverhalten des Tabaks erheblich beeinträchtigt.

Kalium ist auch das Hauptelement der Asche. Es ist in der Lage, die schädlichen Auswirkungen anderer Elemente – wie etwa des Chlors – zu neutralisieren. Außerdem erhöht es die Widerstandsfähigkeit der Blätter gegen Parasitenbefall und Trockenheit. Fehlt der Pflanze Kalium, so ist sie in ihrem Wachstum beeinträchtigt: Das Blatt wird dunkel, und an der Spitze wie an den Rändern erscheinen gelbliche Flecken, die schließlich auch auf die Mittelrippe übergehen, bis in ganz schweren Fällen die totale Austrocknung erfolgt. Kalium ist in der Pflanze sehr »beweglich«, und sein Fehlen wird zuerst an den unteren Blättern sichtbar, später auch an den oberen.

Kalzium. Ein Element der Asche. Mangel an Kalzium bewirkt eine Mißbildung der kleinen Blätter, die zu Beginn des Wachstums so aussehen, als wären sie von Insekten geschädigt. Die Spitzen der Blätter verschwinden dann, und die Ränder kräuseln sich. Auch ein Überschuß an Kalzium bringt der Pflanze Nachteile: Die Blätter werden brüchig, wellig und blaß, das Wachstum verzögert sich. Eine späte Folge solcher, verarbeiteter Blätter wäre ein schlechtes Brandverhalten der Zigarre.

Magnesium. Magnesium ist nicht nur wichtig für ein gutes Brandverhalten, sondern hat auch (positiven) Einfluß auf das Weiß der Asche, weiß, obwohl ein zu hoher Magnesiumanteil die Asche schuppig werden läßt. Ein Blatt enthält zwischen 0,4 und 1,5 Prozent Magnesium; sein Anteil ist also wesentlich geringer als derjenige von Kalium und Kalzium. Magnesiummangel führt ebenso zu einem Verlust an Karotin und Xanthophyll wie das Fehlen von Chlorophyll, dessen Molekül ebenfalls Magnesium enthält. In der Folge verliert das Blatt vom Rand bis hin zur Mittelrippe seine Farbe; der Vorgang beginnt bei den ältesten Blättern und endet im untersten Teil.

C̲h̲l̲o̲r̲. Chlor ist eher bekannt für die Schäden, die es bei übertriebenem Einsatz verursacht, als für seinen unverzichtbaren Nutzen als Nährstoff. So verbessert es bei einem Anteil von 0,5 Prozent im trockenen Blatt Struktur und Biegsamkeit des Blattes, wodurch das Blatt wesentlich besser zu verarbeiten ist. Allerdings wird dieser Nährstoff sehr schnell von der Pflanze aufgenommen, und sein überreiches Vorhandensein in manchen Böden führt in den Pflanzen zu einer (unerwünschten) dichten Konzentration. Das ist dann der Fall, wenn später von »chloriertem« Tabak die Rede ist.

A̲l̲m̲a̲c̲e̲n̲a̲j̲e̲ (LAGERUNG). Die Ballen bleiben in der Regel ein bis zwei Jahre im Lagerhaus, bevor sie in die Fabriken bzw. die Zentren des *Despalillo* gelangen. Die Lagerräume sind sauber, trocken und vor Sonneneinstrahlung geschützt, womit sie den Lagerhäusern der Fabriken gleichen. Je nach Tabakart (*Tapado* oder *Sol ensartado*) werden die *Tercios* verschieden gelagert. *Tapado*-Ballen lagert man in »Kühlräumen« (16 bis 18 Grad Celsius), in denen die relative Luftfeuchtigkeit zwischen 80 und 90 Prozent liegt, indem man zwei Ballen aufrecht nebeneinanderstellt, um dann einen dritten auf ihnen querzulegen. Von den *Sol-ensartado*-Ballen werden dagegen drei nebeneinandergestellt, während darauf ein vierter zu liegen kommt.
Die *Tercios* lagern in zehn Zentimetern Abstand vom Boden, in sechzig Zentimetern Abstand von den Wänden und enden einen Meter unter der Decke. Nach der ersten Desinfektion, das heißt etwa fünfzehn Tage nach dem Einpacken, verlagern die Arbeiter die Ballen, danach alle dreißig Tage. Die Fermentation, die nun einsetzt, führt schließlich zum »Altern« (*L'Anejamiento*) des Tabaks.

A̲m̲a̲r̲r̲a̲d̲o̲r̲. Werkzeug, das zum Verankern der Zigarren gebraucht wird, bevor sie in Bündeln (*Mazos*) zusammengefaßt werden. Das Gerät besteht aus einem kleinen Brett, das mit vier Holzstiften versehen ist, die schräg nach außen zeigen. Mit Hilfe eines weiteren Brettchens, das sich außen zwischen zwei Stiften befindet, ist es nun möglich, die Zigarren in gleichmäßiger Höhe aufzubewahren.

A̲n̲c̲h̲o̲ (BREITE). Bezieht sich auf den Mittelteil, das heißt den breitesten Teil des Deckblatts.

A̲n̲i̲l̲l̲a̲d̲o̲ (BAUCHBINDENABTEILUNG). Abteilung der Fabrik, in der die Bauchbinden an den fertigen Zigarren befestigt werden.

A̲n̲i̲l̲l̲o̲ (BAUCHBINDE). Bedruckter Papierring, der auf der Zigarre befestigt wird und so der Identifikation der Marke dient.

A̲n̲i̲l̲l̲o̲ ̲d̲e̲ ̲c̲o̲m̲b̲u̲s̲t̲i̲o̲n̲ (BRANDRING). Ein Ring, der sich während des Abbrennens der Zigarre zwischen dem Aschehäubchen und dem Rest der Zigarre bildet. Er sollte stets gleichförmig bleiben.

A̲p̲a̲g̲ó̲n̲ (»SCHLAFMÜTZE«). Zigarre mit mäßigem Brandverhalten.

A̲p̲o̲r̲q̲u̲e̲ (AUFSCHÜTTUNG). Zwanzig Tage nach der Aussaat wird etwas Erde am Fuß der Pflanze angehäuft, um sie zu stützen.

A̲p̲o̲s̲e̲n̲t̲o̲ (ABTEILUNG). Ein Tabakhaus ist in Abteilungen eingeteilt, in denen quer von oben nach unten die Stangen mit den zu trocknenden Tabakblättern aufgehängt werden. Der Zwischenraum von Abteilung zu Abteilung heißt *Falso*.

A̲r̲d̲e̲r̲ (BRENNEN). Das Brandverhalten ist eine der besonderen Charakteristika einer Zigarre.

A̲r̲d̲e̲r̲ ̲a̲ ̲l̲a̲ ̲v̲e̲l̲a̲ (»AM SEGEL ABBRENNEN«). Um das Brandverhalten des Tabaks besser beurteilen zu können, befestigte man früher das Ende einer brennenden Zigarre auf einem Blatt (»Segel«) und beobachtete dann das Brandverhalten. Der Ausdruck »arder a la vela« wurde so zum Synonym für »perfektes Brandverhalten«.

A̲r̲d̲i̲d̲o̲ (IRRITATION). Tabak, der infolge einer zu hohen Temperatur im Fermentationshaufen schimmlig geworden ist.

A̲r̲i̲q̲u̲e̲ (KLEINE SCHNUR). Kleine Schnur aus Fasern der *Yagua*-Palme, die dazu verwendet wird, die Tabakbündel (*Manojos*) zu schnüren.

A̲r̲o̲m̲a̲ (AROMA). Das Aroma einer Zigarre ist nicht gleichbedeutend mit ihrer Stärke. Während das Aroma von Nase und Gaumen erfaßt wird, erkennt erst die Kehle die Stärke einer Zigarre.

A̲r̲p̲i̲l̲l̲e̲r̲a̲ (EINWICKELTUCH). Jutetuch, das dazu dient, die Tabakballen einzuwickeln.

B

B̲a̲b̲o̲s̲a̲. KLEINES WEICHTIER, das den Tabak schädigt, indem es große Löcher in die Blätter frißt.

B̲a̲j̲a̲r̲ ̲e̲l̲ ̲s̲u̲r̲c̲o̲ (»DIE FURCHE SENKEN«). Ausdruck für den ersten Spatenstich, wenn die Erde für das Pflanzen des Tabaks vorbereitet wird.

B̲a̲n̲d̲a̲ (STREIFEN). Die Hälfte eines Deck- oder Umblatts, in das die Einlageblätter eingewickelt werden.

B̲a̲n̲d̲e̲r̲a̲ (FAHNE). Zigarre, deren Deckblatt mehrere Farbnuancen aufweist.

B̲a̲r̲b̲a̲c̲o̲a̲ (TROCKENRAUM). Raum innerhalb der Fabriken, in dem die Einlageblätter trocknen bzw. in dem die Einlagemischungen (*Ligas*) hergestellt werden.

B̲a̲r̲r̲e̲d̲e̲r̲a̲ (TRÄGER). Liegende Tragestangen, auf denen die Enden der Trockenstangen im Tabakhaus ruhen.

B̲a̲r̲r̲i̲l̲ (FASS). In der Entrippungsabteilung der Arbeitstisch der Entripperin. Außerdem wird darin die Einlagemischung in den Fabriken aufbewahrt.

B̲e̲s̲a̲n̲a̲ (»HALBE FURCHE«). Zur Vereinfachung der Feldarbeit werden die Furchen geteilt.

B̲l̲a̲n̲d̲u̲r̲a̲ (GESCHMEIDIGKEIT). Notwendige Voraussetzung für die Blätter, um nach der Trocknung in Garben gepackt werden zu können.

B̲o̲f̲e̲t̲ó̲n̲ (ABDECKBLATT). Lithographiertes Blatt, mit dem die sortierten Zigarren in der Kiste abgedeckt werden.

B̲o̲î̲t̲e̲ ̲n̲a̲t̲u̲r̲e̲ (UNBEARBEITETE KISTE). Zigarrenkiste ohne Dekoration.

B̲o̲î̲t̲e̲ ̲s̲e̲m̲i̲-̲n̲a̲t̲u̲r̲e̲ (TEILWEISE BEARBEITETE KISTE). Kiste, die zwar lackiert, jedoch nicht dekoriert ist.

B̲o̲n̲c̲h̲e̲ (WICKEL, PUPPE). Der Wickel entsteht, indem die Einlageblätter in das Umblatt eingewickelt werden.

B̲o̲q̲u̲i̲l̲l̲a̲ (BRANDENDE). Das untere Ende der Zigarre, an dem sie entfacht wird.

B̲u̲r̲r̲o̲ bzw. D̲a̲r̲ ̲e̲l̲ ̲b̲u̲r̲r̲o̲ (FERMENTATIONSHAUFEN). Aufschichtung der Blätter während der Fermentation. Der Vorgang wird so oft wiederholt, bis der typische Duft und die charakteristischen Merkmale des fermentierten Tabaks vorhanden sind.
Der *Burro* und die *Casilla* sollen zur Reduktion der Stärke des Tabaks dienen, wenn die Ernte zu schwer ist (dicke Blätter) oder wenn der Fermentationsvorgang noch nicht vollständig abgeschlossen ist. Diese Vorgänge sind wesentlich für die Entwicklung des Aromas, des Geschmacks und für die Brandeigenschaften der späteren Zigarre.
Zunächst wird auf dem Boden ein Stofftuch ausgebreitet, worauf die *Gavillas* kreisförmig mit den Spitzen nach innen gelegt werden. Jede Lage wird bis zur erforderlichen Höhe befeuchtet, dann das Ganze mit einem Tuch abgedeckt. Während der Fermentation darf die Temperatur 40 Grad Celsius nicht überschreiten.

C

C̲a̲b̲e̲c̲e̲a̲r̲ (ZUSAMMENLEGEN). Die Tabakblätter werden so aufeinandergelegt, daß die Enden der Mittelrippen genau übereinanderliegen.

C̲a̲b̲e̲z̲a̲ (KOPF). Das obere Ende der Zigarre, das der Raucher an die Lippen führt.

Cabinet. Zedernholzkasten besonderer Art, der zur Lagerung der Zigarren in Bündeln *(Mazos)* dient.

Cabo bzw. **Colilla** (»äusserstes ende«). Zigarrenstummel.

Cachazudo. Raupe, die als gefährlicher Feind des Tabaks gilt und besonders die Jungpflanzen angreift. Tagsüber versteckt sich der Schädling unter der Erdoberfläche, um dann nachts die Stengel der Jungpflanzen zu verzehren. Außerdem bricht er die Blätter der höheren Bereiche ab, um sie dann am Boden zu verspeisen.

Cachimba (pfeife). Einige Zigarren sind in Form einer Tabakpfeife gerollt.

Caja de tercio (einwickelvorrichtung). Apparat aus Holz, der zum Formen der Ballen dient.

Caja de galera (»galerenkasten«). Holzkasten, in dem die Blätter, die für die Mischung zusammengelegt wurden, aufbewahrt werden. In der *Galera* steht der Kasten neben dem *Torcedor*, damit dieser ihm die *Ligas*, die er in die Zigarre wickelt, entnehmen kann.

Caja de liga (einlagekasten). Eine ansehnliche Zahl von zusammengelegten Tabakblättern wird in großen Holzkästen, *Cajas*, aufbewahrt.

Cajón (zigarrenkiste). Das Kistchen, in dem die Zigarren zum Verkauf gelangen. Sie enthalten in der Regel fünfundzwanzig bzw. fünfzig Zigarren.

Calidad (qualität). Die Qualität des Rohtabaks ist durch den Feuchtigkeitsgehalt der Blätter definiert. Bei gerolltem Tabak bezieht sich der Begriff auf die Gesamtheit all seiner Qualitäten.

Camellon. Furche.

Candelilla. Raupe eines kleinen Nachtfalters, der auf Kuba selten vorkommt. Die Raupe heftet sich an die unteren Blätter, ohne jedoch großen Schaden anzurichten.

Canasta (korb). Aus Pettigrohr gefertigter flacher Korb mit weiter Öffnung. In den *Vegas* dient er dem Transport der Blätter, im Tabakhaus und den Zigarrenfabriken wird er zum Tragen der Garben verwendet.

Cañon (röhre). Wickel bzw. Zigarrenkörper, dessen Enden noch nicht vollendet sind.

Cantero (pflanzbeet). In der Pflanzschule sind die Wege zwischen den Beeten relativ breit angelegt, damit die *Canteros* gut zu bearbeiten sind. Jeder *Cantero* mißt achtzehn mal einen Meter, während die Gänge zwischen den Beeten vierzig Zentimeter in der Breite messen.

Capa (deckblatt). Außenblatt, welches sich um Einlage und Umblatt dreht, also um den Körper der Zigarre.

Caperos. Zukünftige Deckblätter.

Capote (umblatt). In das Umblatt werden die Einlageblätter gewickelt. Beide zusammen werden dann in das Deckblatt gerollt.

Casa del tabaco (tabakhaus). Trockenhaus, in dem die Blätter nach der Ernte getrocknet werden.

Casilla (fach). Fach, in das die Garben der klassifizierten Blätter gelegt werden. Die Aufbewahrungszeit in den *Casillas* richtet sich nach Art und Qualität des Tabaks.

Cedro (zeder). Baum aus der Familie der Meliaceen, der auf Kuba wild wächst. Allgemein ist die Zeder recht häufig auf kalkhaltigen Hügeln und Gebirgen anzutreffen. Der Baum liefert ein biegsames, leichtes und poröses Holz, das einfach zu verarbeiten ist. Außerdem »schmeckt« Zedernholz Insekten zu bitter, so daß es sich insgesamt zur Herstellung von Zigarrenkisten anbietet.

Celofano (zellophan). Durchsichtige Folie, die zum Einwickeln von bestimmten Zigarrensorten oder ganzer Kistchen dient.

Centesimos (hundertstel = 1/100: teil eines gebindes von 100 kisten für 1000 zigarren). Verpackung für jeweils zehn Zigarren.

Centro (mittelteil). Mittelteil des Zigarrenkörpers, der sich in jeweils gleichem Abstand zu *Perilla* und *Boquilla* befindet.

Centros (mittelblätter). Tabakblätter, die sich genau in der Mitte der Pflanze befinden (zwischen *Libre de pie* und *Corona*).

Cepo (ringmass). Dieses Gerät hat in der Mitte ein Loch, das dem *Torcedor* den Umfang des zu fertigenden Formats angibt. An der Seite des Ringmaßes befindet sich eine Einkerbung, welche die Länge anzeigt.

Cigarro (zigarette). Auf Kuba ist dies in der Tat die Bezeichnung für die Zigarette. Die Zigarre heißt hingegen *Tabaco torcido* oder *Tabaco*.

Clasificación (klassifikation) – **Apertura** oder **Escogida.** Einteilung der Blätter nach Farbe, Größe, Struktur ...

Cobertor (abdeckung). Abdeckung aus Stroh oder Leinen, die das Saatgut während der Keimphase vor den Widrigkeiten der Witterung schützen soll.

Cogollero. Kleine weitverbreitete Raupe, die großen Schaden anrichten kann, da sie sich während der gesamten Wachstumsphase an die Tabakpflanze heftet. Sie perforiert die Blätter – die dann nicht mehr als Deckblätter zu verwenden sind – und schädigt außerdem die Knospen.

Cohoyo de palma. Kleine Schnur aus getrockneten Palmblättern.

Combustibilidad (gutes brandverhalten). Wichtiges Merkmal einer guten Zigarre ist die Gleichmäßigkeit beim »Abbrennen«. Bereitet das Rauchen der Zigarre dagegen Schwierigkeiten, so bezeichnet man sie als *jorro* (»geizig«).

Condición (kondition). »Dem Tabak die Kondition verleihen« heißt, alle »Etappen« während der Zigarrenherstellung – von der Fermentation über die Vorbereitung bis zum Rollen – mit der größten Sorgfalt zu durchlaufen, damit die Zigarre die richtige »Kondition« erhält.

Corona (»krone«). Oberstes Blattniveau der Tabakpflanze.

Corojo. Tabaksorte, die als Deckblatt für die Havanna dient.

Corte (schnitt). Blatternte, die etappenweise, mit wöchentlichen Intervallen, stattfindet.

Costa Norte (nordküste). Teilgebiet des Vuelta Abajo, das einen Teil der Kommunen von Consolacion del Sur, Mantua, Pinar del Rio und San Luis umschließt.

Costa Sur (südküste). Teilgebiet des Vuelta Abajo, das einen Teil der Kommunen Consolacion del Sur, Pinar del Rio und San Luis umschließt.

Costillas (nebenadern). Die Blattadern bilden ein Netzwerk, welches das Tabakblatt durchzieht. Bei den Deckblättern bestimmt nicht zuletzt die Feinheit der Adern die Qualität.

Criollo. Blattsorte, die als Um- wie als Einlageblatt dient.

Crudo (roh). Tabak, dem noch nicht die ganze Feuchtigkeit entzogen ist.

Cuadragésimos (vierzigstel = 1/40: teil eines gebindes von 40 kisten mit 1000 zigarren). Verpackungen für fünfundzwanzig Zigarren.

Cubierta (bedeckung). Auf den Deckel der Zigarrenkiste geklebtes Etikett.

Cuje (trockenstange). Holzstange von ebenmäßigem Umfang, auf welcher der Tabak aufgehängt wird. Die Herstellung des *Cuje* folgt genauen Kriterien: Das geschnittene Holz wird vierzig Tage lang in Salzwasser gelegt, damit die Rinde leicht abgezogen werden kann – eine Vorsichtsmaßnahme, um die Übertragung des Rindengeruchs auf den Tabak zu verhindern. Nach dem Entfernen kleiner Äste wird der *Cuje* poliert, um jede Beschädigungsgefahr für die Tabakblätter auszuschließen. Der Begriff bezeichnet auch die Menge der Blätter, die auf einer Stange befestigt werden.

Curación (behandlung). Hiermit sind alle Arbeitsschritte gemeint, die der Tabak nach der Ernte in den Tabakhäusern und den Fabriken durchläuft.

Chaveta. Klinge ohne Heft, die aus einem langen, breiten Blatt besteht. Der *Torcedor* verwendet das »Tabakmesser«, um die Deckblätter zuzuschneiden.

Cheese cloth. Musselintuch, das dazu dient, die Tabakfelder abzudecken, auf denen Tabak angepflanzt ist, der im Schatten gezogen wird *(Tapado)*. Don Luis Marx führte diese Methode seinerzeit ein.

D

Décimos (ZEHNTEL = 1/10: TEIL EINES GEBINDES VON 10 KISTEN MIT 1000 ZIGARREN). Verpackung für hundert Zigarren.

Desangrar (VERKLEINERN). Das dicke Stück des Blattes wird abgeschnitten, damit dessen (dicke) Adern nicht nachher auf der Zigarre zu sehen sind.

Desbotonar (AUSPUTZEN). Die Knospe, die auf der Spitze der Pflanzen wächst, wird abgepflückt, um sie am Verbrauch zu vieler Nährstoffe zu hindern.

Desbotonar a la caja. Sobald die Knospe erscheint, wird sie abgepflückt, um das Wachsen der Pflanze nach oben zu verhindern.

Desbotonar alto. Die Knospe bleibt so lange stehen, bis sie beginnt, sich zu entwickeln. Währenddessen hat die Pflanze ihr Wachstum fortgesetzt.

Desecado (TROCKNUNGSPROZESS). Der Vorgang beginnt, wenn der Tabak im Tabakhaus auf den *Cujes* befestigt wird. Zunächst tritt ein fortschreitender Feuchtigkeitsverlust der Blätter ein, die aufgrund der Oxidation ihre Farbe verändern. Wenn die Blätter schließlich ein dunkles Goldbraun angenommen haben, ist auch die Mittelrippe trocken. Nun ist der Trocknungsprozeß vollendet.

Deshijar. Entfernung derjenigen Knospen, die nach dem *Desbotonado* entstehen. Diese Maßnahme muß so oft wiederholt werden, so oft es notwendig erscheint. Die Knospen sollten nicht größer als ein Zoll (25,4 Millimeter) im Durchmesser werden.

Deshile y selección (AUFSCHNÜREN UND SORTIEREN). Im Sortierhaus werden die *Gavillas* zunächst aufgeschnürt. Danach bringt man die Blätter zu den *Abridoras*, den Öffnerinnen, die sie auseinanderfalten und zu gleichmäßigen Stapeln *(Planchas)* formen, die sie dann gruppieren. Zu kleine oder fehlerhafte Blätter (zu dicke Adern, zu biegsam, fleckig...) werden aussortiert, um später als *Tripas de la capa* oder *Tripas de banco* für die inländische Produktion Verwendung zu finden. Die Arbeit der *Abridoras* bzw. der *Seleccionadoras* wird von der *Revisadora* kontrolliert. Überhaupt steht und fällt die Sortierabteilung mit der Qualität der Kontrolle.

Despalillo (ENTRIPPUNG). Damit ist der Vorgang gemeint, bei dem die Mittelrippe aus jedem Tabakblatt entfernt wird.

Despunte (JÄTEN). Ausreißen der Tabaksetzlinge, die zu sehr entwickelt sind.

Desvenar. Entfernen der dicken Adern aus den Umblättern.

E

Elasticidad (ELASTIZITÄT). Das Blatt ist biegsam und wird deshalb wohl kaum brechen. Diese Eigenschaft ist für Deckblätter unverzichtbar.

Emboquillar. Handgriff des *Torcedor*, der dem Körper der Zigarre die erste Drehung verleiht, bevor er ihn in das Deckblatt einrollt.

Empacar (PACKEN). Vor der Klassifikation wird der Tabak zu Ballen gepackt.

Empilonar (STAPELN). Die Blattbündel werden aufeinandergestapelt, um den Fermentationsprozeß einzuleiten.

Encentrar la hoja (BESCHNEIDUNG DES BLATTES). Die schadhaften Stellen werden aus dem Blatt herausgeschnitten.

Engavillar (IN GARBEN BINDEN). Das Zusammenbinden der Garben im Sortierhaus.
Deckblatt. Die *Engavilladores* fügen die sortierten Blätter je nach *Tiempo* zu *Gavillas* von vierzig bis sechzig Blättern zusammen (vierzig bei den Klassen Rgo 11 bis 14, fünfzig bei den Klassen Rgo 15 bis 16, 14a, 18a, 19a, Rgo E, sechzig bei den Klassen 15a, 16a). Die Garben werden am unteren Ende der Mittelrippen zusammengebunden.
Einlageblätter. Die Garben aus den Einlageblättern werden so zusammengebunden, daß jedes Bündel zu je vier *Gavillas* ein bestimmtes Gewicht hat. Die Anzahl der Blätter spielt hier also keine Rolle.

Ensartar (AUFFÄDELN). Die Blätter werden mit einem Baumwollfaden aufgefädelt und dann an die Trockenstangen gehängt.

Enterceo (PACKEN IN BALLEN). Die Deck- und Einlageblätter werden in den Sortierhäusern zu Ballen gepackt.
Deckblatt. Die Deckblätter transportiert man in auseinandernehmbaren Holzkästen, welche man *Caja de tercio* (»Kasten des Dritten«) nennt. Diese Bezeichnung leitet sich aus dem Umstand ab, daß früher drei Männer für die Herstellung eines Ballens notwendig waren. Ein fertiger *Tercio* ist 70 Zentimeter lang, 60 Zentimeter breit und 55 Zentimeter hoch.
Einlageblätter. Der *Tercio* wird mit Hilfe eines Kastens gepackt, der ungefähr einen Kubikmeter mißt und einen Schiebeboden hat. Eine *Paca* (Ballen) enthält 110 Pfund Fortaleza 1 (bzw. Capote), 120 Pfund Fortaleza 2 und 130 Pfund Fortaleza 3 und 4.

Escaparate (»VITRINE«). Klimatisierter Raum, der mit Holzschränken ausgestattet ist und in dem die Zigarren lagern, bevor sie in Kisten verpackt werden.

Escogida (SELEKTION). Die Abteilung in der Fabrik, in der die Zigarren nach Farben sortiert und in Kisten gepackt werden. In den Sortierhäusern bezieht sich die Bezeichnung auf die Klassifikation der Deckblätter nach ihrer Größe durch die *Rezagadoras* (auch *Escogedores* genannt).

Evaluacion sensorial (GESCHMACKSBEWERTUNG). Qualitätskontrolle der Zigarren durch Verkostung, bevor sie in Kisten gepackt werden.

F

Fabrica de tabaco. Zigarrenfabrik.

Falso. Der Zwischenraum, der im Tabakhaus zwei *Aposentos* voneinander trennt.

Fermentación (FERMENTATION). Chemische Umwandlung, die es dem Blatt ermöglicht, sein Aroma zu entfalten.

Filete (ZIERSTREIFEN). Papierstreifen, der die Ränder der Zigarrenkiste verziert.

Fileteado (»VERZIERABTEILUNG«). Abteilung, in der die Zigarrenkisten mit Etiketten und Zierstreifen versehen werden.

Filetear. Die Zigarrenkiste mit Zierstreifen und Etiketten versehen.

Fumas. Zigarren, welche die *Torcedores* rauchen und mit nach Hause nehmen dürfen.

Fumigación (SPRÜHDESINFEKTION). Die Zigarren werden mit einem Desinfektionsmittel besprüht, damit schädliche Insekten und Parasiten vernichtet werden.

G

Galera (»GALEERE«, ZUCHTHAUS). Die Zigarrenmacherwerkstatt in den Fabriken. Die Bezeichnung stammt aus dem 19. Jahrhundert, als regelmäßig Sträflinge zur Arbeit in den Zigarrenfabriken herangezogen wurden. Die Bezeichnung *Galera* ist noch heute gebräuchlich.

Gavilla (GARBE). Die Garben werden gebunden, nachdem die Blätter klassifiziert worden sind.

Guano. Getrocknete und geflochtene Palmblätter, die vielen Bauernhäusern als Dach dienen.

Guillotina (MASS IN FORM EINER GUILLOTINE). Nach der Fertigstellung werden die Zigarren mit der Guillotine auf das Maß zugeschnitten, das dem Format entspricht.

H

Habano (ORIGINAL-HAVANNA). Zigarre, die von kubanischen Fabriken mit kubanischem Tabak aus dem Vuelta Abajo hergestellt wurde. Die Herkunft ist durch ein staatliches Siegel garantiert.

Habilitación (Draperie). Lithographierte Etiketten und Zierstreifen, die dazu dienen, die Zigarrenkisten zu dekorieren.

L

Largueros (Längsseiten). Vordere und hintere Längsseite der Zigarrenkiste.

Lector (Vorleser). Angestellter der Zigarrenfabrik, der von einer Tribüne aus, die nur zu diesem Zweck eingerichtet worden ist, den Arbeitern während ihrer Arbeit vorliest: morgens bestimmte Stellen einer Fachzeitschrift, nachmittags einen Roman nach Wahl der Arbeiter.

Libre de pie. Die untersten Blätter der Tabakpflanze.

Liga (Einlagemischung). Die Blätter werden nach genauem Rezept zusammengestellt, um dem Endprodukt seine typischen Eigenschaften zu verleihen.

Ligero (Leicht). Eines der *Tiempos* (Klassen), in die der Tabak eingeteilt wird.

Lomas. Teilgebiet des Vuelta Abajo, dem ein Teil der Kommunen Guana, Mantua, Pinar del Rio, San Juan y Marinéz und Vinales angehören.

Llano. Teilgebiet des Vuelta Abajo, dem ein Teil der Kommunen Consolacion del Sur, Pinar del Rio, San Juan y Martinéz und San Luis angehören.

M

Macho (Mosaikvirus). Krankheit, die den kubanischen Tabak häufig befällt. Die Blätter nehmen eine gelbliche oder blaßgrüne Färbung an, einige von ihnen werden runzlig, und das Wachstum der Pflanze ist unterbrochen.

Maduro (Ausgereift). Tabak, der optimales Wachstum erreicht. Außerdem eine der Klassen, in welche die Blätter eingeteilt werden.

Manojear. Einen *Manojo* formen.

Manojeo (Zusammenbinden der Garben). Im Sortierhaus werden die Garben, die aus je vier Deckblättern bestehen, zusammengebunden. Zum Zusammenbinden verwendet man Bänder aus Pflanzenfasern von einem halben Zentimeter Breite. Bevor die *Manojos* zusammengebunden werden, lagert man sie in Fächern, die an der Wand stehen und *Casillas* heißen. Hier bleiben die Blätter so lange abgedeckt, bis sich ihre Stärke abgemildert hat.

Manojo (Gebinde). Resultat des *Manojeo*.

Mazo (Bündel). Die Tabaksetzlinge werden bisweilen zu *Mazos* gebündelt, später auch die Zigarren selbst.

Media rueda (»ein halbes Rad«). Paket zu fünfzig Zigarren.

Meluza. Öliges Sekret, das von der Blattmembran abgesondert wird und das großen Einfluß auf die Tabakqualität hat.

Medio tiempo. Teil der Klassifikationsskala für die Tabakblätter.

Milésimos (Tausendstel = 1/1000: Teil eines Gebindes von 1000 Kisten für 1000 Zigarren). Einzelverpackung.

Molde (Mulde). Holzmulde, die seit den fünfziger Jahren dazu dient, den Körper der Zigarren »in Form« zu bringen. Davor oblag es allein dem Fingerspitzengefühl der *Torcedores*, der Zigarre den richtigen Durchmesser und die gleichmäßige Dichte zu verleihen.

Moja (Befeuchtung). Abteilung in den Sortierhäusern, in denen die Blätter mit Wasser besprüht (Deckblätter) bzw. mit einem Schwamm befeuchtet werden (Einlageblätter), um Klassifizierung und Handhabung zu erleichtern.

O

Oreo (Belüftung). Nach der Befeuchtung werden die Blätter im Sortierhaus zum Lüften ausgebreitet, um Wasserrückstände zu beseitigen.

P

Paca (Ballen). Ballen aus Rohtabak, der noch nicht klassifiziert wurde, bzw. aus entrippten Einlageblättern.

Pajizo (Stroh). Tabak ohne Qualität, trocken und nicht aromatisch.

Palito (Stengel). Mittelrippe des Tabakblatts.

Paño (Stoff). Bezieht sich auf die Blattstruktur. Ist das Blatt elastisch und macht es einen guten äußeren Eindruck, so spricht man von einem guten *Paño*.

Papeleta (»Zettel«). Lithographie, aus der die Marke und ihr Emblem hervorgehen und die an der Seite der Kiste aufgeklebt wird.

Parejo (Ebenmässig). Wird von einer Zigarre gesagt, deren Durchmesser auf der gesamten Länge genau gleich ist.

Parillas (Gitterrost). Holzablagen, auf denen die entrippten Blätter ausgebreitet werden, damit überschüssige Feuchtigkeit entweichen kann.

Perforador del tabaco. Der »Lasioderma«, so sein lateinischer Name, ist ein Insekt, das dem Tabak in all seinen Erscheinungsformen großen Schaden zufügt, indem es unaufhörlich winzige Löcher und Gänge in das Blatt frißt.

Perilla (Zigarrenkopf). Oberes Ende der Zigarre, das der Raucher an die Lippen führt.

Pesada (Schwer). Ein Blatt, das viel Saft bzw. Qualität hat.

Petaca. Zigarrentasche.

Picadero. Raum im Sortierhaus, in dem alle Kategorien von klassifiziertem Tabak vereinigt sind, bevor er zu Garben gebunden wird.

Picadura. Kleingehackter Tabak.

Pilón (Fermentationsstapel). Stapel aus getrocknetem Tabak, der hergestellt wird, um die Fermentation einzuleiten.

Preparatión de terreno (Vorbereitung des Bodens). Die gebräuchlichste Methode der Vorbereitung besteht aus einem Zyklus von neunzig Tagen, bis die Umpflanzung der Setzlinge beginnt:

- Erster und zweiter Durchgang der *Grada* (des Pflugs). Dient dazu, die Krume aufzubrechen und die Ausführung der nachfolgenden Arbeitsgänge zu vereinfachen.
- *Roturación* (Rodung). Wenn der Pflug seine Arbeit beendet hat, werden die Bestandteile der Krume so schnell wie möglich bis zu einer Tiefe von 15 bis 20 Zentimetern untergepflügt. Bei sandigen Böden besorgt dies eine Pflugschar (*Arado de vertedera*), während bei Lehmböden ein Scheibenpflug (*Arado de disco*) eingesetzt wird.
- Einsatz der Egge (*Grada*). Dient dazu, den Boden zu glätten.
- *Cruce* (Kreuzen). Fünf oder sechs Tage später werden bei diesem Arbeitsgang verbliebene harte Stellen aufgebrochen, damit die Erde überall tief genug ist, um die Setzlinge aufzunehmen.
- Erneuter Einsatz der Egge. Zwei Wochen nach dem vorherigen Arbeitsgang wird der Boden geeggt, um ihn schön weich zu machen und um unerwünschten Pflanzenwuchs zu beseitigen.
- Furchen ziehen (mit dem Pflug). Dadurch soll erreicht werden, daß der Boden weich und gut belüftet ist, und außerdem soll das Wasser an der Oberfläche und im Boden die Möglichkeit haben, gut abzulaufen. Bei der Feldbestellung wird darauf geachtet, daß sowohl die Bewässerung als auch der Wasserabfluß gewährleistet ist, weshalb die Furchen dem Bodengefälle angepaßt werden, um Erosion zu vermeiden (bevorzugt wird die Nord-Süd-Richtung). Die Furchen sind 10 bis 12 Zentimeter tief und werden von den Pflanzern in *Besanas* zu je 20 Metern Länge eingeteilt, während zwischen den Furchen ein Abstand von 82,5 Zentimetern beim *Tapado* und 75 Zentimetern beim *Sol ensartado* besteht.

Punta (Spitze). Oberster Teil des Blattes, der am geradesten ist.

Puntal (PFEILER). Aufrechter Stützpfeiler im Tabakhaus.

R

Rama. Unbearbeiteter Tabak.

Rapé. Schnupftabak.

Reata. Schnur zum Zusammenbinden der Tabakballen.

Recortes (ABFALL). Blattabfall nach Fertigstellung der Zigarre.

Regalia. Luxusformat.

Repasar (ÜBERPRÜFEN). Nachdem die ersten Knospen von den Pflanzen entfernt worden sind, untersucht man die Pflanzen immer wieder auf neue Knospen, die dann ebenfalls zu entfernen sind.

Rezagado (SELEKTION). Die Deckblätter werden nach Größe und Farbe sortiert.

Rezagos de escogida. Zigarren, die wegen ihrer Farbe oder aufgrund anderer Kriterien als fehlerhaft eingestuft worden sind.

Rueda (»RAD«). Paket von hundert Zigarren.

S

Sahorno. Schimmel, der durch einen zu hohen Feuchtigkeitsgrad der Blätter während des Trocknens entsteht.

Sazón (GEMÄSSIGT). Bezeichnung für Böden, deren Feuchtigkeit bei 30 Zentimetern Tiefe 15 bis 23 Prozent beträgt.

Seco (TROCKEN). Eines der *Tiempos* bei der Klassifikation des Tabaks.

Semillero (PFLANZSCHULE). Hier werden zunächst die Tabaksamen ausgesät, um dann die Setzlinge in die *Vegas* zu verpflanzen. Die Gesamtoberfläche eines *Semillero* beträgt nicht mehr als 13,5 Hektar. Eine Pflanzschule zeichnet sich durch sandige, leichte Böden aus, von denen das Wasser leicht abfließen kann, und sie befindet sich immer in der Nähe einer Quelle mit reinem Wasser. So ist es ausgeschlossen, daß mit notwendigem Wasser Pflanzenteile in die Beete gelangen.

T

Tabaco de sol. In der Sonne gezogener Tabak.

Tabaco tapado (IM SCHATTEN GEZOGENER TABAK). Tabak, der unter Musselintüchern *(Cheese Cloths)* heranwächst.

Tabla (SCHNEIDEBRETT). Viereckiges Holzbrett, auf dem der *Torcedor* seine Zigarren bearbeitet.

Tercio (BALLEN). Die Tabakbündel *(Manojos)* werden zu Ballen gepackt.

Tiempos. Die Klassifikationsstufen, nach denen die Tabakblätter je nach Struktur, Dicke und Fettgehalt eingeteilt werden.

Torcer (DREHEN). Es ist der *Torcedor*, der in der Fabrik die Zigarren dreht.

Transplante. Umsetzen der Tabakpflanzen.

Tripa (EINLAGE). Inhalt der Zigarre und zugleich wichtigster Bestandteil des Zigarrenkörpers. Die Einlagemischung besteht aus ein, zwei oder drei Blattsorten.

Tripa empalmada. Schlecht zusammengestellte Einlagemischung, deren Blätter den Zug behindern. Das Resultat ist ein unbefriedigendes Brandverhalten.

V

Vega. Tabakfeld bzw. Tabakplantage.

Vicentésimo (ZWEIHUNDERTSTEL = 1/200: TEIL EINES GEBINDES VON 200 ZIGARRENKISTEN FÜR 1000 ZIGARREN). Verpackung für fünf Zigarren.

Vigesimo (ZWANZIGSTEL = 1/20: TEIL EINES GEBINDES VON 20 KISTEN AUF 1000 ZIGARREN). Verpackung für fünfzig Zigarren.

Viso. Eines der *Tiempos* der Tabakblätter.

Vista (SICHT). Lithographiertes Etikett, das auf die Innenseite des Deckels der Zigarrenkiste geklebt wird.

Vitola (FORMAT). Typ oder Form einer Zigarre mit festgelegten Maßen (Länge, Durchmesser, Gewicht).

Volado. Tabaksorte.

Y

Yagua. Blatt der Königspalme, das nach einer komplizierten Vorbereitung dazu verwendet wird, die Tabakballen zusammenzuhalten. Das *Yagua* schützt den Tabak und reguliert die Feuchtigkeit, da sie wie ein Tupfer funktioniert, der Flüssigkeit aufsaugt.

Yema terminal bzw. **Botón.** Die Knospe, die sich auf der Spitze der Tabakpflanze herausbildet.

Z

Zafado. Auseinanderlegen der Gebinde und Vorbereitung der Deckblätter für die Befeuchtung.

Literaturverzeichnis

ZEITSCHRIFTEN

- »Arts Graphiques«, *Oktober-Dezember 1974, Kuba.*
- »Cigar Aficionado«, *Sommer 1994, USA.*
- »Cubatabaco Internacional«, *Erstes Halbjahr 1985, Kuba.*
- »El Tabaco« – *Tabakrevue Nummer 19, Kuba.*
- »Habano« – *Editorial der Havanna, November 1936, Kuba.*
- »L'Amateur Du Cigare«, *1994, 1995, Frankreich.*
- »Der Tabak: Halbjahresschrift für Tabakanbau, Tabakverarbeitung, Tabak- und Tabakwarenhandel« (hg. von Helmuth Aschenbrenner), *Berlin.*

LITERATUR ALLGEMEIN

- Abdillah, Fawky: *Se puede medir la calidad del tabaco?*, Kubanisches Institut, 1970.
- Akehurst, B.C.: *El Tabaco*, Kubanisches Institut, 1973.
- Barrio, Rafael Marin, und Pablo Medina Claussell: *Soins et manipulations du tabac*, Kuba, Ministerium für Erziehung.
- Bati, Anwer: *Zigarren. Der Guide für Kenner und Genießer*, Heyne, München 1994.
- Buschmann, Jutta: *Die Tabak- und Zigarrenindustrie in Goch*, Schriftenreihe der Stadt Goch, 1990.
- Casado: *Nuestro tabaco*, Eigenverlag, 1939.
- Chevalier, Auguste: *Le Tabac*, Colleción Surco, 1953.
- Claussell, Pablo Medina, und Juan Francisco Valdéz Valdéz: *Agrotecnica del tabaco*, Kuba, Landwirtschaftsministerium, 1986.
- Cortina, Humberto: *Tabaco, historia y psicologia*, Kuba, Edition Fernandez, 1939.
- Davidoff, Zino: *L'Histoire du Havane*, Frankreich, Editions Daniel Briand, 1981.
- Davidoff, Zino: *Zigarren-Brevier. Von der Kunst, Zigarre zu rauchen*, Heyne, München 1984.
- Davidoff, Zino: *Zigarren-Brevier oder was raucht der Connaisseur*, Neff, Rastatt 1986.
- Espino, Eumelio: *Variedades del tabaco*, Kuba, Landwirtschaftsministerium, 1989.
- Felipe, Pedro Alfonso: *Estudios agroedafologicos de las zonas tabacaleras de Cuba*, Kuba, Landwirtschaftsministerium, 1989.
- Galló, Gaspar Jorge García: *Biografia del Habano*, Kuba, Comision nacionale del Habano, 1961.
- Gérard, Père et Fils: *Havanna. Die Königin der Zigarren*, Hallwag, Bern 1996.
- Hacker, Richard Carleton: *Die Welt der Zigarre*, Heyne, München 1995.
- Jimenez, Antonio Núñez: *El libro del tabaco*, Mexiko, Pulsar Intl., 1994.
- Jimenez, Antonio Núñez: *Le Voyage du Havane*, Havanna, Ed. Premium Publicity, 1980.
- Muniz, José Rivero: *Tabaco, su historia en Cuba*, Kubanisches Institut für Geschichte, 1992.
- Ortiz, Fernando: *Contrapunteo cubano del tacao y azucar*, Kuba, Editions Jesus Montero, 1940.
- Perdomo, José: *Lexico tabacalero cubano*, Eigenverlag, 1940.
- Perez, Sixto, et Valentino Jordanov: *Etude sur l'utilisation de différents matériaux comme cobertores dans les pépinières de tabac*, Kuba, Kubanisches Institut, 1971.
- Ramos, Manuel Rodriguez: *Siembra, fabricación e historia del tabaco*, Havanna, Librairie del Monte, 1905.
- Reiss, Michael: *Die Zigarrenfabriken August Neuhaus*, Schriften des Stadtarchivs Schwetzingen, 1984.
- »*Terminologie des Tabaks*«, Kuba, Landwirtschaftsministerium, 1963.
- Valentino: *Estudio sobre los distintos materiales como coertores en las semilleros de tabaco*, Kubanisches Institut, 1971.

Danksagung

Unser Dank gilt ganz besonders der COPROVA für die wertvolle Hilfe, die sie uns bei der Realisation dieses Buches geleistet hat. Desgleichen richten wir unseren Dank an Patrick Lifshitz, Éléonore Thérond und Sébastien Ratto-Viviani.

Der Fotograf dankt Marinette für ihre Geduld und ihre ständige Hilfsbereitschaft. Ohne Marinette wäre keines der abgebildeten Fotos zustande gekommen; er dankt außerdem dem STUDIO PATRICK in Villars für dessen Fähigkeit, jede Lage zu meistern; ferner dankt er dem TABA-SHOP in Montreux für seine Hilfe bei der Erstellung der Wortsammlung.

In Kuba waren Jean Yves und José eine große Stütze bei der Logistik für den Inhalt dieses Werkes – ihnen gilt sein Dank ebenso wie Yvenka, die als Begleiterin immer verfügbar war.

Der Autor dankt Kiko für ihre Hilfe, ihr Verständnis und ihren Enthusiasmus. Mit ihrer Hilfsbereitschaft haben Katia, Raphael, Maida, Bernardo, Arsenio, Enrique, Ana Isis und Juan Carlos besonders zur Entstehung dieses Buches beigetragen.

Die Fotos auf den Seiten 26, 27, 31, 33 und 35 stammen von Charles del Todesco.